21世纪经济管理精品教材·文化产业系列

文化产业投资

李宝虹　主　编
赵辰光　吉亚力　李景欣　副主编

清华大学出版社
北京

内 容 简 介

本书以文化产业投资为轴心,重点研究文化产业投融资的基本理论,以文化产业大发展大繁荣和文化强国战略的实施为契机,针对文化产业投资的概念、内容和相关理论做了较为详尽的阐释。

本书分为六章,包括导论、文化产业投资基本原理、文化产业投资环境、文化产业投融资、文化产业投资决策以及文化产业上市公司财务信息解读。本书章节清晰,切入点明了详实,案例引入趣味现实,能够激励读者的求知欲。

本书适合作为高等院校文化产业、管理学、会计学、金融学等专业的本科生的教材和实践指南,以及这些专业研究生的教学辅导书,也可供从事文化产业领域研究的有关人员以及文化企业高层管理人员和策划人员参考使用。

本书封面贴有清华大学出版社防伪标签,无标签者不得销售。

版权所有,侵权必究。举报: 010-62782989, beiqinquan@tup.tsinghua.edu.cn。

图书在版编目(CIP)数据

文化产业投资/李宝虹主编. —北京: 清华大学出版社, 2013(2023.1重印)
(21世纪经济管理精品教材·文化产业系列)
ISBN 978-7-302-33178-0

Ⅰ. ①文… Ⅱ. ①李… Ⅲ. ①文化产业-投资-中国-高等学校-教材 Ⅳ. ①G124 ②F832.48

中国版本图书馆 CIP 数据核字(2013)第 159458 号

责任编辑: 王 青
封面设计: 汉风唐韵
责任校对: 王凤芝
责任印制: 宋 林

出版发行: 清华大学出版社
网　　址: http://www.tup.com.cn, http://www.wqbook.com
地　　址: 北京清华大学学研大厦 A 座
邮　　编: 100084
社 总 机: 010-83470000
邮　　购: 010-62786544
投稿与读者服务: 010-62776969, c-service@tup.tsinghua.edu.cn
质 量 反 馈: 010-62772015, zhiliang@tup.tsinghua.edu.cn

印 装 者: 北京九州迅驰传媒文化有限公司
经　　销: 全国新华书店
开　　本: 185mm×260mm
印　　张: 10.25
字　　数: 234 千字
版　　次: 2013 年 8 月第 1 版
印　　次: 2023 年 1 月第 6 次印刷
定　　价: 35.00 元

产品编号: 048677-02

前言

随着我国加入WTO及改革开放的进一步深化,我国经济管理体制正发生着深刻的变革,文化产业投资在社会经济发展中的地位和作用越来越重要。为了适应新形势和满足教学的需要,我们编写了本书。

本书从中国特色的社会主义市场经济体制出发,以解决改革实践中出现的现实问题为出发点,以文化产业投资的环境、条件为基础,努力找寻文化产业投资的市场先机,帮助投资者把握市场和决策的机遇。本书的主要内容包括导论、文化产业投资基本原理、文化产业投资环境、文化产业投融资、文化产业投资决策和文化产业上市公司财务信息解读六个部分,适用于高等院校文化产业、管理学、会计学、金融学等专业。

在本书的编写过程中,我们力图兼顾通用性和兼容性,使其不仅适用于经济管理类学科的专业核心课程或选修课程的教学需要,也可用于非经济管理类学科作为自修课程的参考书,同时,还可以作为企业人员和投资者业务参考的书目。

本书由哈尔滨师范大学管理学院李宝虹作为主编,由赵辰光、吉亚力和李景欣作为副主编。在编写的过程中,作者参阅了许多近年来出版的财政类、投资类教材和著作,借鉴和吸收了国内外众多学者、同仁的研究成果。在此,谨向这些成果的作者致以诚挚的谢意。另外,还要感谢哈尔滨师范大学管理学院研究生张会来,他在教材的编写过程中承担了繁重的校对工作,并提出了很多中肯的建议。

由于作者水平有限,本书难免有错误和疏漏之处,恳请广大专家、读者批评指正。

编 者
2013年6月

目录

第一章 导论 …………………………………………… 1
    第一节 文化产业相关理论 …………………………… 3
    第二节 文化产业投资的现状和特点 ………………… 16
    第三节 文化产业投资的研究方法 …………………… 19
    复习与思考 ……………………………………………… 22

第二章 文化产业投资基本原理 ……………………… 23
    第一节 投资概述 ……………………………………… 25
    第二节 投资分类和投资形式 ………………………… 29
    第三节 文化产业投资的运行与组织管理 …………… 33
    第四节 文化产业投资环境分析 ……………………… 35
    第五节 文化产业与资本运作 ………………………… 38
    复习与思考 ……………………………………………… 42

第三章 文化产业投资环境 …………………………… 43
    第一节 文化产业发展背景 …………………………… 46
    第二节 文化产业相关法规 …………………………… 52
    复习与思考 ……………………………………………… 75

第四章 文化产业投融资 ……………………………… 76
    第一节 我国文化产业投融资体系 …………………… 78
    第二节 西方发达国家投融资体系 …………………… 83
    第三节 关于投融资的基本知识 ……………………… 84
    第四节 投融资渠道及成本分析 ……………………… 91
    第五节 文化产业投资基金 …………………………… 101
    复习与思考 ……………………………………………… 111

第五章 文化产业投资决策 …………………………… 112
    第一节 资金的时间价值 ……………………………… 113

第二节　投资项目评价方法……………………………………………… 117
　　第三节　文化产业投资的风险控制……………………………………… 120
　　复习与思考………………………………………………………………… 122

第六章　文化产业上市公司财务信息解读……………………………… 123
　　第一节　文化企业财务信息解读的概述………………………………… 124
　　第二节　文化企业基本报表信息解读…………………………………… 130
　　第三节　文化企业财务指标分析………………………………………… 136
　　第四节　文化企业财务分析中应注意的问题…………………………… 143
　　复习与思考………………………………………………………………… 150

附录　文化产业振兴规划……………………………………………………… 151

参考文献………………………………………………………………………… 156

第一章 导论

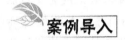 案例导入

《失恋33天》：文化产业投资的经典案例①

一部低成本电影《失恋33天》的巨大成功，使其成为2011年文化产业投资最经典的案例。投资仅900万元的《失恋33天》，累计票房高达3.5亿元，获得了近7倍的投资收益。其实早在2008年和2009年，嗅觉灵敏的PE与VC们就已经开始把触角伸到了文化产业领域。

中共十七届六中全会通过《关于深化文化体制改革、推动社会主义文化大发展大繁荣若干重大问题的决定》。这一文件首次明确提出"加快发展文化产业，推动文化产业成为国民经济支柱性产业"。文件更提到"在国家许可范围内，引导社会资本以多种形式投资文化产业，参与国有经营性文化单位转企改制，参与重大文化产业项目实施和文化产业园区建设，在投资核准、信用贷款、土地使用、税收优惠、上市融资、发行债券、对外贸易和申请专项资金等方面给予支持"。在国家文化产业政策的积极导向下，文化产业以及与文化产业密切相关的互联网领域将越来越成为有价值的投资方向。

赛迪管理顾问的《中国文化创意产业地图白皮书(2011年)》显示，国内各省、市、自治区形成了近500个文化产业集聚区，这些集聚区内承载着数以万计的企业。单是北京就提出要培育500家骨干文化企业、100家文化上市企业、50家百亿文化企业集团、3~5家千亿文化企业集团。

中央政府把文化产业作为一个战略性的产业对待，说明行业本身发展进入了一个成熟或者快速发展阶段。2000—2009年，文化产业的政策慢慢放开，从出版行业到影视业再到非时尚类的媒体和报刊。针对文化产业领域，投资者一般看重两点：一是具备投资价值和发展的阶段；二是政策环境和产业政策。在2012年排队上市的文化企业中，有一部分是来自政府自上而下的战略方面的考虑。文化创意产业在国家政策和市场潜力的驱动下，正赢得投资机构的高度关注。

资本市场介入文化产业的模式，美国已经先行一步。在美国，私募基金已经开始深度介入电影制作的商业流程。美国六大电影公司背后都有"私募电影基金"的身影，如派拉蒙和美林证券合作的 Melrose 基金；索尼和环球则分别与德意志银行支持的私募股权基金 Relativity 合作发行基金；华纳兄弟与私募股权基金支持的 Legendary Pictures 合作发起电影基金等。这些"替代投资基金"不仅以股权投资形式参与电影制作发行，还在投行、

---

① http://bschool.sohu.com/20120215/n334793523.shtml. [2012-02-15]. 来源：21世纪经济报道.

证券公司等金融机构的帮助下,进行债券和其他各类结构化融资。

2010年,中国有了第一家旅游演艺上市公司、第一家民营电视剧上市公司、第一家在美国上市的民营影视公司、第一家民营图书出版上市公司……中国民营企业成功与金融资本对接,在很多细分领域创造出众多"第一"。2010年我国有14家文化企业上市,比2009年增长近3倍,甚至有人认为,2010年是中国文化产业的上市元年。但上市仅仅意味着开始。在中国文化产业今后的发展中,还需要面对的问题包括技术远未成为发展驱动力、创意与创造价值间的衔接、对政府政策依赖、产品和服务需要创新等。事实上,由于受2008年金融危机影响,投资机构普遍采取收紧的投资策略,并且由于IPO退出渠道不畅通,导致我们文化产业融资规模逐年下降。近年来国家出台政策,大力扶持文化产业的战略投资、鼓励行业内兼并重组、鼓励行业内企业上市发债等多渠道融资,使文化产业融资规模大幅回升。

数据显示,2011年至今,共有15只文化产业投资基金设立,总募资规模达381.5亿元,平均单只基金规模达25.43亿元。这其中包括了由财政部、中银国际、中国国际电视总公司及深圳国际文化产业博览交易会有限公司等联合发起的中国文化产业基金,该基金计划吸收国有骨干文化企业、大型国有企业和金融机构筹集资金,总规模为200亿元。这是迄今为止规模最大的文化产业基金,主要投资新闻出版发行、广播电影电视、文化艺术、网络文化、文化休闲及其细分文化及相关行业等领域。此外,已经募集完成的文化产业基金包括由摩根士丹利管理的16亿元大摩华莱坞基金和腾讯自行出资并管理的5亿元腾讯影视投资基金。

尽管文化产业方面的投资在政策引导下有蓬勃的势头,但一部分文化产业企业的商业和盈利模式依然不明朗,比如电影产业。电影产业是一种特殊产业,目前影响中国电影产业的因素中,政府行为依然占很大比重:国家的政策引导和资金扶持在近几年依然占据主导地位;节目进出口权、发行权的行业垄断,以及区域市场上影院投资建设的垄断,在相当长的时间内还会依然存在。目前除了万达城市中心广场"商业地产+影城",形成了一套系统完整的商业电影运营体系外,其余各种类型的院线、投资机构依然处于"商业模式"的探索阶段。对于电影制作企业而言,在票房繁荣的市场上实际上卖座的电影并不多,并且当中有很大部分是进口大片。电影产业有90%的投资处于亏损状态,很多电影投资因此成为一锤子买卖。国内正掀起一股影业公司的上市潮。未来3~5年,将有8~10家国内影业公司登陆资本市场。目前,影业企业正在探索分散电影投资风险、提高投资回报率的模式。国家对知识产权保护的日益重视,以及国内文化消费的日益繁荣,使市场对文化产业信心日增。

文化产业投资是指将一定数量的资金或实物或其他相关的东西作为文化资本投于文化产业领域内企业的新建或扩大再生产。文化产业投资学作为一门新兴的文化产业和投资学的边缘学科,研究的是在对文化产业领域进行资本市场运行的分析,并基于对文化市场投融资的合理预期,把个人、机构的资本或资源分配到文化资产上,以期获得合理的现金流量和风险收益,其核心就是以效用最大化准则为指导,从而获取个人或机构财富的最大利益。文化产业投资学深度探索文化资本市场的运行方式和投融资的策略性研究,目的是建立健全文化产业资本运营体系,有效地建立起完善的文化产业体系。

文化产业资本运动是影响文化产业运动与发展的基本运动力量之一,文化产业投资是文化产业资本运动的基本形式和重要内容。研究资本市场运动和文化产业的相互关系,是建立和健全文化市场投融资体系的重要内容,也是推动我国文化大发展大繁荣与文化强国战略实施的重要举措。中国的文化产业研究是在经济全球化背景下,中国开始建设社会主义市场经济体制的历史进程中发生的。中国的文化产业研究有着与西方文化产业研究不同的产生背景,而且在研究对象和内容方面也有着中国文化产业发展的特点。了解和掌握中西方文化产业发展的特点,研究文化产业的基本概念、产业结构、文化经济发展,对于全面理解文化产业投资学的研究背景、现状和研究方法具有十分重要的意义。

第一节 文化产业相关理论

文化产业,是由计划经济向社会主义市场经济转换过程中出现的一种新概念。文化产业的提出也是文化事业深化改革的必然结果。对文化产业从理论和实践上进行更高层次的研讨、提炼、升华,是目前我国发展文化产业需要解决的重大问题。因此,加快文化产业的理论建构与全面发展,具有深远的战略意义和重大的现实意义。

一、文化产业的相关理论研究

(一)文化产业的起源与发展

文化产业是向消费者提供精神产品或服务的行业,同时,文化产业也有着经济过程的性质。文化产业不包括所有的文化活动,但文化产业对文化的发展有着极大的促进作用,并且涉及文化活动的很大一部分内容。文化产业作为概念包含三个发展阶段:第一阶段,法兰克福学派所批判的文化工业,当时欧洲知识界称美国文化为"文化工业";第二阶段,以1990年时代华纳合并为标志,美国开始实施对各类传媒的"非管制化"政策,使得像时代华纳这样的大型文化产业组织出现了大规模的合并趋势,并开始进军国际市场;第三阶段,在经济全球化,特别是以美国为首的新经济发展趋势下,世界各国都已经把文化发展战略变成了一种国家发展战略。文化发展、文化产业的发展作为国家发展战略开始被世界各国所认可。就我国而言,文化产业是文化事业与市场经济结合,并受世界经济和文化大环境催生的产物,是文化事业按照市场规则运作演变而来的。

在我国,1985年国务院转发统计局《关于建立第三产业统计的报告》,把文化艺术作为第三产业的一个组成部分列入统计项目,首次确认了文化艺术的"产业"性质。1991年国务院批转《文化部关于文化事业若干经济政策意见的报告》中正式提出"文化经济"的概念。1992年国务院办公厅综合司编著的《重大战略决策——加快发展第三产业》一书中,明确提出"文化产业"概念。1999年国务院发展计划委员会主任曾培炎在《关于1998年国民经济和社会发展计划执行情况与1999年国民经济和社会发展计划草案报告》中明确提出"推进文化、教育、非义务教育和基本医疗保障的产业化",文化产业真实纳入国家发展计划。2002年党的十六大首次提出"积极发展文化事业与文化产业",厘清了文化事业与文化产业之间的关系。2009年7月,中国第一部文化产业专项规划——《文化产业振兴规划》由国务院常务会议审议通过,标志着文化产业已经上升为国家战略性产业。

文化产业的发展模式分为文化产业的虚文化发展模式和文化产业的实文化发展模式。虚文化发展模式是指以文化为虚,以文化为附加,以文化为帮衬,是为开拓传统产业或物质产品发展道路而把文化引进市场,是为了加快经济发展,而把文化作为媒介,以文化带动经济发展。虚文化发展模式中包括企业文化、消费文化和商业文化。企业文化是指文化为企业服务,以及企业管理者进行文化移植嫁接和创新两方面力量共同作用的结晶;消费文化是指文化为非文化产业的消费者服务;商业文化则是为商业文化的组织者、促销者服务的。

实文化发展模式是指以文化为实,以文化为主体,以文化为内容,文化处在显性状态的一种文化产业发展模式。实文化发展模式主要包括科教产业、文娱产业、媒介产业和体育产业,其中科教产业包含科技产业和教育产业,是以生产技术产品或提供知识服务创造财富的特殊产业部门;文娱产业包含旅游业、影视业、音像制品业、艺术表演业等行业在内的,以满足人们休闲、娱乐等精神需要为主的产业部门;媒介产业是以新闻出版、广播影视等机构为主要载体,以信息传播的独特优势为依托的,向产业领域挺进的综合性产业部门;体育产业则是一个新兴的文化产业,包括体育器材、设备、彩票、电视转播等。

文化产业的发展也必须遵循"生产、分配、交换、消费"这个商品生产的普遍规律,具有商品生产的一般规律。因此基于商品生产的一般规律,文化产业的发展要遵循"需求条件、增值条件、社会价值"的发展原则,兼顾自身多元化、深层次、宽领域的时代原则,又因自身具有商品属性和文化意识形态的双重属性,因而必须遵守政府强制控制、宏观调控的原则。随着社会的需要和经济形势的转变,文化产业的发展要遵循一定的发展规律,即文化消费与社会经济增长方式相适应的规律、文化消费与社会成员文化水平相适应的规律、文化消费同社会文化氛围、价值取向和制度相关联的规律以及文化消费多层次和低级向高级发展的一般规律。

(二) 法兰克福学派与西方文化产业理论

在现代西方语境中,文化产业是一个议论蜂起、备受关注的领域。西方主流的文化产业理论体系可以划分为基础理论和应用理论。无论这两种理论沿着怎样的方向不断发展,它们都有一个共同的理论来源,那就是法兰克福学派的文化工业理论。

法兰克福学派是指与法兰克福大学社会研究所有关的一群德国知识分子。该研究所成立于1923年,1933年希特勒上台后,它迁往纽约,附属于哥伦比亚大学,1949年又迁回德国。该研究所将马克思主义与精神分析学融为一体,被称为"批判理论"。

法兰克福学派的主要代表人物是阿多诺和霍克海默,其"批判理论"的形成源于三点原因,即文化产品日益呈现商品化趋势,文化工业生产进一步走向标准化,文化工业具有支配性和强制性功能。阿多诺与霍克海默的主要观点是,金钱是整个文化工业运转枢纽的动力、目的和根源;整个文化工业消除了人的个性;文化工业丧失了艺术的超脱精神,立足于世俗的基础之上;就艺术技巧而论,文化工业以它完善的技术作为后盾;文化工业的程式化,必然带来语言的限制;认为文化工业使人丧失判断能力,成为被动的文化受众和消费者。

对于阿多诺和霍克海默诠释文化工业的批判理论,可以肯定的是以阿多诺为代表的悲观主义理论反思了在工业化时代由于科学技术在文化产品生产和销售中的作用,其结果是大量古典艺术被庸俗化所借用,进而丧失了古典主义所特有的韵味,最终可能导致人类精神家园的丧失;需要明确的是自"文化工业"概念诞生之日起,思想界的诠释就存在明显的分歧;对于阿多诺的思想,我们现在仍然不可以轻易地加以逾越或放弃。

法兰克福学派通过层层深入的剖析,从艺术和哲学价值评判的双重角度对起源于大众文化的文化工业进行了猛烈的抨击,进而对文化工业进行了全面的否定。法兰克福学派的"文化工业"理论对后来的文化产业理论的发展产生了不可估量的作用。然而,法兰克福学派对文化工业的批判带有明显的时代特征。随着世界范围内文化产业的迅猛发展,法兰克福学派的理论越来越显出其局限性。很明显,这种理论已不再能解释文化产业的丰富实践。

文化产业一词,以英美圈为中心得到广泛介绍,是从 20 世纪 70 年代以后《启蒙辩证法》一书在美国译成英语出版开始的。尤其是 1980 年以后,从文化产业化的观点出发,人们对文化产业的关心更加全面,也更加具体化了。由此,继法兰克福学派之后,西方关于文化产业的理论又有了长足的发展,基本上是沿着两个方向展开的,即基础理论研究和应用理论研究。

基础理论研究这一方向是从英国伯明翰大学文化研究中心开始的"文化研究"中对大众文化和文化产业的研究,被称为文化产业的基础理论,也称学院派理论。这些研究把重点放在"对文化产品中所包含的内容进行意识形态方面的探讨,注重研究文化产业的符号生产机制及符号生产的原则"。基础理论所用的概念包括"霸权、批判、解构、符号、编码、解码"等哲学、政治学、文学话语,具有较强的思辨性。由于研究成果颇丰,后人将其统称为伯明翰学派。这一学派中比较有代表性的学者有雷蒙·威廉姆斯、斯图亚特·霍尔。另外,美国的诸多学者也对文化产业的基础理论研究做出了很多重要的贡献,如 F.詹姆森、约翰·费斯克等。

应用理论研究这一方向是与各国文化产业实践、文化产业政策紧密结合在一起的,侧重文化产业实践的理论探索,以期解决实际问题,被称为文化产业的应用理论。应用理论的研究包括文化产品的开发、生产和营销以及文化产品提供企业的管理和运作。

文化产业的应用研究是直接从其文化产业的实践中总结和生发出来的,是直接面向市场和消费者的,倾向于从经济运作方面对文化产业的生产、流通、传播的过程进行探讨,所用的概念多为经济学、社会学和管理学名词,如"产业、版权、节目、就业、管理、生产、传播、贸易、市场、份额"等。相对于文化产业的基础理论来说,国内对西方文化产业的应用理论的介绍和研究非常少。

20 世纪 90 年代初期,英国媒体理论家尼古拉斯·伽纳姆在产业理论的应用研究方面做出了重大的贡献,他为文化产业的地位恢复做了大量工作。他认为"文化产业采用了特有的生产方式和行业法人组织来生产和传播符号,这些符号的表现形式虽然不是一律作为商品,但是其表现形式却都是文化商品和服务"。这一论断将经济学分析与文化理论紧密地结合起来。

20 世纪末查尔斯·兰蒂将经济学的"价值生产链分析法"引入对文化产业的应用研究,提出了文化产业的五个阶段,包括文化产品的创意、产生、流通、发送和最终接受。到了 21 世纪,"文化产业"这种文化现象已经不容置疑地切入我们的文化生活内部,改变着我们的文化观念和文化生活。

目前,国际上对于什么是文化产业,即文化产业概念的内涵是什么,还没有一致的看法。部分原因是由于人们的视角不同,所以,观察的结果也就不同。有些西方学者从文化人类学角度把文化产业定义为:生产文化意义内容的产业。因为在文化人类学看来,一切人类的物质遗存物都具有"文化符号"的意义,都承载和述说着某种文化意义,人类的一切精神和物质活动都具有传达社会意义的"符号"作用。这是一个较为抽象且概括力较强的定义。根据这一定义,文化产业的外延可有大小不同的三种情况,同时也可看做是文化产业概念演进的三个发展阶段。

其一,文化意义本身的创作和销售。如文学艺术作品的创作、音乐创作、工业设计以及其他创造性的文化艺术活动;又如,艺术场馆、博物馆、演出、文化娱乐活动等。这一含义接近于我国过去一直说的"文化艺术事业"。这是文化产业的狭义概念。

其二,承载文化意义的产品的复制与传播。由于复制技术的进步,新闻出版业、影视业、音像业等已发展为文化工业。这个概念是人类进入工业社会的产物,首先形成于20世纪初的美国等国,20世纪80年代后,中国逐步受到其强大影响。

其三,赋予一切生产活动和产品以文化标志。这标志着知识经济时代、后工业时代的到来。在这一时代,非物质性的信息符号的交换与消费将成为世界各国经济竞争的主要领域。文化产业发展到最高阶段,由于文化、知识的泛化、融合,文化产业趋于消解。

下面我们选择美国、英国、日本这三个典型的西方国家(日本在习惯上也被认为是西方国家)对文化产业的解释做一分析。

(1)美国。一般认为,所谓文化产业,是指通过工业化和商业化方式进行的文化产品和文化服务的生产、交换和传播。在这一定义中,"工业化"、"商业化"、"传播"最具美国色彩。美国文化产品的工业化程度很高,通过工业复制技术生产文化产品,具有规模效应。美国也是一个商业气息十分浓厚的国家,由于各企业追逐利润,因而文化产品的娱乐性较强,媚俗性较强。由于采用高新技术,美国的文化传播媒介业、信息产业十分发达,文化传播引人注目。

就行业来看,美国文化产业主要包括文化艺术业、影视业、图书业和音乐唱片业。这四种产业是美国经济的支柱产业,发展较快,在世界市场上占有较大的份额,优势突出。1997年,美国制定了"北美行业分类系统"(NAICS),这个新的行业分类系统将通信、出版、电影、音像录制、有线服务等均划入"信息产业"。这反映了由于科技的发展,文化产业与信息产业正走向融合。美国把信息设备硬件(如芯片、路由器等部件)的制造均划入传统制造业,而这在我国仍归文化产业。这一趋势反映了美国文化、信息产业正从其传统工业中彻底剥离出来,文化产业发展程度较高。

(2)英国。一般认为,"那些出自个人的创造性、技能及智慧和通过对知识产权的开发、生产可创造潜在财富和就业机会的活动"统属文化产业。英国的文化产业概念较为强调文化产品的个人独创因素,它是知识创新、文化创新,重视知识产权作品的开发,重视文化产业的特殊效应如扩大就业。该定义具有时代特色。根据这一内涵,文化产业范围包括出版、音乐、艺术表演、电影、电视广播、游戏软件、广告、建筑、设计、时装、艺术品与古董交易、手工艺品等十几个行业。

(3) 日本。在日本,文化产业统称为娱乐观光业。这一名称体现了日本人对文化产业内涵的一种独特看法,同时也准确地反映了日本文化产业发展的特征。日本的电影、音乐、游戏软件、博彩、赛马、赛车等娱乐业十分发达,观光旅游业也居世界前列,每年有许多日本人到国外旅游度假,又有许多外国游客踏上日本领土。日本将文化产业划分为三类:

① 生产与销售以相对独立的物态形式呈现的文化产品的行业;

② 以劳务形式出现的文化服务行业,如文艺演出、体育竞技等;

③ 其他商品和行业中提供文化附加值的行业,如装潢、形象设计等。以上三类从具体的"产品"到无形的"服务",又到抽象的"文化附加值"(实为"文化意义"),体现了人们对多种多样文化产品的认识不断扩大、深化。这种对概念外延的分类便于为一般市民掌握,可操作性强。

(三) 中国文化产业理论研究的历程

中国文化产业基础理论研究可以说是对"文化工业"和"大众文化"在政治维度和审美维度上的争论和探讨中开始的。而这些争论和探讨主要想解决的问题,就是文化产业身份的"合法性"问题。中国文化产业基础理论研究并不仅仅局限在学术层面,而是带有强烈的现实关怀和社会指向。

对于"文化工业"和"大众文化"的理论研究步步深入的过程,也是中国文化理论界对法兰克福学派"文化工业"理论的认识与再认识的过程。

"文化工业"的概念是随着汉语学界对西方马克思主义的接受与研究而进入中国当代文论的领域的。在越来越多的人文学者对西方马克思主义理论产生兴趣的同时,作为其重要流派的法兰克福学派的理论也在学界传播开来。20世纪90年代以后,在当时中国社会转型和启蒙反思及人文精神失常的特定背景与语境下,"文化产业"这一概念引起了学术界的普遍兴趣。1993年,《文艺报》在后现代主义的话题中关注文化工业问题。1997—1998年,《读书》杂志、《文艺报》特别对"大众文化"和"文化工业"进行了探讨,国内文化界对"文化工业"问题的争论尤为激烈。"文化工业"的概念开始扩散到许多文论之中。

从20世纪90年代初黄力之、张汝伦对文化工业的忧思,到90年代中后期尹鸿、刘润为、姚文放对文化工业的指控,批判和否定的声音不绝于耳。概括而言,他们的观点包括以下几点:

① 文化工业是一个时代的文化病症,是一种反文化,它垄断文化市场,排挤严肃文化,侵蚀了人文精神和严肃艺术的生存基础;

② 文化工业使文化主流游离"五四"的思想传统,人文知识分子把文化的控制权力拱手出让给商业资本;

③ 文化工业是一股西风,是资本主义独有的文化生产方式,它培养了享乐主义,消解了反抗意识,它的发展将导致人的自由的沦丧;

④ 文化工业导致大众文化娱乐的平庸、贫乏与粗鄙,使艺术精神和生命死亡,它是统治意识形态的工具;

⑤ 文化工业与文化殖民主义关系密切,它的全球化运动导致全球文化的一体化、单一化,形成跨国、跨地区、跨民族的文化控制。

关于"文化工业"问题的争论和关于"大众文化"的探讨一直在继续着,然而,随着信息时代和知识社会的到来,文化产业迅速发展壮大,并且呈现越来越强劲的势头。人们对于文化产业的态度发生了彻底的转变,不再把它简单地当成一件"好事"或是"坏事",而是把它与经济、社会和文化的某些根本性变化联系起来看待。Culture Industry 一词也逐渐被用来指称作为社会生产的一个部门的文化艺术业,而更多地被翻译为"文化产业"而不是"文化工业"。

种种转变促进了学术界对"文化工业"理论的反思,意识到了阿多诺对待文化工业的片面与极端性,可能阻碍了人们对它的辩证理解,也不利于中国文化产业的发展。"文化工业"否定性的语境也随着法兰克福学派本身的衰落而发生变化。这时,英国伯明翰学派、美国费斯克等人的大众文化研究为我们打开了理解与诠释文化产业的另一扇大门,一些人走出阿多诺的拘囿,肯定或中性意义的概念——"文化产业"开始受到欢迎,并最终在使用中固定下来,为我国学者、政府及经济界人士所接纳与认同。

我国的文化产业概念是从 20 世纪 80 年代伴随国家大力发展第三产业而迅速壮大起来的。"三产"原是指企业用来安置下岗富余人员的服务性部门和行业,主要表现在 2000 年 10 月,党中央在"十五"规划的《建议》中,正式提出文化产业这一概念。根据我国目前对文化产业所确立的内涵,文化产业一般认为包括以下三类。

① 文化产品的制造业,如图书、报刊印刷业、影像业等。
② 文化产品批发与零售业。
③ 文化服务业,如大众娱乐业、文艺演出、信息服务业等。这一分类显示出我们较为看重实体、有形的文化产品,对"无形"的"服务"类也引起了人们的注意,但对更为抽象、不易直接感知的"文化附加值"、"文化意义"还缺乏注意,这是我国文化产品产业化程度不高、文化发展落后在理论上的反映。

从我国经济发展的实际情况及发展趋势出发,从有利于文化管理的角度出发,我国的文化产业应包括原有文化事业体制下的一些行业,也应包括活跃于市场经济中的新兴行业;应涵盖生产、销售、消费的各个环节,并把跨越于第二、第三产业的一些行业纳入文化产业的体系中,包括国有、集体、个体、股份、独资、合资等多种体制。据此观点,对文化产业从性质上进行分类,就可形成一个门类较为齐全、能反映现代社会特征的文化产业结构体系。

从中国文化产业基础理论的研究历程来看,随着文化产业实践的不断发展,人们对它的认识越来越全面和深入,文化产业研究方面也由对种种表象的简单判断发展到对实质的辩证分析,并基本上已经确立了大众文化产业化的主流声音。因为文化产业的存在不仅是一个无可回避和拒绝的事实,而且本身就是人类每时每刻生存的重要组成部分。如何从一个全新的角度去理解它,从一个积极的方面去对待它,是关乎我国文化产业发展的战略性问题。

中国文化产业研究起步较晚,在应用理论方面至今尚未形成完整的理论体系。但由于文化产业应用理论的研究直接源于其文化产业实践的不断发展,所以理论与实践的吻合程度相对比较密切。

从文化产业实践的发展阶段来看,以党的十六大"支持文化产业发展,全面提高我国文化产业的整体实力和综合竞争力"的战略部署为标志,中国文化产业的发展逐步由感性探索阶段迈向理性成长阶段。实践的发展引发了理论的深入,从学术发展史的层面来看,以十六大召开的2002年为时间界限,如果说,之前中国关于文化产业的研究还仅仅属于"理论启蒙时期",那么,之后的中国文化产业理论研究则全面进入了一个"理性发展时期"。

理论启蒙时期大致在1993—2000年,在这一时期,学术界对中国文化产业应用理论研究已经自发地起步。其理论研究涉及文化产业应用理论方方面面的问题:对文化产业概念内涵和外延的界定,对文化产业的性质和功能的分析,对文化产业的政策和战略的探讨,以及对文化产业的区域研究、行业研究、比较研究及个案研究,等等。但总体看来,研究仍然不够深入,主要停留在对文化产业进行介绍、宣传和论证上,没有触及中国文化产业机制的一些深层次问题,没有出现系统阐述机理、能够指导文化产业运作的有分量的著作,这也在一定程度上制约了中国文化产业的发展。

理性发展时期是在2001年以后开始的。党的"十六大"报告中的第七部分"文化建设和文化体制改革"以及《中共中央关于完善社会主义市场经济体制若干问题的决定》的第十部分"深化科技教育文化卫生体制改革,提高国家创新能力和国民整体素质"是文化产业研究道路的明灯。以中央文件的方式提出文化产业发展的问题和改革的问题,这引起了学术界的高度关注,关于文化产业的研究也由此掀起了一个高潮。中国目前走在最前沿的一批文化产业研究专家、人文学者以及关注文化产业理论研究的文化产业实业家对文化产业相关问题的思考和研究逐步向深度和广度发展。

二、文化产业的基本概念与产业结构

(一)文化产业的基本概念

文化产业的概念纷繁芜杂,涉及的内容也异常广泛。文化产业是以文化价值为灵魂,以科学技术为支撑,以现代传播手段为标志,以软件、动漫、数字领域等企业为核心的新兴产业。联合国教科文组织对文化产业的定义是:文化产业就是按照工业标准,生产、再生产、储存以及分配文化产品和服务的一系列活动。文化产业包括影视、音像、摄影、广告、信息咨询、大众传播媒介、流行音乐、平面设计等诸多行业。此定义侧重于文化产业的"产业"属性,也就是经济性质。

文化产业的概念是一个层次化的体系。

(1)狭义概念:"文化创作业",即文化艺术作品的创作、销售、展示直到文化艺术的接受活动。文化产业包括文学艺术创作、音乐创作、摄影、舞蹈、工业设计与建筑设计,以及其他各种创造性的艺术活动领域。还包括文化艺术活动的生产和销售系统,如艺术场馆、博物馆、展览馆、艺术拍卖,以及各种形式的文化娱乐、演出、教育活动。

(2)扩展概念:"文化制作与传播业",即对应于"文化工业"的概念。文化产品经过纸介质、磁介质、电子介质、光介质四种媒体的发展,逐步实现其"文化产业"的性质。将文化产品的生产、交换和消费的过程用记录和传播的技术扩大开来,转化为工业过程,变为工业化生产活动。这个概念下的文化产业包括新闻出版业、广播业、影视业、音像业、网络业等。

(3) 一般概念："以文化意义为基础的产业"，这个概念所包含的产业包括所有具有文化标记的产品，无论是传统的还是现代的，从服装业，到具有现代商标的一切产品。现代经济已经开始在总体上以"文化意义"为基础了，现代经济活动、社会活动、与文化活动的界限已经不那么清楚了。

文化产业是精神、智慧、思想的经济化和市场化。文化产业的内核是人类精神、智慧和思想，物化的精神（文化）是精神的物化（产业）的内容与灵魂，产业是文化的物质载体。因而文化产品具有创新性、广泛性、持久性和思想性的特征，而文化服务具有品牌性、不确定性和个性化的特征。由此产生了文化产业的功能，其中包括经济功能、政治功能和社会功能。经济功能体现在文化产业作为新的经济增长点，是当今社会以及未来社会财富积累的重要源泉；政治功能体现在文化产业能够引导科学价值观念的传播与扩散，维护国家安全和稳定社会秩序上；社会功能则体现在文化产业的娱乐功能和审美功能的引导上。

文化产业具有特殊的亲和力和生命力，其原因在于：文化所独具的穿透力是文化产业迅速发展的重要原因；文化产业用最为先进的科学技术武装自身，提高了自身的影响力。

综上所述，现代的文化产业具有下列基本特征。

(1) 文化发展的时代特征。文化发展在进入以信息技术、网络技术为特征，以科技创新为动力的知识经济时代以后，采取了新的发展方式。文化发展的根本动力、实现途径、服务方向、实现目的等各方面与知识经济密切相关，在相当程度上，文化产业采纳和顺应了市场经济产业化的发展道路，成为知识经济发展的重要组成部分。

(2) 文化发展的状态。文化的发展与各种资源配置建立了日益紧密的联系，文化产品日益商品化、市场化，成为满足人们精神与物质双重需求不可或缺的内容，而且文化发展越来越受到市场需求强有力的推动。市场在决定文化产业发展的智力、物力、财力投入的方向和力度上发挥着越来越大的作用，文化走产业发展的道路也是市场运行规则的必然结果。

(3) 经济增长的一般规律。经济增长必须不断拓展深度和广度，发现新的领域，更新和引导新的市场需求。文化在知识经济的作用下，展示了十分广阔的增长空间。在发达国家，文化产业在国民经济中占有十分重要的地位。旅游业、传媒、影视等行业已成为许多国家的支柱产业。

(4) 市场需求。文化资源的挖掘与配置，文化产品的开发与利用，文化经济的超常规发展，文化产业的巨大潜在能量，都表现出市场经济扩容、增值的强烈需求。随着人们生活质量的进一步提高，市场对于文化的需求必将获得更快的增长，文化产业在市场需求的刺激下，必将获得巨大的发展空间和发展动力。

总结以上几点，把这种具有知识经济时代特征，从文化发展的角度推动经济增长，用产业手段发展文化，以文化为主要资源进行生产，向社会提供文化类服务和贸易，主要目的在于满足人们日益增长的精神文化生活需求的新兴产业，称为文化产业。文化产业是文化与经济结合的产物，文化通过产业化运作得以繁荣；同时，文化又通过对经济的促进作用推动经济的发展，并使自身成为国民经济的重要组成部分。

文化事业是与文化产业相对的另一个关于文化的重要概念。文化事业是国家为了规避文化产业经济属性的短期行为,满足以营利为目的文化产业企业不愿涉及、没有能力涉及、不便涉及或尚未产业化的文化领域需求而从事的文化活动,比如贫困地区的文化教育普及等。

文化产业企业,简称文化企业,是从事文化产品生产和文化服务的企业集团,是文化资源与企业资本结合的产物。文化企业利用企业资本开发文化资源,将文化承载于文化产品,通过文化产品和文化服务满足消费者的文化需求,促进文化市场的繁荣和文化的发展,同时,企业资本通过文化活动得到增值,并促进经济发展。文化事业单位是指受国家各级文化行政部门直接管理的,生产文化产品和提供文化服务的独立的社会组织。文化事业单位不以资本增长,而以服务社会公众和国家为目的。

文化产业与一般的产业相比,有其自身的特殊性。这些特殊性表现在下列方面。

(1) 文化产业的产品是满足人们的精神需求的。人们的消费能力越强,对文化产品的需求就越多。

(2) 文化产业的生产包括文化的创造、利用文化资源开发和生产文化产品、围绕文化而开展的服务,在文化产业生产中劳动的支付主要以脑力劳动为主,体力劳动为辅。

(3) 文化产业是通过创造文化和开采文化资源来培育和创造消费需求,文化的创造和文化产品的生产具有很大的不确定性。

(4) 文化产业与其他产业有共生性和共融性。任何产业形态都融入了不同的文化内涵,如饮食文化、汽车文化、家居文化、校园文化等,不同的产业都蕴含着不同的价值取向。另外,文化产业借助其他产业提供的工具促进自身的发展,比如信息产业提供的网络工具极大地促进了文化的扩散。

(5) 文化产业通过有形的文化产品(如图书、音像制品等)和无形的文化服务(如会展、旅游、教育、竞技运动、传媒等)承载文化的内涵和传播文化。文化产业不同于一般产业,它的核心是满足人们精神需求的文化。

(6) 文化服务还具有服务的所有特殊性,如易逝性、即时性、无形性和异质性等。

(二) 文化产业的产业结构

中国国家统计局于 2004 年 4 月 1 日发布了《关于〈文化及机关产业分类〉的通知》(国统字[2004]24 号)。通知明确指出,文化及相关产业指为社会公众提供文化娱乐和服务的活动,以及与这些活动有关联的活动集合。为反映中央关于文化建设和文化体制改革的要求,《文化产业分类》组合出了文化产业核心层、文化产业外围层的相关文化产业层。具体如下:

1. 文化产业核心层

(1) 新闻服务;

(2) 出版发行和版权服务;

(3) 广播、电视、电影服务;

(4) 文化艺术服务。

2. 文化产业外围层

(1) 网络文化服务;

(2) 文化休闲娱乐服务;

(3) 其他文化服务。

3. 相关文化产业层

(1) 文化用品、设备及相关文化产品为生产；

(2) 文化用品、设备及相关文化产品的销售。

具体文化产业如下。

(1) 新闻出版业：新闻业，印刷业，图书报刊批发零售业，图书、报纸和期刊出版业，音像和电子产品出版业，单张地图、印刷画、宣传画、明信片、贺年卡、表格、图片等其他出版业，报纸杂志，文学创作。

(2) 广播、电视、电影和音像业：广播电视传媒，唱片和影片制作与拷贝，影院，音像制品制作和产权保护，音像制品拷贝、发行与零售，电影放映，影片出租。

(3) 文化艺术业：音乐、戏剧、舞蹈、音乐剧和歌剧等文艺创作与演出，艺术场馆，文艺团体，艺术教育，文化遗产保护，其他文化艺术业（包括史料、史志征集活动，艺术品、收藏品鉴定活动，街头文化宣传活动如报刊橱窗等）。

(4) 体育业：竞技体育、体育与健身服务、体育与健身俱乐部、竞技体育场馆、体育经纪人、健身器材的生产与销售。

(5) 娱乐业：歌舞厅、卡拉 OK 厅、游戏厅、录像厅、电子游戏厅、综合娱乐场所、保龄球馆、工艺美术品拍卖、画廊等。

(6) 群众文化业：群众艺术馆、文化馆、文化俱乐部、群众演出、庙会等。

(7) 图书馆业：图书馆、档案馆。

(8) 文物业：文物保护机构、文物拍卖机构、文物商店、文物科研单位。

(9) 博物馆业：博物馆及其管理机构。

(10) 文化旅游业：文化旅游业是以包含自然历史文物景点观光服务为核心，带动饮食、旅店、交通、商业、娱乐协调发展的文化产业群。文化旅游业包括旅游景点经营、旅游管理、文化旅游。

(11) 会展业：汽车展、文物展、电影展、艺术品展、综合文化展览等。

(12) 广告及咨询业：广告设计与制作、图形设计、形象设计、咨询公司等。

(13) 艺术品和手工艺品业：艺术品的创作、展览与销售，手工艺品的制作与销售。

(14) 文化产品印刷和记录媒介复制业：书、报、刊印刷业，本册印制，包装装潢及其他印刷，装订及其他印刷服务活动，记录媒介的复制业（包括录音、录像、数据磁带的复制，软盘、硬盘的复制，光盘的复制，非定制软件的复制，电影胶片的复制）。

(15) 文化用品制造业：文化用品制造业（包括文具制造，笔的制造，教学用模型及教具制造，墨水制造，其他文化用品制造如画夹、画架、打印色带及类似制品的制造），乐器制造业，玩具制造业，游艺器材及娱乐用品制造业，工艺美术品制造业。

(16) 文化用品批发零售业：文具用品批发业，图书批发业，报刊批发业，音像制品及电子出版物批发，首饰、工艺品及收藏品批发，其他文化用品批发，文具用品零售，图书零售，报刊零售，音像制品及电子出版物零售，珠宝首饰零售，工艺美术品及收藏品零售，其他文化用品零售。

(17) 文化信息传输服务业：互联网信息服务、有线广播电视传输服务、无线广播电视传输服务、卫星传输服务。

（18）文化社会娱乐服务业：室内娱乐活动，游乐园、休闲健身娱乐活动，其他娱乐活动（包括各种形式的彩票活动）、公园、海滩和旅游景点内小型设施的娱乐活动等，摄影扩印服务，图书、音像制品出租。

随着文化市场的不断繁荣发展，文化产业的产业形式也在不断变化更新。产业形式相互交叉和创新诞生了许多新的文化产业形式，文化活动就是文化产业形式创新的成果。文化活动是以活动的形式提供文化服务和传播文化的文化产业形态，它不拘泥于刻板的模式。文化活动包括文艺演出、节目庆典、文化展览等，与其他文化行业有许多相容的地方，比如文化艺术业及会展业，还可能同时涉及几个不同的行业。文化活动行业在近年来发展很快，是活跃文化市场的中坚力量，并成为文化产业的重要组成部分。

三、文化经济与文化产业发展

文化经济与文化产业的关系是文化产业矛盾运动过程中的一对最基本的关系。不仅文化产业的形成与发展是文化经济运动的产物，而且文化产业的运动与发展又反过来推进了文化经济的发展。因此，研究文化产业运动的最一般的关系和理论，了解和掌握文化产业最一般的属性和特征，就不能不从文化经济和文化产业的最一般的关系入手。

（一）现代文化产业的形成与发展

现代文化产业的形成和发展的历史动因是多样的。科学技术的革命和消费社会的兴起是文化产业形成和发展的两大主要原因。随着电影及电影工业的诞生而出现的特殊的文化形态和文化体系，即文化产业，开始成为建构新的文化制度、文化秩序和文化权力架构的标准。在此基础上，形成了当今世界新的文化解释方式和霸权式发展模式，解释和展开了人类文化发展史上一个全新时代的降临——文化产业时代。复制技术的广泛运用和不断现代化，不仅推进了现代文化产业结构和产业组织的变化，而且直接导致了日常生活组织与深层次社会结构的变化。正是这种变化推动了新文化革命的产生：制度设计、秩序重建和权力重组。同时以工业革命为基础的，以大众为接受主体的，所使用的语言前所未有的大众文化的出现，是对传统经典文化的挑战，是大众对精英的挑战。它使得大众在获得现代工业文明主体地位的同时，也开始确证自己作为精神文明的主体地位。而正是大众文化的出现并占据主导地位，使得文化产业获得了磅礴的生命力，由电影而开始自己辉煌的成长之路。同时也正是由于电影工业的出现打破了传统理论对于文化，尤其是关于艺术创作的经典定义，打破了少数人对文化艺术生产的垄断，这才有了对于文化工业的批判。

现代文化产业首先出现于西方发达国家。这是和工业革命首先发生在这些国家以及由此而引发的文化消费生活的改变相适应的。现代西方社会鼓励人们充分享受社会的物质财富，强调金钱崇拜、物质占有和大量消费，在生活上纵情享受，采取一种"今朝有酒今朝醉"的人生态度，这种观点已深植于大众的社会心理之中，成为支配他们日常生活方式的一种主导观念。崇尚消费的观念无疑对西方现代文化产业的形成和发展产生了巨大的刺激作用。与西方消费社会相适应，西欧和北美的城市文化已转向享乐主义，它注重游玩、娱乐、炫耀和快乐，享乐主义的世界充斥着时装、摄影、广告、电视和旅行等行业。消费社会和享乐主义,客观上呼唤社会经济结构以工业的方式大量生产适合享乐主义者消费的文化产品。可以说,消费社会和享乐主义成了西方文化产业滋生和发展的温床。

现代传播媒介是文化产业的重要形态和产生发展的重要前提。文化产业的发展过程,尤其是西方文化产业的发展历程与西方传播媒介的发展是同步的。文化产业以市场为导向,客观上要求大众文化传播媒介的商品化,而西方传播媒介的充分商品化,无疑适应了文化产业发展的这一要求。在现代西方社会,传播媒介不仅制造了符号和形象,塑造了人们的意识,而且产生了巨大的剩余价值。大众传媒的商品化,还产生了文化产业产品的消费者即"受众商品"。商品化的过程,使西方媒介彻底纳入了商品经济体系之中,这主要不是因为媒介制造了充满意识形态的产品,而是因为它为广告商产生了受众。现代文化产业在某种程度上说,是以现代传媒产业为核心的。传媒的商品化,无疑使它能够成为以市场化为导向的现代文化产业运作最合适的载体。这是现代文化产业发展的一个必不可少的前提条件。

经济的发展必然导致工作和闲暇时间的分配发生变化,与带有强制性的劳动时间相对,闲暇时间属于个人自由支配的时间。闲暇时间是社会结构中的某种变化,某种新的规范,新的社会关系的源泉,它所带来的新的价值有助于引导个人和社会集体在时间分配上的意愿和选择。作为一种社会时间,它有着改变生活方式的巨大潜在力量。随着闲暇时间的增多,社会公众对于娱乐性、消费性、休闲性、消遣性和益智性的文化需求也日益高涨。这种因闲暇时间增多而催生的公众的文化需求,只有通过产业化方式生产的大批量文化产品才能予以满足。因而,大众休闲的需求与当代文化产业的兴起之间,具有一种伴生的关系:一方面是大众休闲的需求刺激了城市文化产业的发展;另一方面,文化产业的成长又进一步激发了大众对于休闲性文化产品的消费胃口。

历史已经充分地表明,正是工业的发展和技术的进步,催生出了一种以工业生产方式制造文化产品的行业,即文化产业。在传统的手工业和小生产社会,文化产品的生产和经营显然难以形成规模经济效益。在这种情况下,文化的经济价值既不能被充分挖掘,也不可能被充分地认识。20世纪初,工业化在西欧和北美取得了决定性的胜利。同时,随着一些现代科学技术如录音和无线广播技术(留声机和收音机)、快速和移动摄影(电影)的发明与运用,技术以前所未有的速度和规模介入了文化领域。技术革命的成果被广泛地应用于文化产业领域,电子传媒的大批量生产,把曾经为少数人欣赏的文化品转变成可供大多数人消费与欣赏的文化商品。因此,社会化大生产、现代工业的出现以及技术革命,产生了一种新的人类存在的方式,于是也产生了新的文化形式。正是在这样的背景下,文化产品发生了质的变化,它不再是一次性的存在,而是可以批量生产。这无疑是工业化、规模化的文化产业发展的一种极其重要的前提。

(二)经济增长方式的革命性变革

文化产业的兴起,意味着人类经济增长方式已经发生了革命性的变革。21世纪将是知识对经济发展起决定作用的经济,可以说已经成为全世界的共识。以知识为基础的经济是以智力资源的占有、配置,知识的生产、分配、使用(消费)为最重要的要素的经济形态。在知识经济时代,占主导地位的知识密集型产业不仅包括高新技术产业,还包括文化产业。而高新技术一旦走向成长过程,往往与文化产业相融合。其结果是,一方面,文化产业越来越多地运用科学手段;另一方面,新的文化行业不断涌现。

文化产业是现代国民经济新的增长点。现代经济的迅速增长,促进了文化产业的迅速发展,而文化产业的迅速发展,也为经济发展提供了强大的动力。在当代社会,文化与经济的紧密结合,首先表现为文化对经济的渗透,产品的文化内容的价值比重迅速增大,而物质形式的价值比重则相应的下降。在新增长的社会财富中,文化性的"软产品"所占比重越来越大,而且传统制造业产品的文化内涵也越来越高。同时,在当代社会,文化产业的发展不仅是一个国家文化产品生产、流通、消费的规模化、市场化、现代化的重要手段和载体,而且是物质财富创造的重要来源,是现代国民经济的支柱产业。在当代,以传媒、娱乐、旅游、教育、体育、咨询、律师和服装设计等为代表的文化产业的发展速度远远超过其他产业。文化产业在国民经济中的地位越来越凸显,在繁荣经济、创造就业机会等方面发挥着积极作用,而且文化产品和服务的出口也带来了大量的外汇。

文化产业在创造自身价值的同时必然带动相关产业的发展,如广播影视产业将带动音像、影像、游戏软件、家电、通信设备、广告展览等产品及服务市场;文化娱乐业将推动旅游、宾馆、餐饮、交通、演艺市场;文化产业的公共参与性及其善于制造大众流行的特点,将推动服装业、美容业及各类延伸产品市场;各类先进的文化设施的建设,则将有力地配合高科技转化为市场优势,并带动建筑业和制造业市场。

在工业经济时代,人类对许多基本资源的利用和许多种污染物的排放已经超出了环境可持续发展的速率。正是基于这一认识,实施可持续发展战略的精神已成为世人的共识。而无论从哪种角度去定义,可持续发展社会都应具有三个主要特征:时间尺度上的无限性,它不是昙花一现的社会;物理环境的恒定性,这是可持续社会的物质基础;保障人类生活需求,这是可持续社会的目的。实践表明,文化产业是一种有利于促进社会可持续发展的产业。

目前,世界许多国家或地区正面临产业结构的升级时代,产业结构的调整必然会造成亟待分流的富余人员,而文化产业的发展将开辟新的就业空间,缓解经济结构调整的压力。文化产业作为第三产业的重要支柱,有着广阔的就业前景和产业延伸性,它的发展有利于扩大就业,稳定社会秩序。

(三)未来经济社会存在的文化方式

文化生产像其他形式的生产一样,依赖于某些生产技术和生产方式,这些技术和生产方式既是文化生产力的一部分,是文化生产力的内生变量,又为特定时期的文化打上了深深的烙印。技术程序和文化生产方式的意义是决定性的,不同的传播媒介和文化生产方式将会改变既有文化的形态、风格以及作用于社会现实的方式和范围。新的传播技术及其产业化的运作方式,无疑已经使人类今天和未来经济社会存在的文化方式发生了革命性的变革。

从历史的发展来看,可以根据传播技术的差别,将人类传播媒介的发展分为口语媒介、书面和印刷媒介、电子媒介三个阶段。人类原始的媒介是直接交流的口语媒介,口语媒介借助人际间面对面的接触,通过身体和声音得以传播,具有直观直觉、形象生动的特点。文字系统的建立,使得人类文化进入了书面媒介的阶段,印刷术的普及加快了这一阶段的形成和发展。书面媒介和印刷媒介的出现使语言文化脱离了口语传统,使文化的传播成为一种破解和使用文字符号的技术,克服了人类文化交流中时空的限制,发展了人类抽象思维的能力和想象的能力。以电子媒介为基础的文化是人类文化的发展经过书面和印刷媒介向口语媒介更高层次的回归。以电子媒介为基础的文化既具有口语媒介的直观直觉性质,也能像文字符号一样克服人类直接交流中的时空限制。同时,由于电子媒介使文化重新通过声音和形象得以传播,从而清除了书面印刷媒介的文字符号对大众的限制。因而,从传播方式上看,电子媒介具有普及性、大众性和民主性。这一特性使得它成为大众文化可以利用的最重要的形式。

广播业、电影业和电视业兴起的一个令人瞩目的成果,就是如一些思想家预言的那样,使人类文化进入了影像的、形象的或视觉的时代。在《资本主义文化矛盾》一书中,丹尼尔·贝尔指出,现代西方文化已经发生了转变:"目前居'统治'地位的是视觉观念。声音和景象,尤其是后者,组织了美学,统率了观众。在一个大众社会里,这几乎是不可能避免的。"从某种意义上可以说,文化被纳入产业化运作的时代以及建立在高科技基础上的电子媒介时代,必然是视觉符号取代语言符号并成为占统治地位文化符号的时代。文化产业的数字化发展趋势正在改变着文化产业的发展形态,同时文化产业与信息产业的结合将深刻地改变未来经济文化的存在方式。

第二节　文化产业投资的现状和特点

一、文化产业投资现状

与任何事物的发展与进步一样,文化产业的发展同样离不开投入的保障。文化产业投资是文化产业资本形成的重要途径和长足发展的根本动力。随着人们物质生活的富裕,文化生活的需求也越来越高,这正是发展文化产业的社会原动力。文化要实现产业化,其所需要的资金、人力、物质的投入会呈现更为大量的需求。因此,从法律、政策与事实上确认必要与充分的投资,是文化产业必不可少的物质保证。而投资不足必然会制约文化产业发展。下面介绍导致资本向文化产业投入的不足,进而影响文化产业发展进程的主要原因。

（一）投资渠道不畅通

文化产业的投资渠道总体上可以分为国有(政府)的文化投资、民间文化投资和外资的进入。长期以来,文化被认为是纯粹的公益和消费部门而由政府财政包办,这种体制使得投资渠道过于单一、狭窄,只讲投入不讲产出,许多重大的文化基础设施由于缺乏资金,其建设受到严重的限制。而由于我国的文化产业大多实行"出身"准入制,即只有"我部门"、"我行业"、"我地区"以及全民所有制的企业才能优先进入市场,这就把部门出身、行业出身、地域出身和所有制出身变成了文化市场准入的条件,由此导致民间资本的产业进入壁垒比较高,使得社会上的闲散资金难以向文化产业靠拢,急需资本扶持的文化项目只能望梅止渴。非公有资本是文化产业投资的主要组成部分,但所占比例较小。文化体制改革试点以后,非公有资本进入文化产业领域的步伐大大加快,但由于进入的时间较晚,非公有资本在经济总量、企业规模、外向度、特色化以及持续发展方面较为薄弱。此外,外资由于在文化的市场准入方面受到限制,其资本的进入也受到一定的控制。

(二) 投资方式不合理

近些年来,我国政府的直接财政拨款和一些文化经济优惠政策给予了文化产业发展以很大的助力。"九五"期间,全国文化、文物、广播电影电视和新闻出版事业财政经费投入大幅增长,如文化事业费财政拨款年均增长 14.96%,至 2000 年达到 67.03 亿元;但是,对一些产业或项目的资金投入上缺乏明晰的终端目的性,往往造成投入和产出不相协调。在根本上仍然是一种事业型投入方式,而非推动文化产业发展的市场化投资方式。此外,我国文化产业的金融介入程度较低,在融资手段上比较原始,即以资金方式投入为主,缺乏现代化的筹资方式,如通过股票、债券等方式筹措资金。

(三) 法律保障机制不完善

目前,我国的文化产业法规体系还不完善,诸如民间资本和外来资本所关注的法律地位、权益保护、退出机制等核心问题都还没有得到很好的解决。此外,国家对文化事业的管理主要依靠政策号召和行政措施,而缺乏用法制手段引导、保障文化建设和文化活动的顺利进行。法制环境的不完善、政策的不确定性导致了投资的风险成本急剧攀高,令投资者望而生畏。

(四) 文化投资效益的体现

从单纯的经济学角度来看,投资者只对其所投资的项目的利益实现感兴趣。投入少、收效大、周期短自然能够吸引大量的资本流入,而文化产业领域的投资无论是用于形成固定资产的文化基本建设投资,还是用于形成流动资产的文化的知识产权投资和用于培育文化战略后备资源的投资,其建设、创作、培养周期和成型期都比较长。出于对投资回报的考虑,政府投资、企业投资、私人投资等所选择的投资重点也不一样。这就需要政府统筹兼顾,采取必要的投资倾斜政策,促成一个比较合理的投资结构。

二、文化产业投资的特点

文化产业投资就是向文化产业经营领域投入可用于增值目的的经济量,作为投资主体追求资本增值的经济行为。文化产业投资风险和回报率是文化产业投资的起点和归宿。它与食品行业、军工业、金融业和机械制造业等一般产业的风险和回报率有共同点,也有不同点。同时,它有别于向文化领域的非营利性投入,也不同于一般性的商业投资,且有以下特点。

(一) 文化产业投入较高,投资回收期较长,投资风险较大

以影视制作为例,前期需要大量的启动资金,产业链较长,影响投资回收的不确定因素较多,从产品制作到市场发行、票房及广告收入等,在各个环节都存在一定的风险。

此外,文化产品创作、培育及成型的周期一般比较长,投资过程中先期投入的资金并不能产生集聚效益,往往处在投资收益率曲线的最低点。尤其是用于形成固定资产的文化基本建设投资,投资回收期更长,且投资回报依赖于市场化运作。

(二) 文化产业投资的回报链条长

文化产业投资投入的是资本和其他经济量,产出的是以文化价值为主的产品和服务

(如报纸、书籍、表演、咨询、展示等)。文化投资的回报往往不是通过产品和服务一次性的市场销售实现的,而是在一个长链条上,通过分段转让和销售而逐步获得的。如动漫产业中一部作品的成功,不仅会带来直接的收益,还可以延伸产业链,将卡通形象作为品牌开发,经营衍生产品。美国迪斯尼公司制作《狮子王》,投资4 500万美元,仅其衍生产品的收入已达20亿美元。

(三) 文化产业内部不同行业相互渗透、交叉、融合成为发展趋势

例如,报业集团经营的趋势是整个传媒行业。国内许多报业集团都在扩展信息网站建设、互联网附属业务等与信息服务相关的业务领域。此外,还可涉足图书、刊物等出版、印刷行业。文化产业的这一特点更有利于企业实施组合投资策略。

(四) 人才等无形资本的投资构成文化产业投资的重要组成部分

文化产业投资结构的发展表现为:货币资本与其他智力、技术、信息等资本相融合。许多国家将文化产业称为创意产业,由此可见创意、知识、品牌、管理等在文化产品价值实现中发挥着重要的作用。文化产业的竞争不再是单纯的物质资本竞争,在当今社会更是无形资本等综合实力的竞争,尤其是人才的竞争。

(五) 文化产业资本的多样化和组合化

文化产业投资的基本目的是资本增值,而资本增值的首要条件之一是非公有资本的介入。唯有如此,才能使资本发生质的飞跃和量的扩大。将货币量与其他资本(包括智力资本、技术资本、信息资本等)结合,形成富有竞争力的优质资本结构,尤其是创意、知识、品牌、管理科技、宣传等的组合对文化产业资本增值的贡献程度非常高。

综上,文化产业投资具有高收益、高风险的特点,因而对投资者提出了更高的要求,要求投资者具备文化项目的评估能力、经营能力,同时具备一定的风险承担能力。

三、文化产业投资的特性

(一) 高风险性

文化产业是典型的高风险行业。文化产业的高风险性表现为一系列的不确定性。首先,文化产业的形成过程具有不确定性。文化产业连接着具有独特创造力的文化产品和众口难调的消费者。文化产业的形成和发展需要将这两者有机地衔接在一起,而两端的主体能否成功地连接在一起,形成文化产业价值链,则存在很大的不确定性。其次,市场需求具有不确定性。文化产业生产的是文化性、心理性、娱乐性和精神性的产品,具有多方面的不确定性。对于消费者的需求来说,存在时尚潮流、传播炒作、个人偏好和文化差异等多方面的不确定因素,从而大大增加了文化产品市场化的风险。这些不确定因素使文化产业具有高风险性,进而使其投资也存在高度风险性。[①]

例如,即使某个制片公司花大价钱进行市场调查,然后投入巨资进行拍摄、宣传,但仍有可能最终出品了一部不受市场欢迎的烂片,这种事例在好莱坞比比皆是。

---

① 杨婧吉.我国文化产业融资模式研究[D].哈尔滨:哈尔滨商业大学,2012.

（二）投资的集中与聚集性

文化产业项目投资相对比较集中，基础设施建设项目投资或者说初始投资所占比例很大。这种一次性大规模初始投资，规模宏大，配套性强，必须同时建成才能发挥作用，因而一开始就需要有较大规模的投资作为创始资本，而实体产业的投资则是均匀地融合于产品生产过程中。

例如，要建成一个博物馆或者艺术馆，不仅要建设一个场馆，还要充实数量相当的展览品才能对外开放，在建成开放之后只需要对其管理和更新。要是投资某个实体产品，如电视机的生产，生产多少台电视机就需要多少配件，不需要一次性投资所有零配件，可以先生产一批全部销售完之后再生产下一批。如果投资一部电影，九成以上的投资都集中在电影的拍摄及后期制作，之后的宣传以及电影的拷贝所占比例相对很小。因此，投资文化事业必须进行投资预算，对于较大的初始投资有足够的资金支持。

（三）投资成本的递减性

文化产业是高固定成本、低边际成本甚至是零边际成本的产业。文化产品生产创造之初，需要投入大量固定成本，但是一旦固定投资成本形成，在追加产品生产时，边际成本迅速下降，甚至下降为零。比如制作激光唱盘，第一张光盘的成本极高，但是大量复制后，边际成本就趋向于零。这也说明文化产业需要很大的规模经济，如果没有强大的规模经济，就难以市场化。而投资一个实体产业的时候不需要有庞大的规模经济，比如中小企业甚至说小作坊，都可以通过小成本进行投资生产，之后再追加投资扩大生产规模。文化产业的知识密集性还体现在必须运用新思想、新观念和新方法去整合、发展产业，创造财富。

（四）投资的公益性

文化产业投资的一个显著特点就是公益性。随着人们的物质生活逐渐得到满足，对精神文明的要求就会越来越高，文化产业正好满足人们对精神文明的需求。文化产业中的基础项目投资（如博物馆）本质上是一种政府行为，是对市场在公共产品领域失效的弥补，因为在该领域投资中的外部经济性较强，私人投资不愿或难以进入，理应由政府投资替代。

第三节 文化产业投资的研究方法

一、文化产业投资的研究背景、研究内容

当今社会，正面临金融危机的国际大环境，文化产业的投融资必然会出现困难。首先，银行借贷方面，许多投资银行自保不暇，紧缩银根，审查不良贷款，给文化产业的国际融资增加很大的难度。西方金融危机加大了文化企业融资的阻力，出于竞争因素，发达国家的这些产业必然要阻碍国际金融资本流入发展中国家的文化产业。中国文化产业中，能够像百度、腾讯等公司一样，完成海外上市"惊险一跳"的企业毕竟是少数。大部分文化企业是中小规模，主要融资途径还是银行信贷，但往往由于信用等级低，银行没有动力去经营文化企业的贷款。其次，政府投资方面，由于经济前景相对不明朗，地方政府在民生

等问题上的投入会持续加大,政府应付经济发展遇到的问题的资金需求增加,投入文化产业的速度就会减低。再次,民间投资方面,由于加息持续,通胀的压力较重,公众对于短期的经济前景的期望开始降低,而从股市和基金等投资理财方式上得到的收益也急剧减少,许多人出现了亏损。这使得能够投入文化产业的"余钱"减少,对于文化方面的需求也会减弱,而民间投入文化产业方面的资金也会减少。此外,来自基金或赞助的资金,会因金融领域发生动荡而相应地缩减文化方面的支出,甚至停止赞助。

国内主要依靠现金流的娱乐公司,会放缓借资本急速扩张的步伐,但它们的上市依旧按部就班,它们需要应对的只是如何给予银监会切实的数据与信心。更有专家认为,文化创意产业在某种冒险时刻,预计外部资金来源可能更丰富,而谨慎的时候可能更困难,因为相对不可控性更高。

但是,此次金融危机对中国文化产业来说,短期有"危",长远却蕴含转"危"为"机"的契机。[①]

首先,金融危机加速了文化产业的产业升级和文化企业的转型。危机可能促成中国文化产业整体产业结构的优化与升级。目前的全球性金融危机,对中国这样一个内需比较旺盛的市场来说,或许是一个机会,尤其是文化产业。金融危机将加速中国经济从第二产业向第三产业转型的步伐,从出口拉动经济发展向"自我循环"经济发展模式的转变,促使整个产业在资金紧缩的经济环境中,不得不加快产业转型提升的步伐。我们不应该只看到现状,而必须以长远的眼光看待问题,抓住未来的契机;从现在开始积极地调整文化产业的发展模式,着重提高在技术、文化领域的创造能力,通过整合人力资源来改变产业结构。当然,还要关注整个国际产业界的动态,为振兴我国的文化产业做准备。危机可能促成文化企业升级与转型。当资金投入和文化消费更趋理性化的时候,就需要文化企业有更多好的产品和更多好的创意的出现,真正优胜劣汰,完成产业的升级和转型。经济危机对我国文化产业的发展确实存在资金紧缩、投资规模缩水等不利的影响,但从另一个角度看,经济危机也给了这类企业改变旧有发展模式的紧迫感。

其次,金融危机使得中国文化产业建立起完善的市场体制机制。体制改革,建立社会主义市场经济体系,是中国文化产业建设所倚仗的根本,也是目前桎梏中国文化产业发展的内在因素。金融危机的到来促使政府对于市场机制的建立与自身介入的方式有更加谨慎和科学的认识,对于政府、企业、市场间的定位有更理性也更切实符合本土实践可能的理性判断。目前文化产业最迫切的问题,就是要建立符合市场逻辑与本土化特点的标准,能连接国际,也能操作于本土。危机孕育着根本性变革的契机。这一点也是当我们渡过危机后进行全面评估、量度中国文化产业建设进步与否的关键所在。

最后,金融危机加速了中国文化产业的文化共同体建设。危机中的人们更倾向于回归集体的认同,"文化软实力"的效力更易于体察和认知。这场金融危机,在现代意义上提供给国人一个全球化背景下体察和认知国家共同体、民族文化共同体的机会。中华文明在现代社会的表现与承载形态,是中国文化产业最深层的核心机制。中华文化精神与情感认同在危机时刻的整体勃发及其在世界版图下的影响方式与传播路径,都是文化产业

---

① 曹玉娟.后金融危机时代文化产业的独特功能与发展前景[J].湖北社会科学,2010(9).

要深层探究的问题,危机为我们提供了一次难能可贵的文化共同体建设机遇。

正是基于国际金融危机的大背景下,文化产业投资学研究的是对文化产业领域进行资本市场运行的分析,并针对文化市场投融资的合理预期,把个人、机构的资本或资源分配到文化资产上,以期获得合理的现金流量和风险收益,其核心就是以效用最大化准则为指导,获取个人或机构财富的最大利益化。文化产业投资学深度探索文化资本市场的运行方式和投融资的策略性研究,目的是建立健全文化产业资本运营体系,有效地建立起完善的文化产业体系。

当代中国的文化产业投资学理论研究的领域相当广泛。文化产业投资的运行与组织管理,文化产业的环境分析与资本运作,文化产业投资背景与相关法律法规,文化产业投资机会与范式分析,文化产业投融资体系与文化企业的价值评估,文化产业投资决策与项目评价方法,文化产业投资的风险与对冲机制,文化产业上市公司财务与文化企业的资本运营等,都是当代中国文化产业投资理论研究的重要课题,这些构成了中国文化产业投资理论研究的重要课题。

二、文化产业投资的研究方法

文化产业投资作为一门新兴的文化产业和投资学的边缘学科,应该运用现有的各种成熟的研究方法,探讨文化产业投资运动中的特殊矛盾和典型问题。

(一)定性分析与定量分析相结合

任何文化产业投资现象均是质与量的统一。既有对象的本质规定,又有一定的数量体现。运用定性和定量分析的方法,就是在对文化产业投资范畴、概念进行逻辑推理的基础上,对所研究的对象做出质的判断和量的评估。这两者之间,定性分析是基础,只有在定性分析的前提下,定量分析心中有数,才能充分说明问题。质的规定性把握不住,定量分析再仔细也无济于事。例如,在财务报表分析中,分析者未能掌握企业的个性因素,以点概全注重数据,但对数据所涵盖的本质尚未清楚地了解,造成了"以数论英雄"。仅仅会计算和关注指标的高低,但对指标为什么高、为什么低搞不明白。有些企业的财务报表很好看,无论是偿债能力指标、资产运营能力指标,还是盈利能力指标都很理想,但没有过多久企业破产了,恰恰反映了报表分析中注重定量分析,忽视定性和定量分析的结合。因此,弄清楚对象的性质具有特别重要的意义。同时,对象的一定的质又总是蕴含在一定的量当中。只有把定性与定量有机地结合起来,才能使我们对对象的系统分析和理性把握达到科学的认识。

(二)规范分析与实证分析相结合

文化产业投资是一门理论性和应用性都较强的学科,在研究方法上要把规范研究与实证分析结合起来。规范研究就是在揭示文化产业投资运行规律的同时,依据对象运动的内在逻辑性,阐明产业结构应该如何调整、文化资源应该如何配置的理论。因此,规范研究所要陈述和解决的是对象"应该是什么"、"应当怎样"的命题。实证分析,旨在判明文化产业投资在一定条件下是如何运行、如何重组的,通常运用统计分析和比较的方法,对对象的运动趋势做出判断和描述,阐明客观对象"是什么"、"是怎样"的命题。

复习与思考

1. 文化产业的概念与内涵是什么？
2. 法兰克福学派有哪些主要理论贡献？
3. 文化产业的产业结构是什么？
4. 简述文化经济与文化产业发展。
5. 简述中国文化产业理论的兴起与进程。
6. 简述文化产业投资的现状。
7. 简述文化产业投资的特点。
8. 简述文化产业投资的概念与内涵。
9. 简述文化产业投资学的研究背景。

第二章 文化产业投资基本原理

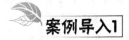

文化产业投资"理想丰满,现实骨感"[1]

文化产业作为国民经济的重要组成部分,也是国家经济发展新的增长点和经济结构调整的着力点。但是,文化企业"小轻散"的特点使其在生长过程中充满"理想丰满,现实骨感"的无奈。

对此,清科集团董事长兼首席执行官倪正东认为,产业有风险,投资须谨慎。"文化产业的投资弄得不好可能名也没有得到,利也没有得到。"在第一届中国文化产业投资论坛上,倪正东规劝文化投资者三思而后行。倪正东还提出,传统行业必须和新媒体结合才有未来,否则"要么死掉,要么淘汰掉,没有什么选择"。

对于文化产业细分领域的投资现状,倪正东认为,目前在传媒娱乐行业的投资整体保持上升的趋势。在文化产业领域,目前投资金额和投资案例最多的是影视制作业。同时,网络游戏也是一个巨大的市场,2012年网络游戏整个市场的营收超过500亿元。倪正东呼吁,行业要打造3~5家中国的文化传媒旗舰企业,要在国内的这个领域形成新的文化娱乐传媒帝国。"否则成长性很有限,赚的钱也很有限,这种小打小闹跟我们大的文化产业根本不相匹配。"他说。

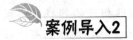

邵振兴:文化产业投资案例分享[2]

2011年4月8日,"文化创意产业投融资实战与资本运营论坛暨2010年文化产业最佳投资机构与最具投资价值文化企业评选活动启动仪式"在北京翠宫饭店举行。来自联想投资的投资经理邵振兴介绍了联想投资的投资理念、联想投资在文化创意产业的投资经验,并分享了联想的投资案例。

以下为邵振兴的发言节选:

接下来我给大家介绍一下我们投资文化产业的经验。首先,介绍一下我们集团的有关情况。到目前为止,我们管理4只美元基金和1只人民币基金,总规模达到60亿元人民币。今年正在进行第五期美元基金和第二期人民币基金的募集,已经基本接近尾声。

---

[1] http://money.163.com/13/0419/06/8SQ77DPV00253BOH.html.[2013-04-19].来源:证券时报网(深圳).
[2] http://www.ccizone.com/html/02/n-120 2.html.

第五期美元和第二期人民币加起来大概达到10亿美元。今年下半年,我们管理的基金会超过100亿元人民币。我们已经投资了100多家企业。团队规模已经不断壮大,拥有接近40位专业投资人员,拥有9位董事、总经理。除了北京的总部,我们还在上海成立了办事处,新近在武汉成立了办事处,未来可能还会选择在其他地域成立办事处。

我们投资的时候还是要以事为先、以人为重。我们要分析有没有发展前景,以及企业的商业模式和未来成长怎样,此外我们还更加看重团队。我们的投资方法叫做系统性打法。我们对关注领域进行系统性梳理。文化也可以进一步展开成很多领域,像我们熟知的动漫、游戏等等。还有印刷,我们当时是放在制造业领域,它更多的是给工业企业服务。除了投资以外,投后管理倡导的是提供积极主动的增值服务。增值服务是联想管理的核心竞争优势,联想积累了很多成功的经验和教训,可以给各位分享。我们的原则是绝对不越俎代庖。

我们会举办年度CEO CLUB。从创办第一年开始到去年已经举办过10期,每年都会对当下的焦点话题展开细致深入的探讨。这个活动的规模越来越大,2010年参加人数达到200人。我们有一个愿景,就是成为中国最受尊敬、最有价值的投资公司,与志同道合的伙伴共创心仪的事业并分享成功。

对于文化创意产业的投资,从宏观来讲,这个产业已经进入快速发展时期,政策非常明朗,未来将会有专门针对文化的投资创意基金。未来我们也不排除成立专门面向文化的团队,不排除在下一期成立文化基金。文化作为消费服务类的分支,跟工业化是有关联的。因为整个中国经济正处在工业化后期到后工业化的过渡,它的明显特点就是工业占GDP的比重将下降到50%以下。工业化后期完成以后,会提高经济水平、家庭收入,以及解放大量劳动力。这些劳动力未来都会转移到服务领域。随着收入的增长,对消费服务的需求会越来越多,包括文化、餐饮、旅游等领域。这个产业在中国刚刚起步,未来的机会肯定越来越多,也是我们将它作为重点关注领域的根本原因之一。

从中观层面来看,与新技术相关的移动媒体领域,还有与互联网相关的领域。影视业,随着国内票房总收入的大幅度增长,这个领域也日益受到大家的关注。现在也有一些上市的标杆企业,像华谊。传统媒体,如2011年的投资趋势中的传媒集团,我们在几年前就开始关注。在联想系统有另外一家投资公司已经投资了江苏的新华传媒,这个领域还存在大量的机会。现在大家关注的重点是在发行和渠道,在未来,我个人感觉不排除往上发展,很多方面还是要向民营资本开放,我们也存在很多机会。

在微观层面,细分到一些行业,像数字内容是未来最有吸引力的一方面。媒体产业还是要看它的规模化、综合化。上下游相关产业也将迎来很好的发展时机。

简单介绍一下我们投资的两个案例。一个是水晶石。它的主要业务是三部分,教学培训、视觉创意、出版发行。动画代工属于视觉创意部分,在国内做得比较风生水起,包括奥运会、世博会都请它作为视觉创意的独家供应商,在业内的能力和品牌已经具有一定的影响力。

我们当时为什么选择投资水晶石?第一是政策扶持创意产业。我们当时投资的时候,影视票房只有十几、二十亿元,现在已经增长了将近十倍。这些产业的发展势必推动上下游的发展,像水晶石主要做的数字后期和动画制作服务。此外,我们投资水晶石的时候,它在行内已经拥有一些优质客户,在行业内树立了领先地位。这些都作为我们的投资原因。再加上水晶石拥有非常好的团队。这就可以延伸到我们投资其他企业的主要逻辑。我们首先是看这个事情,有政策,有产业强大的驱动,企业有很好的发展空间;然后我们再看人。这样就是我们重点考察的对象。

易车网是去年在美国纽交所上市的一家企业,当时发行的情况非常好,融资1.3亿美元。我们在2006年对它进行投资。当时投资它的理由也可以沿袭刚才的逻辑。它是汽车的垂直门户。2006—2010年,汽车行业的发展是翻天覆地的。同时,汽车营销越来越借助互联网,大家在买车前都会上网上了解。汽车厂商的营销会借助互联网渠道,再加上易车网在这个领域的领先地位,团队比较完整,既有本土创业经历,也有海归负责与汽车厂商的联系。与联想投资合作,我们在初步接触以后,我们内部会进行沉筛,然后建立框架协议,在内部正式立项,进入径直调查,以及投融资管理服务等环节。

第一节 投资概述

本节主要介绍投资,包括实物投资与金融资产、投资的定义、投资的特征等,以及投资过程,包括投资目标、投资策略、资产的价值分析、投资组合的构建和投资业绩评价等环节。

一、实物资产与金融资产

整个社会的资产一般可以分为两部分:实物资产和金融资产。

从物质财富的角度来看,一个社会的物质财富最终取决于该社会经济的生产能力,即为社会成员提供产品与服务的能力。这种生产能力是社会经济中的实物资产的函数。实物资产包括土地、资本、劳动、企业家才能以及技术。实物资产包括了整个社会的产出和消费的内容。

与实物资产相对应的是金融资产,如股票或债券。这些金融资产从表面上看并不是社会财富,股票并不比印刷股票的纸张更有价值,它们对社会经济的生产能力并没有直接的贡献。相反,金融资产对社会经济的生产能力只有间接的作用,因为它们带来了公司的所有权和经营管理权的分离,通过公司提供有吸引力的投资机会便于资金的进入。由于金融资产对实物资产所创造的利润或政府的收入有要求权,因此金融资产能够为持有它们的公司或个人带来财富。

当公司最终利用实物资产创造收入之后,就依据投资者持有的公司发行的股票或金融资产的所有权比例将收入分配给投资者。例如,股票持有者对公司支付债券持有者及其他债权人以后的剩余收入享有要求权。因此,金融资产的价值源于并依赖于公司相关的实物资产的价值。

实物资产是创造收入的资产,而金融资产只能定义为收入或财富在投资者之间的配置。人们可以选择是今天消费掉所拥有的财富,还是将其用于投资以便未来可以获取收益。如果人们选择投资,就可能选择持有金融资产。企业通过发行证券获得用于购买实物资产的资金。最终金融资产的回报来自用发行证券所得的资金购买的实物资产所创造的收入。虽然绝大多数人不可能亲自拥有汽车厂，但是却可以持有汽车公司的股份从而获得汽车生产所创造的收入。

金融资产的产生和消除要通过一般的商业过程。例如，当贷款被支付后，债权人的索偿权和债务人的债务就都消失了。而实物资产只能通过偶然事故或逐渐磨损来消除。

对实物资产和金融资产的理解，有助于对投资内涵的掌握。

二、投资的定义

投资(investment)是一个重要的经济范畴，它源于商品经济活动。在经济生活中，人们往往希望通过各种合法的手段，不断增加自己的财富或赚取利润，以满足未来的消费。这样就会经常碰到或使用"投资"一词，那么什么是投资呢？投资的概念经常因为研究的角度不同而有不同的理解。正如前面对实物资产和金融资产的解释一样，投资可以从实物资产和金融资产的角度加以解释。

（一）实物投资角度的定义

从经济学的角度考虑问题，认为投资是社会资本的形成过程，所以只有能够增加社会总资本，并通过建造或购置厂房、建筑物、设备、工具、劳动力及动力和原材料，以形成生产能力，可以向社会提供产品或服务，才能把这种活动称为投资。将货币存放在银行或用于购买证券，只是社会资本的转移，并不增加社会总资本，也不形成生产能力，所以不能算作投资。萨缪尔森指出："对于经济学者而言，投资的意义总是实际的资本形成——增加存货的生产或新工厂、房屋和工具的生产。"斯蒂格利茨更明确地指出：金融投资乃是为实物投资提供条件，经济学的投资只是指实物投资，不包括金融投资。在宏观经济学中，我们所说的投资是指实物投资，而不是金融投资。

（二）金融投资角度的定义

金融学主要从资产增值的角度考虑问题。金融经济学家认为只是为了将来预期的收益而垫付的资金，不论收益是来自利润或是来自利息、股利、红利等，都视为投资。从资本增值角度来看，投资用于生产机器设备还是购买股票，对于投资者来说并没有什么性质上的差别。在市场经济体系中，不仅存在实物商品交易，还存在金融商品交易。从事金融商品交易的资本市场作为商品要素市场，在市场经济体系中起着日益重要和广泛的作用。它促进了现代企业制度的形成和完善，并且对资源配置的优化发挥着基础性的作用。

（三）一般意义上的定义

西方投资学家威廉·夏普在《投资学》一书中将投资概念表述为：投资就是为获得可能不确定的未来值而作出的确定的现值牺牲的行为。

一般来说，投资是指经济主体为获得未来货币增值或收益，预先垫付一定量的货币与实物，经营某些事业的经济行为。简而言之，投资就是指为了获得可能的不确定的未来值而作出确定的现值的牺牲。

纵观人类经济行为中的诸多投资现象，可以从中观察到一种在本质上相同的经济行为，即人们在时间跨度上根据自身的偏好来安排过去、现在和将来的消费结构，并使得在这种消费结构安排下的当期和预期效用最大化。所以，投资在本质上是一种对当期消费的延迟行为。

从资本的形成过程来看,投资是指在一定时期内期望能在未来产生收益而将收入转变为资产的过程,即经济主体为获取经济利益而垫付货币或其他资源于某些产业的经济活动。

三、投资的特征

投资具有两方面的特性:时间和风险。一方面,投资者现在付出金钱,未来获得回报,这个过程需要时间;另一方面,投资者现在付出的金钱是确定的,未来的收益则是不确定的,这种不确定就是风险。具体而言,投资具有以下特征。

(1) 投资总是一定主体的经济行为。无论任何投资主体,其进行实物投资还是金融投资,都是经济活动。

(2) 投资的目的是获取投资效益。投资者将一定的收入转化为资本,目的是获取基本增值收益。

(3) 投资可能获取的效益具有不确定性。影响经济活动的因素众多,未来的收益随着时间的推移难以预测,一般具有高风险高收益的特征。

(4) 投资必须放弃或延迟一定量的消费。投资收益部分可以看作是对延迟消费以及承担风险的补偿。

(5) 投资形成的资产有多种形态。实物资产,如土地、资本等;金融资产,如股票、债券等。金融资产对社会生产能力的提升起到间接作用,不能直接创造财富。

四、进行投资的原因

人们为什么要进行投资?个人投资的原因多种多样,可能是想要在停止工作后获得退休基金,所以在工作期间进行投资;可能是为了获得子女未来的教育经费,或者为了支付某笔固定的费用等。机构进行投资同样有着多种多样的原因。但总体而言,人们进行投资主要考虑以下三个基本需求。

(1) 获得收入。希望通过投资,在未来获得一系列的收入。

(2) 资本保值,即为了保持原始价值而进行的投资。投资者通过一些保守的投资方式,使资金在未来某一时点上可以获得,并且没有购买力的损失。保值是指真实购买力的价值被保值,所以名义价值的增长率应该趋于通货膨胀率。

(3) 资本增值。投资者通过投资,可以实现资金升值、价值增长的目标。为实现这一目标,投资的货币价值增长率应该高于通货膨胀率,在扣除了税收和通胀等因素后,真实的收益率应该为正。

五、投资的过程

一般来说,一个完整的投资过程可以分为五个步骤:明确投资目标、选择投资策略、资产的价值分析、构建投资组合以及投资业绩评估。

1. 明确投资目标

投资目标的设定作为投资过程的第一阶段,确定了投资的路径和投资的风格。在投资目标的确定过程中,有两个因素非常重要:投资者行为偏好;对风险和收益的权衡量。机构投资者的投资目标受其投资理念和理财计划的影响,决定了他们的资产配置方式和证券选择不同。在正式投资之前,往往会拟定详细的投资计划书,其中包括欲投资金额、投资要达到的收益目标及风险承担能力。机构投资者通过投资计划形成自己的投资行为偏好和投资的风格。

投资目标的确定事实上是对投资机会的一个认识过程。在这个认识过程中,投资者行为偏好以及对风险和收益的权衡这两个因素相互影响,并最终决定了投资目标。

2. 选择投资策略

一旦投资目标设定以后,接下来就是选择投资策略。投资策略的选择与市场的属性、投资者具备的条件和其他投资者状况密切关联,所以只有在理解这三个条件的基础上,才能作出最优的投资策略选择。

从市场属性的角度看,对市场的认识构成了对投资环境的基本认识。对一个市场来说,其微观结构由技术、规则、信息、市场参与者和金融工具这五个关键的因素组成。市场的属性和市场的特性是客观存在的,并随着上述因素的改变而改变。但是,人们对市场的认识却是有差别的,导致在不同的市场认识理论中,最优的投资策略是不相同的。

从投资者对自己和其他投资者认识的角度看,知己知彼的程度对投资策略的选择有重要影响。在一定的投资市场环境下,由于一项交易事实上是作为市场参与者的交易双方之间的博弈,所以投资策略的选择是一种动态调整的过程,并且随着交易的进行而彼此互动。在这种策略互动的过程中,投资者需要不断地获取信息并通过贝叶斯学习过程而调整投资策略。

除此之外,人们根据行为模式的一些共同特征,总结出了一些具有共性的投资策略。例如,行为金融学分析了许多与投资策略相关的行为投资模式:噪声交易者风险、投资者情绪模型、正反馈投资策略、行为套利策略等。对这些行为投资策略的分析,有助于更全面地理解投资策略的选择和实施。

3. 资产的价值分析

投资过程的第三个阶段是资产的价值分析,反映到证券投资中就是证券的价值分析,即对具体的可供选择的资产产品进行精确的价值计算,从而为投资品的选择奠定基础。

以证券投资为例,证券的价值分析主要包括债券价值分析、普通股价值分析以及衍生证券价值分析。从原理上看,证券价值分析方法与投资收益分析方法都以预期收益的折现为基础进行分析。在本质上,证券价值的分析是一种预测行为,并且是用对未来现金流的预测来分析资产的未来价值。这种价值分析的预测行为通过指导交易反映到市场供求上,就形成了证券的价格。

4. 构建投资组合

实施上述三个步骤之后,需要进行投资组合的构建,以实现投资收益—风险的最优匹配,在对各种资产的相关性进行分析的基础上,以实现最大组合价值为目标进行投资组合构建。

5. 投资业绩评估

为了检验投资的业绩是否与预期的投资目标相吻合,有必要进行投资过程的第五个步骤——投资业绩评估。业绩评估最重要的作用是为投资者的投资决策组合调整提供指导,为投资过程的良性循环提供必要的检验和支持。

从时间上来看,业绩评估可以分为过程评估和事后评估两种。过程评估是一种阶段性的评估,为投资过程的动态调整提供了必要的信息。事后评估是一种检验性和总结性的评价,为以后的投资提供了必需的经验性信息。在业绩评估中,主要包括投资组合的风险评估和投资组合的业绩评估。投资组合的风险评估着重讨论组合风险管理中的事后评估,为市场风险管理、信用风险管理、流动性风险管理和操作风险管理提供反馈性信息;投资组合的业绩评估着重讨论组合业绩评估基准的选择,以及如何通过跟踪投资收益与评估基准之间的误差,来分析导致这些误差的原因,并总结经验,为下一阶段的投资过程提供指导。

当投资的业绩评估完成之后,一个完整的投资过程就结束了。需要强调的是,在投资实践中,投资过程五个步骤的工作并不是机械进行的,而是应该根据投资实践的动态变化不断地作出适应性调整。

第二节 投资分类和投资形式

一、投资的分类

(一) 广义投资和狭义投资

广义投资是指为了获得未来报酬或收益而预先垫付资本及货币的各种经济行为;狭义投资指的则是投资于各种有价证券,进行有价证券买卖,也称证券投资。

(二) 产业投资与证券投资

1. 产业投资

产业投资是指为获取预期收益,以货币购买生产要素,从事生产或流通的经济活动。一个完整的产业投资主要包括投资、生产、销售三个阶段。

从宏观或中观的角度来看,要顺利地进行产业投资,需要有相应的基础设施,如交通运输、水与电等的供给、邮电通信设施等。这一般是由政府投资,或政府对经营者进行补贴。

产业投资通常是一个庞大的系统工程,内容复杂,涉及面广,因而往往以项目的方式组织实施。一个投资项目就是一个投资组织单位,要在规定时间内,按同一个目标或一组目标,组织固定资产、流动资产和无形资产投资,并形成产业的综合生产能力或服务能力。从总体上来看,产业投资具有如下特点。[1]

(1) 长期性。产业投资与证券投资一样是跨时的,且从投入到产生收益往往需要经历较长的时间。

(2) 不可分性。产业投资的不可分性表现在两个方面:一方面,产业投资必须符合形成综合生产能力或服务能力对各类要素的技术要求;另一方面,产业投资必须达到规模经济的要求,一般需要一次性垫支的资金数额巨大。

---

[1] 张中华.投资学[M].北京:高等教育出版社,2010:12.

(3) 固定性。

2. 证券投资

证券投资是指投资主体为了获取预期收益购买收益性的资本证券,形成金融资产的经济活动。最典型的是购买股票、债券、投资基金等。

(三) 直接投资与间接投资

按照投资的运用方式,投资可以分为直接投资和间接投资。

1. 直接投资

直接投资是指将资金直接投入投资项目的建设或购置以形成固定资产和流动资产的投资。通过直接投资,投资者可以拥有全部或一定数量的企业资产及经营的所有权,直接进行或参与投资的经营管理。直接投资包括对现金、厂房、机器设备、交通工具、土地或土地使用权等各种有形资产的投资和对专利、商标、咨询服务等无形资产的投资。

2. 间接投资

间接投资主要是指股票投资和债券投资,投资者用积累起来的货币购买股票、债券等有价证券,从而分享发行这些有价证券的公司进行投资后所带来的收益。与直接投资相比,间接投资的投资者一般只享有定期获得一定收益的权利,而无权干预被投资对象对这部分投资的具体运用及其经营管理决策(除股票投资外)。间接投资的资金运用比较灵活,可以随时调用或转卖,更换其他资产,谋求更大的收益。

3. 直接投资与间接投资的区别与联系

直接投资与间接投资同属于投资者对预期能带来收益的资产的购买行为,但二者有着实质性的区别:直接投资是资金所有者和资金使用者的合一,是资产所有权和资产经营权的统一运动,一般是生产事业,会形成实物资产;而间接投资是资金使用者和资金使用者的分解,是资产所有权和资产经营权的分离运动,投资者对企业资产及其经营没有直接的所有权和控制权,其目的只是为了取得其资本收益或保值。

除了区别之外,两者还有着非常密切的联系:通过间接投资,可以为直接投资筹集到所需资本,并监督、促进直接投资的管理。随着现代经济的发展,生产规模急速扩大,仅仅靠一般的个别资本已很难从事技术高、规模大的项目的投资。而以购买证券及其交易为典型形式的间接投资,使社会小额闲散资金集合成为企业所需要的长期的较为稳定的巨额投资资金,解决了投资需求的矛盾,是动员和再分配资金的重要渠道。因此,间接投资已经逐渐成为主要和基本的投资方式。可以说,直接投资的进行必须依赖间接投资的发展;而直接投资对间接投资也有重大影响,这主要是因为企业的生产能力的变化会影响投资者对该企业发行的证券前景的预期,从而使间接投资水平发生波动。

(四) 实物投资与金融投资

按照投入资金所增加的资产种类,投资可以分为实物投资和金融投资。正如实物资产与金融资产的区别一样,实物投资形成现实的固定资产或流动资产,会直接引起实物资产的增加;而金融投资主要体现为一种财务关系,货币资金转化为金融资产,并没有实物资产的增加。

两者存在一定的差异,主要表现在以下三个方面。

(1) 风险不同。由于实物资产相对于金融资产来说,受人为因素的影响较小,价值较稳定,而且有实物作保证,因此实物投资一般比金融投资的风险小。

(2) 流动性不同。实物资产的流动性明显低于金融资产,因此金融资产是一种流动性较高的投资。

(3) 交易成本不同。实物资产的交易过程复杂,手续繁多,通常还需进行调查、咨询等工作,交易成本较高;而金融资产的交易快速、简洁、成本较低。

在经济社会中,实物投资与金融投资两者之间是互补性,而非竞争性的。高度发达的金融投资使得实物投资更方便、更快捷地获取资金,用于投资;实物投资反过来又为金融投资提供机会,促进其发展。

(五)国家投资、企业投资和个人投资

1. 国家投资

国家投资是指中央政府和地方各级政府所进行的投资,通常表现为财政投资。它可以由国家直接拨款来安排,无偿使用;也可以委托管理投资的专业银行或投资公司实行贷款,有偿使用。国家投资的主体是各级政府,投资对象多为公共事业,如学校、图书馆及其一些基础设施、公共设施等,因此也被称为政府投资、公共投资。其实质是国家作为特殊的投资主体,引导社会生产、稳定社会生活、保持经济和社会的正常发展。

2. 企业投资

企业投资是指企业作为投资主体所进行的投资。这里的企业包括国营、集体、个体、民营、企业集团、跨国公司及其子公司、股份公司等各种类型的企业,其投资范围涉及社会生产和社会生活的各个方面。企业投资的实质,是企业作为独立的投资主体,在优先实现自己的投资目的和经济利益的前提下,强制性地或自觉地为国家作贡献。

3. 个人投资

个人投资的主体是个人,是指个人凭手中的资金购买投资证券充作金融资产借以获利。值得注意的是,这里的个人并不是个体企业,应将两者加以区分。个人投资的实质,是广大劳动者将自己节约的消费支出转化为投资,在个人获利的同时增加了社会的积累。

文化产业做大做强离不开资金支持。为此,需要大力构建多元化的文化产业投融资体系,形成文化产业投资主体的多元格局。一是持续加大财政投入,设立文化产业发展专项资金或担保基金,用于扶持和培育文化产业相关项目;二是拓宽文化产业融资渠道,建立多元化的投资机制,鼓励企业、个人兴办文化企业,逐步形成多渠道投入机制。[①]

(六)营利性投资和政策性投资

1. 营利性投资

营利性投资(商业投资),是指为了通过生产经营而获取盈利所进行的投资,一般主要投入生产或流通领域。经济性投资能带来盈利,担负着促进生产发展和社会进步的重要职能,同时也承担着一定的风险。文化产业属于风险投资,是以高风险和高收益为特征的产业。

---

① 王崔荣.形成文化产业投资主体多元化格局[N].广西日报,2012-11-15.

2. 政策性投资

政策性投资又称非营利性投资,是指用于保证社会发展和群众生活需要而不能或允许不能带来经济盈利的投资。政策性投资不能带来经济效益,却能带来社会效益。

二、投资形式

(一) 固定资产投资

固定资产投资可以说是人类历史上最早的一种投资方式。它一般与企业行为相联系。所谓固定资产投资是指企业购置或建造固定资产的投资,包括基本建设投资(新建、扩建工程的投资)以及对现有固定资产进行更新改造的投资。

作为企业长期投资的一种主要形式,固定资产投资具有如下特点。

(1) 投资金额较大。由于企业财产中只有价值达到一定标准的才能算作固定资产,因此固定资产的单位价值一般较高,这就决定了固定资产投资的金额必然较大。

(2) 投资回收期较长。固定资产的投资是在生产过程中通过提取累计折旧而不断回收的,但由于固定资产的使用年限一般较长,因此这个回收期也相应较长。

(3) 投资风险较大。由于固定资产投资需要大量资金,而且投资期限长,因此比短期投资风险大。

(二) 证券投资

证券投资是指投资者将资金投向股票、债券等各种有价证券,进行有价证券的买卖,从而获取收益的一种投资行为。随着经济的发展,证券投资已经成为最基本、最主要的投资方式,其中主要包括以下几种。

(1) 股票投资,是指投资者将资金投向股票,通过股票的买卖获取收益的投资行为。

(2) 债券投资,是指投资者购买债券以取得资金收益的一种投资活动。与股票投资相比,债券投资的风险较小,相应的,其收益也比较低。

(3) 基金投资,是指投资者通过购买投资基金股份或受益凭证来获取收益的投资方式。这种方式可使投资者享受专家服务,有利于分散风险,获取较大的投资收益。

(4) 衍生工具投资,是指由股票、债券、期货等金融基础工具衍生出来的各种金融合约及其组合形式,主要有金融期货、金融期权、认股权证等。

(三) 期货交易与期权投资

期货交易与期权交易是市场经济发展到一定阶段的必然产物,由于具有公开、公平、公正、高效等优点,因此越来越受到投资者的青睐,成为新的、重要的间接投资方式。

1. 期货交易

期货交易是指买卖双方在期货交易所内签订期货交易合同,约定在未来某个确定的时间,按约定的价格买进或卖出若干标准单位数量的交易。

2. 期权投资

期权又称选择权,是期货合约买卖选择权的简称,是一种能在未来某个特定时间以特定价格买入或卖出一定数量的某种特定商品的权利。

期权投资具有下列特点。

(1) 交易对象是一种权利,这种权利具有时效性。

(2) 交易双方所享受的权利和所承担的义务不一样。期权购买者支付了权利金后获得选择权。

(3) 期权投资者能够以有限的风险达到保值的目的。

第三节 文化产业投资的运行与组织管理

为了获得未来收益而进行的投资,要将货币转化为资本,形成能带来增值的资产。这样,文化产业投资的过程就必然涉及投资决策的过程,投资的运行与组织管理过程,投资的收益分配过程等活动。这其中涉及的问题有文化产业投资的目标、文化产业投资者行为、文化产业投资的主体、文化产业投资组织管理形成等。

一、文化产业投资的目标

文化产业投资目标的设立主要是确定投资的路径和风格。在投资目标的确定过程中,有两个因素非常重要:文化投资者行为偏好和文化产业对风险和收益的衡量。文化产业投资是一种为了获得未来收益或资产增值而转让现有资产的行为。文化产业投资者投入资金是为了使现有资产得到增值。未来预期资产增值量与现有资产之比为投资的预期收益率。预期收益率用公式表示为

$$P = (C - R)/R$$

式中:C 代表投资者投入资金;R 代表投资后获取的收益。

预期收益率的极大化是文化产业投资者的基本目标。投资者在做出投资决策的过程中,其基本的依据是投入资金的收益率。收益率可以是以资金形式表现的利润率,也可以是以社会公共利益增进的形式表现(社会的公共福利目标,社会稳定与安全目标或利润目标)。

在实际的投资过程中,由于投资者涉及的投资对象的多元化,投资的选择具有机会成本的差异,投资对象的预期收益率与风险的大小等因素会影响投资的目标。投资目标的收益率极大化本身包含了对风险的承受度。理性的投资者追求的目标是在风险得到控制条件下的收益率极大化。投资决策过程的合理选择就体现在对风险与收益率的平衡处理中。同时,投资者不同的偏好与不同的选择形成了不同的投资方式,从而形成了不同的投资行为。

二、文化产业投资者行为

对投资者行为的考察,其依据是投资者对投资风险的基本态度。按照现代经济学的基本判断,投资者可以划分为风险厌恶型和风险进取型两种。

在文化产业投资市场上,由于大量不确定因素的存在,市场价格的波动具有一定的随机性,这意味着投资过程中存在巨大的风险与额外利润的可能性。在这种情况下,回避风险和远离风险可以使投资者避免损失,但同时它也不可能获得额外的利润。而风险偏好型的投资者恰恰是迎着风险而上的,通过承受投资过程中的巨大风险而谋求获得额外的

利润。

三、文化产业投资的主体

在现实的投资市场上,构成投资实体的投资者就是投资主体,它们是资金的所有者,又是投资的决策者和风险的承担者。构成投资主体的基本条件包括:拥有投资活动的决策权,是否投、投多少、如何投资等具体的投资活动完全由投资主体决定;具有投资收益的占有权和支配权,投资活动产生的收益按规定的份额与约定完全由投资主体占有和支配;承担投资风险、经济责任和法律责任。投资主体一般可以分为下面几种。

1. 社会公众投资者

主要指的是个人和家庭投资者,不包括企业法人。在投资市场开放的条件下,社会公众就成了市场上投资的主力军,即投资的资源主要来自社会大众,投资的主要决策也是由公众决定的。由于投资者众多,投资市场的竞争性较强。

公众投资的特点是规模较小,投资选择的范围大,投资形式灵活多样。公众的决策具有很大的灵活性,它的投资范围、投资形式主要取决于当时市场的组织体制,开放程度和运行的稳定性。市场越是开放,投资的范围将越大,投资的多样性也就越发达。

2. 企业法人以及机构型投资者

法人企业是指其资产来自外部的公司型企业组织。企业作为一个经济实体进行投资,事实上是以"法人"的形式进行的。从利益动机角度看,企业法人投资与公众自然人投资并无本质区别。企业也是为了谋求利润而进行投资的,从事投资的决策也是市场导向的,即它从事投资时自主决策、自主选择、自主经营、自负盈亏。企业所有的投资策略是围绕资产增值和经济效益而展开的,其投资方向的确定、投资规模的决定、投资项目的选择,都是以投资收益为决策依据的。

企业的投资事实上是一种机构型投资,在市场经济条件下,企业作为经济组织在投资动机上与个人投资者相同,所不同的是它的组织结构。公司型的企业组织一般是由投资者组成股东会,由股东会选举董事会作为企业的决策与管理机构,再由董事会选聘经理来从事企业的日常管理与经营。

3. 政府投资主体

从市场经济体制的角度看,政府一般已经退出了竞争性的行业和营利性的领域,而主要从事公共领域和基础产品领域的投资,它的投资一般具有公共性与非营利性,以公共目标和社会效益为投资的基本目标。在我国,随着国有经济的战略性调整,政府投资也开始转向公共领域和基础产品领域,并逐步从一般性竞争性领域退出。

政府投资的领域从市场经济体系看,主要是起到一种市场投资的补充和完善作用,它要进入的领域与项目往往是公众投资者不愿进入或无力进入的,这些领域或项目往往具有投资规模大、投资期限长、投资收益低的特点,许多项目建设还涉及大量的外部关系,私人机构往往难以处理,这要求政府从社会的角度进行投资,体现其社会性的特点。

文化产业投资主体主要有政府、文化单位、外资持有者、国内外各界捐赠人士、资本市场等。从市场机制的角度看,文化产业投资最主要的主体是文化单位,因为发展文化产业的真正市场主体是文化单位,在政府、文化单位、外资持有者、国内外各界捐赠人士、资本市场的相互关系中,文化单位处于中心地位,其他投资主体都是围绕文化单位进行相应的投资活动。政府通过政策、法律和经济等手段,采用直接拨款、政策贴息等方法,向文化单位投资,通过文化单位文化产品的市场和销售,促进文化产业发展。文化单位自身是文化产品和服务的生产和销售主体。文化单位自身具有资金积累和项目投资的能力,可以通过资产重组、以无形资产融资等渠道,进行融资和投资活动。资本市场出于资本增值的本性或钟情于文化产业的冲动,也可能将资金投向文化产业领域。

四、文化产业投资的组织管理形成

在市场经济体制条件下,投资的组织管理过程是依据投资主体及其决策主体的组织而形成的。

1. 个人投资

公众以个人形式从事投资及管理的方式即个人投资管理。这种投资管理形式以单个人的独立投资与独立决策为依托,在市场上,它不接受任何的外部强制干预,同时它也必须承担全部的投资风险。

2. 机构型投资

这是以个人分散资金集合投资为基础的投资组合管理方式。市场经济条件下社会资金的分散化使个人投资管理较为困难,大规模集中投资也难以形成。为了解决资金分散与投资决策专业化的问题,机构型投资管理组织形式逐步形成了,并逐步成为投资组织管理的主要形式。

第四节 文化产业投资环境分析

文化产业投资环境是指文化产业投资活动所处的外部条件,它对投资的进行有着重要的影响。环境因素对投资决策、投资管理、投资风险、投资收益有着极大的影响,是投资者必须重视的要素。

文化产业投资环境事实上由几个相互独立又相互影响的因素构成。从金融投资的角度看,文化产业投资环境是指市场上证券及投资工具的数量,市场组织的完善程度,金融工具的收益率,信息的真实完整性,市场的有效程度等。从实业投资的角度看,投资环境往往由更为复杂的因素构成,其中包括社会政治、法律、经济体制、文化、自然环境、投资的基础设施、管理服务等因素。

一、实业投资的环境因素

从实业投资的角度看,文化产业投资的环境是指在一定时期内能影响投资决策与投资收益的外部因素。凡能影响投资活动过程的一切综合性的因素,如政治、经济、文化、地理环境、社会法律等,都构成实业投资的环境因素。当政府行政性的投资让位于市场主体的投资以后,投资者的投资安全性、投资的有效性、投资的预期收益都跟所处的投资环境有着直接的关系。一个项目从投资立项,到开工建设、竣工投产,以及项目的正常运行、投资的效率,都会受到环境的影响。文化产业投资环境的好坏不仅对于投资者的投资效果有着直接的作用,而且对于地区或国家的资金流入、技术与管理的引入、经济的发展都会产生重大的影响。

1. 国家或地区的政治性因素

包括一国政治制度的结构与稳定性;政局的稳定性以及政策的连续性;政府对经济活动的管理方式和态度;政府机构和部门的工作效率,等等。政局稳定,政策具有连续性,政府管理的效率高,政策透明,对于吸引投资有着十分积极的作用,这已为众多国家的经济实践所证明。2009年7月《文化产业振兴纲要》由国务院会议审议通过,标志着文化产业已经上升为国家的战略性产业,这必将推动文化产业投资的涌入,进而推动文化产业的大发展。

2. 国家或地区的经济因素

一般从宏观经济环境和微观经济环境两个方面来考虑。

从宏观经济环境方面来看,主要是指一国的经济体制、市场组织体制、产业发展水平、产业政策、税收政策、宏观经济调控方式与能力等因素。宏观经济环境因素对于投资的吸引以及投资的进入与结构有着重大的影响。

从微观经济环境方面看,主要有投资项目所涉及的产业的发展程度,相关产业的发展及可能的配套水平,市场进入者的数量以及竞争的程度,市场需求的弹性,投资项目涉及雇员和工人的工资水平,项目所需技术、设备和原材料的可供情况,项目投资后的再融资能力等。这些经济因素的作用会直接影响投资项目的成本水平与盈利能力,对投资者的决策有着重要的价值。它构成了投资决策环境的最重要的参考。《文化产业振兴纲要》的颁布和实施是基于以下两点:第一,应对国际金融危机的影响;第二,满足人民群众多样化、多层次、多方面的精神文化需求,扩大内需特别是居民消费,推动经济结构调整。这一政策的颁布和实施对引导社会资本进入文化产业领域起到了积极的推动作用。

3. 投资项目所在地区的基础设施条件

通常是指投资的"硬环境"。投资的基础实施条件是投资决策的基本前提。所谓的"硬环境"就是说它是最基本的、必不可少的条件。通常会影响投资项目的基础设施主要有以下几个部分:

(1) 投资地区的交通设施与条件;

(2) 通信设施及其能力;

(3) 能源设施及供应能力;

(4) 城市或地区的公共服务体系能力;

(5) 投资地区或城市的生态环境体系;

(6) 城市的生活服务体系与服务质量。

4. 法律、政策、社会文化因素

法律、政策、社会文化因素可以称为投资的"软环境"。投资项目的成败与质量除了受"硬环境"影响外,还直接受到"软环境"的影响。软环境有时甚至比硬环境更重要。

(1) 法律环境。一个国家的法律体系是否健全,司法是否独立公正,以及对投资的保护法律是否完备,直接影响投资者的信心与投资的意愿。

(2) 政策环境。表现为政策制定的合理性和依法性,政策制定的透明度以及政策和稳定性等方面。政策性因素一般比法律体系具有更短期的特点,调整也更为频繁,更能体现当时政府决策者的意志。其前提是不能突破法律的基本框架,且更具有透明度,使得投资者对来自政策层面的影响做出较准确的估计。如果一项政策没有稳定性,投资者就无法对其做出评估,而政策缺少透明度,更会影响投资者的信心。

(3) 社会文化环境。一个投资项目的进行,势必涉及当地的社会文化结构。一个地区的民族构成、宗教信仰、传统价值观念、生活习俗、教育水平、道德水准都构成了这个地区投资的软环境,对投资者的决策有着重要的影响。通过不断的改革,加强文化的交流与融合,建立国际化的社会规范,减小文化差异与冲突,可以有效地改善投资环境,达到促进经济发展的目标。

文化产业自身的发展是文化产业投资的根本前提,只有产业不断发展才能吸引产业投资的进入。生产因素是影响产业投资的一个重要因素。此外,产业投资的最终目的是通过产业的发展而获取更多利润,而利润的直接来源位于消费环节,因此市场需求因素也是影响产业投资的重要因素。投资是一种主体能动行为,文化产业投资会受到其投资主体的主观意愿的影响。不同类型的投资主体会因其自身实力、风险识别能力等的不同而在投资文化产业时有不同的行为,从而选择不同的投资模式。因此,产业投资因素也是主要影响因素。最后,文化产业投资是一个系统工程,会受到社会条件的影响,因此,社会条件也是影响因素之一。①

二、实业投资环境的评价

对投资环境的评价就是通过一定的方法来认知、测算环境质量,用以指导投资的政策,同时对于政府和管理部门,则有着了解投资环境、改善投资环境的积极作用。要了解各地区的投资环境,可以采用专家实地调查、问卷调查、委托专业化的评估机构进行。具体采用何种方法进行评价要看投资者对投资评估的要求、重要性,以及所投入的成本来决定。

对投资环境的评价,涉及投资地区政治、经济、文化、基础设施等一系列因素,是一个综合性的分析测定过程。它涉及一般性的定性分析,通过观察分析估计来决定投资环境的质量,这种方法实用性强,但分析不能达到深入细致的程度,而要进一步分析测定投资环境质量,还可以使用更精确细致的定量分析方法。

目前投资环境评价方法的采用都是依据经验设定变量的分析模型,有不同国家的对比分析法、有多因素分析法,还有关键因素分析法。

(1) 不同国家的对比分析法是由美国学者最先提出的,该方法的基本思路是选择一批不同的投资对象国,选择设定 7 项指标进行对比。这 7 项指标为政治稳定性、市场机会、经济发展潜力、文化认同程度、法律阻碍、实质阻碍、地理及文化差异。对这 7 项指标进行对比分析,可以得出每一项指标的高低,从而得出该国投资环境的冷热,即投资环境的优劣。这种方法事实上是一种以经验根据和判断为依据的分析方法,精确度较低。

(2) 多因素分析法是将一地的投资环境分解为一系列的因素,每一个环境因素都依

---

① 乐祥海.文化产业投资影响因素测量指标体系研究[J].求索,2012(10).

据经验确定其在总环境因素中的权重,然后每一个子因素都设定优、良、中、可、差五等由若干专家核出等级,算出每一子因素的平均值,再乘以权数后加总,就可得出环境评价的总分值。在这种方法中,环境子因素的设定以及专家的经验起着关键的作用。

(3) 关键因素分析法。该方法是多因素分析法的变异,是将众多的子因素加以简化,设定几个关键性的因素进行判分定级,再给出投资环境的总评价分。它比多因素法更为简化,但选择因素则更为重要。

第五节　文化产业与资本运作

资本运作是指以利润最大化和资本增值为目的,以价值管理为特征,以资源优化配置为手段,将本企业的各类资本,不断与其他企业、部门的资本进行流动与重组,实现生产要素的优化配置和产业结构的动态重组,以达到本企业自有资本不断增加这一最终目的的运作行为。产业经营是加法,资本运作是乘法,企业要兼顾产业经营和资本运作,是1和0的关系。文化产业经营是1,资本运作是1后面的0。

一、资本运作的主要内容

资本运作的主要内容包括融资和投资,可分为存量资本运作和增量资本运作,又可分为实业资本运作、产权资本运作、金融资本运作和无形资本运作。资本运作的主要方式如下。

(1) 并购。如AOL和美国时代华纳公司的合并。国际上的七大媒体集团即美国的时代华纳、迪斯尼、维亚康姆、新闻集团,法国的维旺迪,德国的贝塔斯曼,日本的索尼均是通过横向一体化并购、纵向一体化并购和混合一体化并购而形成的。

(2) 参股。专业投资的惯常做法,享受公司成长带来的收益,一般不参与经营。

(3) 风险投资。主要投资于高成长性企业或项目,并在一定时期后回收投入资金的投资方式。文化产业可以说是属于风险投资。

(4) 上市。包括IPO和买壳上市。文化企业上市融资是指文化企业通过国内外的各类证券交易市场公开发行股票,以筹集用于企业发展的资金的融资方式。2011年有7家文化企业在境内A股市场成功上市、4家文化企业借壳上市、5家文化企业成功登陆美国资本市场。

(5) 合资。两个以上出资主体成立一个新公司。

(6) 增资扩股。出让部分股权,扩大公司规模。上市公司叫增发或配股,非上市公司叫私募融资。

(7) 资产和股权的重组。资产重组是指企业与其他主体在资产、负债或所有者权益诸项目之间的调整,从而达到资源有效配置的交易行为;股权重组是指股份制企业的股东(投资者)或股东持有的股份发生变更。

(8) 改制。引入现代企业制度,即有限责任公司和股份有限公司,使得企业产权明晰。

(9) 资产剥离。将与主业无关的资产分离出去或变卖。

(10) 公司分拆。将公司的一部分资产拿出去成立子公司,一般是为了单独上市。

(11) 公司分立。将子公司提高到与母公司平行的地位,二者之间不再有股权关系,分立的子公司的股权比例和母公司的股东对母公司的持股比例相同。

(12) 回购。公司购买自己发行在外的股份并予以注销的行为。

(13) 破产清算。将一些不盈利的公司进行清算,彻底放弃经营。放弃也是一种战略。

二、资本运作的基本原则

资本运作的基本原则包括系统优化原则、快速流动原则、全面效益原则、风险收益均衡原则、资本结构优化原则等。资本优化的内容有资本的产业结构、产品结构、空间结构、时间结构和风险结构等的优化。资本优化的途径有通过存量和增量资本调整优化两种。

三、文化产业并购

《2011年中国文化产业并购研究报告》显示,2000年到2011年8月份,中国总共有400个并购案例发生于文化产业,说明了并购行为在文化产业内十分频繁,揭示出文化产业通过并购模式实现企业的快速扩张是一个非常明显的特点。

文化产业是资金密集型和知识密集型的复合产业,具有前期投入大,投资风险高,投资回报率更高的特点,文化产业的繁荣与发展需要大量的资本投入。准上市公司和已上市公司是文化产业并购的主体。文化产业的并购方大多数通过风险投资和私募股权投资获得大批资金,或者通过在证券市场融资,通过快速收购的方式完成企业规模扩大、市场份额提高、产业链布局、改变竞争格局等战略目标。

并购作为一种企业快速发展的工具,将在未来5~10年在文化产业的整合方面发挥更突出的作用。随着越来越多的文化产业企业上市,产业内的并购整合也将进一步活跃起来。这对中国文化产业的发展将起到极大的推动作用。

2011年,中国文化行业并购案例达32例,远高于2010年的3例,其中已披露并购金额案例23例,涉及并购金额85.8亿元。据统计,2011年,网络新媒体的并购案例15起,占总并购案例的47%,动漫及影视占25%,传统媒体等传统文化业态仅占28%。这充分表明,网络新媒体等新兴文化业态正成为文化产业并购的重点领域。[①]

(一) 并购

通过企业间的并购重组来优化资源配置,发挥并购的规模效应和协同效应,增强企业的核心竞争力和抗风险能力。2008年11月,时任总理温家宝强调运用并购的手段来整合产业,应对危机;出台的"国金三十条"直接将并购贷款作为创新之举,银监会随后出台并购贷款的风险指引。我国政府已经将并购作为创造企业价值、增加人民福利,甚至是提升产业能力和国家实力的大计。

---

① 报告称2012年文化产业融资风险渐增 并购现跨越[EB/OL].www.howbuy.com,2012-03-09.来源:中国文化报.

(1) 效率理论。效率理论认为并购公司或目标公司的效率提高均可以改善并购公司的绩效,而这种绩效的改善有很多种原因,包括经营、管理、财务上的协同效应,有效的内部资本市场,税收因素,市场势力,战略重组等。

协同效应理论是指所谓"1+1>2"的效果,认为企业进行并购是为了产生协同效应,而这种效应可能来自经营上的协同、管理上的协同以及财务上的协同等。

(2) 无效率的管理者理论。无效率的管理者理论认为被并企业管理者的无能造成了被并企业的低效,主并企业并购被并企业后,可以利用控制权实现对无能的管理者的替代而提高公司的价值。

(3) 市场势力理论。横向并购不但能给企业带来规模经济,还能扩大企业在行业中的相对规模,提高自身在行业中的控制力。如果行业中存在数量众多且势均力敌的竞争对手,各企业都只能维持最低的利润水平。优势企业有动机通过行业内部的并购来减少竞争对手的个数,以增强自己在行业中的势力,增加自己创造垄断利润的可能性。

(二) 我国制度背景下的文化企业并购动机

1. 政府干预

我国经济处于转型时期,这个时期的国有文化事业单位在改制过程中承载了多重政府目标,包括实现经济发展战略、促进就业与社会稳定等,导致国有控股的文化企业承担了政策性负担,而地方政府利用机会去追寻社会目标导致国有控股的文化企业的低效率。并购市场在很大程度上会受到各种行政力量的干预,特别是国有企业以及国有控股文化公司的行为更容易受到行政力量的影响。

2. 保"壳"动机

黄兴孪、沈维涛(2006)的研究指出:对于业绩优良的上市公司,大股东在与它的并购活动中表现出较强的掏空动机;而对于业绩较差和一般的上市公司,大股东出于保"壳"的动机,则往往会表现出对上市公司的支持,具体手段包括将优质资产注入上市公司或者向上市公司转让部分营利性的股份。同时研究也指出,这种关联并购并没有使得上市公司的财务业绩真正提高。

3. 战略需要

目前,我国文化产业整体上处于分散经营、低水平竞争的发展状态。在国际化浪潮冲击和推动社会主义文化大发展大繁荣的背景下,"整合"已经成为我国文化产业发展过程中必将经历的一个阶段。因此,必须把握国际文化产业发展趋势,统筹谋划,顺势而为,推进我国文化企业特别是国有文化企业的战略性重组,打造一批具有国际竞争力,代表国家文化形象的综合性文化企业集团,依托文化产业的跨越式发展,在日益激烈的国家软实力竞争中赢得主动。

(三) 并购方式

1. 按照参与并购的企业之间的相关关系进行划分

按照参与并购的企业之间的相关关系将企业购并划分为横向并购、纵向并购和混合并购。

(1) 横向并购。横向并购是指发生在具有竞争关系的同行业企业之间的并购,即并购发生在经营领域相同或生产产品相同的企业之间,是一种较为传统的初级的企业并购方式。企业采用这种并购方式主要是为了扩大生产规模,实现规模经济,增强其生产的产品在行业中的竞争力,进而达到控制或影响同类产品市场的目的。同时相对于整个行业来说,横向并购能够提高行业的集中程度,有助于垄断企业的形成。横向并购具有下列优点。

第一,有利于迅速扩大生产规模,降低生产成本,实现规模经济。横向并购不受行业特点的影响,在各个行业中都十分常见,因此它是迅速扩大公司规模的一种常见的且可行的方法。

第二,减少竞争对手提高自身产品的市场占有率。横向并购使得行业内竞争对手的减少,留下的大企业取得行业领导者的地位,从而控制市场,攫取垄断利润,增加企业的实力。

第三,有利于产业结构优化。横向并购可以被视作是现有资源或生产要素在某一领域的更集中、更合理的再分配,分配的结果能使资源从劣势企业流向优势企业,从而提高资源的使用效率,优化我国的产业结构。

缺点则表现为:可能会导致企业规模的过度膨胀和行业集中度过高,容易形成垄断集团从而限制市场竞争,侵害消费者权益,也易受到政府部门的监管和限制,从而在企业自身的发展上形成障碍。

(2) 纵向并购。纵向并购是指在同一领域或行业内处于不同生产销售阶段的企业之间进行的并购,是生产和经营上互为上下游关系的企业之间的并购。纵向并购的企业能够通过控制原材料供给或控制销售渠道取得加工或销售的便利,从而获得纵向一体化效益。

纵向一体化最少会产生如下好处。[1]

第一,纵向一体化可以降低交易成本。例如,可以避免从别的公司购买产品时的交易费用,将监督问题从控制其他厂商转为监督内部职工。

第二,确保投入的稳定供应。企业进行上下游一体化,建立生产投入品的生产能力,这样就能够保证投入品的稳定供应,避免被其他企业敲竹杠。

第三,消除外部性。纵向一体化可以在一定程度上消除投资的溢出效应(spill-over effect)。

第四,避免政府的管制与税收。

第五,消除竞争对手的市场势力。

(四) 案例分析

2011年,中文传媒宣布其全资子公司江西新华发行集团拟和中国出版集团共同出资重组新华联合发行有限公司,以打造跨区域的出版物发行平台、信息交换平台和物流配送平台。中南传媒全资子公司天闻印务对凯基印刷(上海)有限公司进行收购、增资,在推进跨区域、跨所有制拓展的道路上迈出了重要步伐。年末,由中国录音录像出版总社转企改

---

[1] 骆品亮.产业组织学[M].上海:复旦大学出版社,2006.

制、引进北京首都创业集团有限公司资本组建的中国数字文化集团有限公司成立,成为跨行政层级推动文化资本流动和重组的典范。

腾讯积极推动互联网与影视娱乐业的融合,以4.5亿元的价格入股华谊兄弟,全力推进其"互联网泛娱乐"战略。与此同时,上海文广集团旗下的上海大世界入股巨人网络子公司浩基网络,成为继成都传媒、湖南广电、华谊兄弟后涉水网游的又一传统媒体公司。在文化产业并购重组加速推进的同时,华视传媒和DMG前股东因并购纠纷而引发的官司拉锯战也成为业界关注的话题,引发了更多的对文化产业并购重组的理性思考。并购是文化企业跨越式发展的有力工具,但并购过程中蕴含的法律风险、市场风险、财务风险、操作风险、整合风险也使得并购成为具有高度复杂性和不确定性的资本运作行为。在推进我国文化企业并购重组的过程中,既要有积极的心态,又要有稳健的步骤。要对并购双方的优劣势有客观的判断,对企业自身的战略有清晰的定位,对并购的风险有足够的认识,对整合的难度有充分的估算。[①]

复习与思考

1. 简述投资的定义与特征。
2. 简述投资的原因与过程。
3. 简述投资分类和投资形式。
4. 简述投资的运行与组织管理。
5. 分析文化产业投资环境。
6. 简述文化产业与资本运作。

---

① 兰培.文化产业在与资本共舞中铿锵前行[J/OL].中国文化报,2012-02-17. http://www.chinadaily.com.cn/hqpl/zggc/2012-02-17/content_5181454.html.

第三章 文化产业投资环境

 **案例导入**

华谊兄弟资本迷局：130亿文化城虚实待考①

2013年5月，华谊兄弟传媒股份有限公司（以下简称"华谊兄弟"）两次减持北京掌趣科技股份有限公司（以下简称"掌趣科技"）共计510万股，该股份占掌趣科技总股本的3.21%。华谊兄弟以此套现2.85亿元，获利2.5亿元。与此同时，华谊兄弟与珠江投资、坪山城投三家公司联手投资130亿元在深圳建设的"华谊兄弟文化城"也将于2013年下半年动工。

深圳建文化城的消息刚发布，5月23日，就有消息称华谊兄弟将与总部位于上海的地产基金公司星浩资本积极筹备更多文化地产项目，初步选址在上海、成都。并称，星浩资本正为一项文化创意地产基金进行融资，规模在15亿至20亿元人民币。

5月23日，华谊兄弟集团相关负责人否认公司将与星浩资本展开合作，但表示公司此前确实有在上海设立类似电影乐园项目的计划。星浩资本投资部胡姓工作人员则对记者表示"不方便回答"。他同时明确表示，公司确与影视公司谈合作，并有打造文化地产的意向。

减持掌趣科技背后

从2012年12月至股票解禁日，掌趣科技股价上涨两倍，并在5月13日创下新高。华谊兄弟当天通过大宗交易系统出售160万股掌趣科技，成交价为58元/股，较当日65.16元的收盘价折价10.99%。5月15日，华谊兄弟再度减持掌趣科技350万股，成交价为55元，折价率10.13%。两次减持共计510万股，占掌趣科技总股本的3.12%。

华谊兄弟于2010年以约1.49亿元购得这笔股权，两次减持为华谊兄弟在资本市场获利2.85亿元。

减持或增持股份，期望在资本市场获得收益本是常态。华谊兄弟减持掌趣科技这家主营软件与信息技术服务业的创业板公司股份一事却引来质疑。

有观点认为，华谊兄弟减持掌趣科技属"言行不一"。据报道，4月24日，投资者问华谊兄弟，掌趣科技限售股解禁后是否有卖出打算，并询问投资收益如何算入华谊兄弟的报表中。5月6日，华谊兄弟回复称："掌趣（科技）解禁后，只有减持卖出股票后，才会体现在公司损益表的投资收益中。在3月20日的调研中，公司的副总裁提到'我们长期非常看好这家公司，我觉得大家有目共睹，我们希望分享到更长期的收益，这也是对我们自己的股东负责，也是对掌趣（科技）负责的一个态度'。"

---

① http://www.s1979.com/caijing/gongsi/201305/2889028028.shtml.[2013-05-28]. 来源：21世纪经济报道

华谊兄弟抛售掌趣科技股份前的表态令外界质疑其是否"食言"。不过,证券研究公司对华谊兄弟减持掌趣科技股份一事持乐观态度。海通证券认为,华谊兄弟减持部分掌趣科技股权"不仅能带来投资收益,投资收益获取的现金无疑能更好地贯彻公司在影视领域和游戏领域的探索,从而可能贡献催化剂和业绩增量"。高华证券则认为,出售掌趣科技股份所获得的投资收益"有助于降低'华谊兄弟'的高财务杠杆(2013年一季度负债权益比为0.92),且充足的现金将给予华谊兄弟更多横向和垂直整合的机会,从而巩固行业领先地位"。

"这种投资是有问题的。"财经评论家叶檀分析,华谊兄弟减持掌趣科技股份,"这种短期投资,说极端点,就是一种利益输送。如果不是,就表明这家公司资金链很糟糕,其资金链已经到断裂至一定程度了,不得不用很高的代价来获取这笔短钱,跟借高利贷是一样的,只不过这个高利贷的本息不是由公司来支付,而是由股民。"

针对华谊兄弟此次减持行为的贬评,华谊兄弟集团一位内部相关负责人说,减持是公司行为,与公司此前对投资者所做表态并不矛盾。"我们只是小量减持,手里仍持有大量掌趣科技的股票,这与胡总当时表态会长期看好掌趣科技、分享掌趣科技的长期利益是不矛盾的……我们依旧是掌趣科技最大的股东。"

华谊兄弟在5月16日公告中称,减持掌趣科技"有利于提高公司整体资产的使用效率,实现股东利益最大化"。减持后,华谊兄弟所持掌趣科技的股份降至12.61%。

5月22日,掌趣科技证券部负责人就被华谊兄弟减持股份一事说:"股票解禁前即与股东们沟通过,解禁后就成流通股了,相关减持工作也是做了有序安排的,减持不代表(华谊兄弟)不看好公司。持股5%以上的股东若减持,变动无论增减,只要达到1%,都会发公告。因此华谊兄弟发了公告,这也是经过董事会通过的,它的减持行为合法合规。"

2012年11月19日,华谊兄弟全资子公司华谊国际投资与CAG公司签订《认股协议》,拟以2 091.60万美元的转让对价向CAG公司购买GDC技术公司的2 325.29万股普通股,约占交割时GDC技术公司发行股本总额的9%。上述股权已于2013年4月12日完成交割。

文化地产实质

"打着影视旗号去做房地产的现象很普遍,这跟所谓的文化产业政策的急功近利很有关系。"

华谊兄弟在减持掌趣科技的同时,正在大投资金在南方"大兴土木"。华谊兄弟文化城选址深圳市坪山新区马峦山坪山河一带,规划占地面积118万平方米,总建筑面积125万平方米,总投资130亿元人民币。

华谊兄弟对深圳所建文化城的愿景是"中国的好莱坞",致力于将其打造成"未来南中国定位最高端、产业链最齐全、配套最完善的影视文化产业集群"。

"一听就是房地产项目,怎样把房地产项目与影视真正结合在一起,中国目前没解决这个问题,往往到最后剩下的就是房地产了,文化没了。"上海电影家协会副主席、上海大学影视学院教授石川说,"中国国家文化产业的发展还不是很成熟,还是采取比较粗放的做法,圈一块地、造几幢楼便开始招商,最后这些公司不盈利都跑掉了,剩下来的就变成了去做其他事情。"

目前,中国电影投资结构较为单一,虽然企业在投资多元化方面屡做尝试,但真正投资有效的并不多。"十几年前就有主题公园,包括影视基地、游乐园等做了很多,但基本上没有很成功的案例。"石川说,"打着影视旗号去做房地产的现象很普遍,这跟所谓的文化产业政策的急功近利很有关系,政府急于直奔主题,而投资人则钻政策空子,由做文化产业为借口,得到了地皮,最后,得到房建项目的目的达到后,文化就不要了。"

华谊兄弟为打造"中国的好莱坞",在华谊兄弟文化城的整体规划上赋予了三大功能设计,分别是影视专业领域、影视衍生领域和配套服务领域,包括影视创意、前期制作、影视拍摄、后期制作、产品发布、产权交易等完整的影视产业链,同时也涵盖了创意设计、设备租赁、专业培训、动画动漫等配套服务内容。

美国好莱坞作为一艘造星航母,具备丰富的影视产业资源聚集效应。石川认为,华谊兄弟若想在深圳造出好莱坞,需要"历史沉淀"。"现在能令影视资源大量聚集的只有北京,连上海都没有,更不要说广州了。"

在石川看来,文化产业项目的开发,其本质就是房地产,而解决这一痼疾,"并非由一两家民营公司的大佬所能解决"。影视产业与其他产业相较,发展模式不确定,盈利模式不稳定,究其原因是产业化程度不够。

"中国传统的影视产业都是作坊型的,以前小工业时代的国营制片厂与现在大工业完全是两个概念,在从计划经济国营企业向真正市场化、产业化,甚至面向全球化的转轨过程中,是需要时间的。"石川说,"地方政府积极性很高,但不管软件还是硬件支持都跟不上(复制好莱坞)的愿望。到现在为止,一个成功的例子也没见到。"

20世纪90年代,国企、电视台建设的影视基地、主题公园在中国的南方、北方落地生根,但在石川看来,这些产业园"没一个成功的,东家换了一拨又一拨"。

大量反例中,分别始建于1996年与1999年的横店影视城与胜强影视基地"虽然不是特别理想的发展(状态),但值得肯定",石川说。

横店影视城(以下简称"横店")位于东阳市横店境内,是目前亚洲规模最大的影视拍摄基地,累计投入资金约30亿元。胜强影视基地(以下简称"胜强")位于松江,规模不大,由一家民营企业运作,注册资金为1500万美元,累计投资2亿多元。

相较横店的土地资源优势,胜强土地资源很有限,这决定其不能够实现规模性经营。但胜强的优势是位于上海周边,其区位优势相对位置偏僻、周围服务跟不上的横店较为明显。尽管横店与胜强各有优劣,但在石川看来,之所以对它们给予肯定,因为"这一类的影视基地都是踏踏实实从一个景、一个景做起来的"。

按华谊兄弟的规划,文化城内还包括原鹏茜国家一级地下矿山公园,地下部分占地达60万平方米,共分为两层,深度分别为地下90米和地下120米,总体长度达8千米,可容纳15万人同时参观游览。地上地下两种风景,互为补充。华谊兄弟表示,地质旅游和影视文化旅游填补了深圳旅游的一项空白。这所总投资约130亿元的文化城,计划产值输出每年约70亿元,预计将带来6万人就业机会,每年吸引游客300万人次。

第一节　文化产业发展背景

一、中国资本市场概况

1981年我国首次发行国债,标志着资本市场的萌芽,近三十年间,我国资本市场已初具规模,资本市场功能已基本发挥。但是,我国资本市场明显存在以下特点。

1. 局域化

从严格意义上讲,我国资本市场的区域与功能仅限于国内,同国际主要资本市场如纽约股市、伦敦股市、东京股市等没有直接关系,国际资本不能全面进入我国的资本市场,我国的资本市场也不具备让国际资本自由进入的条件。因而,国际资本市场股价涨落并不会给我国股市带来直接联动影响。

2. 市场单一

在我国资本市场上,股票、债券等的交易较为发达,但交易产品种类较少,同属资本市场范畴的资本期货、证券期货、期权和其他金融衍生品市场发展力度不足,因而资本市场操作简单,不具备套期保值等风险防范手段(即尚未形成卖空机制)。这种情况,很难同国际股市接轨,也使得股票市场缺乏相应的流动性。

3. 结构失衡问题严重

截至2012年10月末,我国上市公司有2 493家,主要是大中型、成熟型企业。资本市场外部,大批中小型科技企业亟待上市融资,而在资本市场内部,大批产能过剩的行业却占据着融资的主要席位。此外,投融资结构失衡。国内大批企业、海外上市的国内企业等都希望在A股上市,而购买股票的企业或个人却很少。投资者结构也存在失衡。沪深两市的投资者仍以中小散户为主,专业权威机构的投资者并没有担负起价值投资者的重任。[1]

4. 股民抛售股票

近年来我国股市持续萎靡不振,成交量日见萎缩。股市出现这种现象的根本原因,是股民对我国股市的某些基本特点以及这些特点同股民投资收益和股价波动之间的关系已有所认识。广大股民急切希望早早地、较少亏本地收回自己在股市中的股资,故每每股价稍有上扬,就纷纷将所持的股票抛售转让,这样就促使股价再度回跌,股民对资本市场投资显得极为谨慎和没有信心。

5. 中国资本市场正在逐步开放,前景较好

2012年11月24日,中国证监会、财政部和国家经贸委联合发布"关于实施上市公司股息红利差别化个人所得税政策有关问题的通知"。新政策实施后,股票股息红利所得将有20%、10%和5%三档税负,投资者所获股息要承担哪种税负,取决于其持股期限的长短。这说明上市公司的股票转让和股息红利收入将纳入法制轨道。文化产业上市公司国有股、法人股的转让和持有法制化,将极大地刺激文化企业的投融资。中国资本市场将逐

---

[1]　谭静,王伟强.中国资本市场发展面临的问题与对策[J].人民论坛,2013(11).

步开放,实现法制化、科学化。因而对于文化产业上市公司来说,在可预见的未来,中国文化资本市场的前景较好。

二、中国资本市场与文化产业

由于我国资本市场存在的种种特点,自20世纪90年代初期起,大量的国有公司、企业在资本市场上通过发行股票筹资,文化企业也不例外,在那时的资本市场大背景下争相上市。

目前,我国文化产业领域内大致有两类文化单位:文化产业上市公司;未上市的文化产业股份制公司或股份制企业。

文化产业上市公司主要是指那些在前几年通过国内的资本市场发行了一定数量的公司股票,筹集一定数量的民间资金,并以此增加了其资本金的属于文化产业领域的股份制公司。这些上市公司从民间筹得的资本金数量大都占其资本总量的5%~20%。换句话说,这些文化产业上市公司80%~95%的资本是国有资产。这些国有资产以法人股和国有股的形式构成这些上市公司资本主体。而法人股和国有股到目前为止不能在资本市场上流通。因此,所谓"文化产业上市公司",绝不是说这些公司已真的全部上市,或它的全部资本可以在市场上被买卖,而只不过是在资本市场上从民间筹集过些资本(发放过一些"流通股")的公司,且这些已发放的"流通股"始终在流通领域流通。除此以外,这些"上市公司"和市场并没有什么关系。因为这些上市公司的流通股占其总股本的比例极小,所以无论其股票价格在市场上如何波动,都不会在总体上引起上市公司资本结构和资本总量的大幅度变化。

未上市的文化产业股份制公司或股份制企业是相对于上市的文化公司而言的那些尚未上市的、为数众多的文化企业。现在,我国大多数文化企业经改制后都属股份制企业。所谓改制,就是将原先全民所有制文化机关改为股份制"文化企业",同时,将这些单位的国有资产价值折合成若干数量的股份,并将股份总额按一定比例划分为国有股和法人股。改制后的文化股份制企业,其营业总收入扣除营业成本和各项应缴税款后,所得净利润按该企业国有股和法人股的比例分成。摊派在国有股的红利归国家所有,摊派在法人股的红利归企业所有。股份制虽然以制度形式确定了企业应上缴国家利润的比例,但在提高企业的资本质量、资本周转速度以及企业有效经营等方面并没有根本性触动,企业的生产关系并未因股份制而产生多大变化,因而大多数改制后的文化企业经营效益并不理想。

从改制后文化企业的财务情况看,其自有资金主要来自三个方面:企业留成利润、折旧和附属于企业的三产。这些未上市的股份制文化企业的自有资金,主要来自企业留成利润。但因大多数文化企业经营效益并不理想,所以这些企业自有资金数量非常有限。在这种情况下,若这些股份制文化企业希望扩大再生产,谋求自身发展,就将主要依赖于向银行借贷和在资本市场上融资。若是向银行借贷,银行将对申贷企业财务情况进行审核。当前,银行体制也在加速改革,为了防范出现借贷坏账,银行贷款审批较过去更为严格。如果申贷企业经营效益和财务情况较差被银行视为缺乏足够贷款偿还能力,该企业的贷款申请通常会遭银行拒绝。若在资本市场上融资,由于我国的资本市场近期发生了较大变化,文化企业以往的那种"上市"融资的可能性已不复存在。

无论是已上市的"文化产业上市公司"还是那些为数众多、尚未上市的文化企业,虽然在形式上都进行了"改制"和"企业化",但在其行业构成、资本结构、管理体制、经营方式等一些重要方面,同改制前的情况并没有根本的差别。该行业的构成仍受国家有关特殊政策的严格规定和限制,至少在目前,并非其他任何资金充沛的单位或个人都可以涉足这一行业。同时,在经营范围和经营内容方面,该行业又由国家的特殊政策为其确立了垄断经营的地位,使得该行业既没有竞争的压力也不会受市场的冲击。文化机构的"改制"和"企业化"并未改变国家对其包办的实质。这些改制后的文化企业在经营活动的各个方面同那些资本市场化的企业相距甚远。因而,从市场经济角度看,恰恰是这些特殊政策卡住了该行业的快速发展。

不仅如此,若从世界经济层面考察、比较我国文化产业的基本现状,就不难发现,在世界经济高速发展的今天,一些发达国家为了各自的经济能进一步发展而纷纷通过立法反垄断、反托拉斯,而我国的"文化企业"却始终要依靠那些陈旧的特殊政策关照。这些特殊政策规定了"文化企业"在国内的垄断地位,严重阻碍了这一行业的高速发展。因此,当谈到该行业的经济效益、如何适应形势发展、如何同国际文化产业盛况相媲美创造巨大价值时,我们的这些"文化企业"就显得包袱沉重,举步维艰。

这就是目前我国文化产业上市公司和未上市的股份制文化企业的基本情况。文化产业作为一个新兴产业的兴起是20世纪70年代的事,至今将近40年,但如果单从国外文化产业所创造的价值量来看,可以知道,就现行的文化体制和当前文化产业实际状况而言,我国的文化产业落后的时间似乎还不止40年。理由很简单,目前文化产业上市公司的经济效益几乎都是负增长。所以,要大力发展我国文化产业,现行文化体制改革是前提与根本。

三、文化产业的发展条件

经济基础决定上层建筑,文化作为上层建筑的重要组成部分,其发展必然受到经济基础的决定和影响。而且,任何一个产业领域的崛起与发展都需要一定的先决条件,包括物质条件、资源条件、技术条件和资本条件四个方面。文化产业作为国民经济的新增长点,其发展也不可能离开物质、资源、技术和资本的先决条件为其发展奠定基础。然而,文化产业作为新兴产业,又有着其他产业所不具备的特殊性,从而,其发展的物质条件依赖性不同,资本、技术、资源条件对其的制约性也不尽相同,其中资本条件和资源条件则成为制约文化产业发展的瓶颈。

(一)文化产业发展的物质条件和技术条件

市场经济体制的确定奠定了文化产业发展的制度基础。文化产业的产生和发展,同社会市场经济时代的发展是相联系的,是市场经济走向成熟的表现,也是产业分化和社会进步的必然结果。随着社会生产力的不断发展,社会生产分工日益专业化和社会化,社会的物质财富也越来越丰富。产业的专业化和社会化生产,通过市场交换进行并连成一个商机的社会整体。当人们满足了一定的物质需求以后,精神文化的需求便开始凸显出来,这就在客观上为文化产业的产生和发展提供了社会市场需求。市场经济在中国作为主导经济体制的确立和飞速发展,不仅仅意味着人们经济能力的提高,而且象征着市场经济运行规则的普遍化。以供求关系为轴心,以追求利润为目标的市场经济运作方式,日益进入人们日常生活的方方面面,为文化产业实现市场化运作提供了充分的参照模式和现实基础。市场经济的主导机制是竞争机制。竞争在经济行为中的地位,迫使人们在就业、经营等方面始终处于不稳定状态,再加之现代工业化社会的机械化生产和紧张的社会生活节奏,使人们的社会生活、人际关系、个人生活、精神深处都充满巨大的压力,舒适、放松、消遣成为人们的内在需要,通俗文化、精神产品、休闲场所使人们在消费的过程中身心得到了放松,文化产业恰恰在这方面满足了人们的需求。

经济的持续快速增长为文化产业发展奠定了物质基础。文化产业的发展不但建立在市场经济的基础上,而且它的发展还与社会生产力的发展成正比例关系,即社会生产力水平和生活水平越高,物质生活越丰富,人们对精神文化和文化产品的需求也就越多。人们对物质生活的追求和享受是有限的,但对精神文化生活的追求却是无限的,因此,社会市场对文化产业的需求弹性高,文化产业发展的前景广阔。随着商品经济和市场经济在中国的建立和发展,人们的物质生活水平不断改进和提高,特别是新型经济体制带来了巨大的社会财富,使个人的经济支付能力不断上升。人们的需求结构在物质能力上升的同时发生了急剧变化,从原来比较单一的生活品消费向多元化消费结构转变,其中文化消费品成为人们日常生活消费的重要组成部分,也就是说,大众对文化消费需求的上升,为文化产业的产生与发展提供了消费市场。在市场经济的发展过程中,文化产业既是被动的又是主动的。一方面,它受制于市场经济,随其发展而发展;另一方面,它的发展又直接或间接地推动市场经济的发展,起着巨大的促进作用。首先,文化产业的发展直接推动市场经济的发展和产业升级。其次,文化产业的发展促使劳动者自身素质的提高。最后,文化产品的内涵能为市场经济的发展提供精神动力。

科学技术是文化产业发展的驱动条件。任何一种产业的发展都是建立在一定技术生产力基础上的,当代中国文化产业的产生、发展更需要现代科学技术的支持。每一次技术革命都对文化的传播起着迅速的推动作用。科学技术是文化产业发展的内在动力。科学技术的发展使文化产业进入了一个崭新的阶段。传统文化产品的制作方式是以个体创作、个量生产为特征的,其传播的速度慢、手段单一。而科技的发展,高新技术在文化领域的应用,使文化产品的生产和传播出现了与以往截然不同的特点,从而催生了以工业生产方式制造文化产品的新兴产业,那就是文化产业。科学技术的发展降低了生产成本,提高了生产效率,节约了生产时间,使人们从繁重的工作中解放出来,有更多的时间进行休闲活动以及精神消费和文化产品消费,从而推动了文化产品的生产,进一步推动了文化产业的发展。科学技术的发展丰富了人们的理性思维、创作手段和表现方法,拓宽了思路,使文化产业的发展进入了一个新的境界。

科学技术对文化产业发展的外在贡献在于,把原先无法利用的资源用新的形式组合起来,成为一种十分有用但又可以廉价获得的充沛资源,这就为文化产品大众化的生产和销售创造了条件,给文化产业带来空前的发展机会。科学技术的发展推动着整个文化产业的发展和进步,同时,文化产业的发展也反作用于科学技术,使科学技术不断向高层次发展。首先,文化产业的发展丰富了科学技术创新的空间。其次,文化产业的发展向科学技术的发展提出了新的要求。最后,文化产业的发展为现代科学技术发展提供了新思路、新方法和新手段。

（二）文化产业发展的资本条件

资本是文化产业发展的重要保障，文化基础设施的建设、文化资源的挖掘等都离不开资金的支持。然而，文化产业的主体是自主经营、自负盈亏、自我发展、自我约束的法人实体和市场主体，在其发展过程中必然要求进行资产兼并和重组。事实证明，在这个发展过程中，靠文化企业的单独力量是难以完成的，必然要有金融系统的参与和保障；资本看到文化产业的巨大利润回报，必然也会大胆地进军文化市场。

资本是文化产业的增值源。首先，资本市场运作是扩大文化产业发展的主要途径。金融对不同地域、不同经济主体、不同经济活动起着很大的制约作用。目前，随着以信用交易为主要内容的金融业迅速发展，文化企业的发展可以通过发行股票、债券或者进行社会集资等直接融资方式，来获取资金；也可以通过流动资金贷款、固定资产贷款、房地产开发贷款、项目贷款、国际银团、出口信贷等间接融资方式，来解决资金短缺的问题。我国文化产业的融资，不但有政府的直接拨款，而且大量利用了外资，充分利用了证券市场融资、商业资助、广告销售、土地批租等手段，扩大了文化产业发展所需资本的筹集渠道和融资模式。其次，文化产业投资的利润回报高于其他产业。因此，越来越多的企业、银行和基金会，看到了文化产业的巨大产出效益，纷纷慷慨解囊；而资金投入的多元化，也为提高文化产业的投资效益创造了重要条件。特别是这种文化投资的多元化倾向和现代金融业渗透在一起，通过金融介入等方式开辟多渠道的资金来源，为文化产业发展和繁荣提供了重要保证。

我国文化产业在进行融资的过程中主要有政府投资、股份合作和国际投资三种模式。首先，文化产业的发展与国家财政政策密切相关。一方面，由于文化产业所生产的产品和提供的文化服务，直接影响着人们的思想和行为，对社会的稳定和发展具有强大的冲击力，所以，国家必须把其中的一部分纳入公共产品的生产范畴，用国家财政资金支付和补偿其劳动耗费；另一方面，在市场经济体制下，文化产业中为居民个人文化消费需要而提供的生产和服务，逐步作为商品进入市场，实现产业化发展，对于条件不成熟、暂时无法在市场中独立生存的文化产业，国家财政需要继续投入资金进行扶持，同时发挥财政资金的导向作用，制定相关的税收优惠政策吸收社会资金，加大对文化产业的投入。政府部门对资金的投入，一般来说，主要集中在四个方面：一是建造大型文化基础设施；二是赞助公益性文化单位；三是保护文化遗产和扶持高雅艺术；四是扶助文化产业，鼓励对外文化交流。其次，文化产业的良性发展离不开民间资本的注入与市场运作。由于文化企业必须参与国际竞争，而发达国家的文化企业都以雄厚的资本为依托，因此，政府在实行积极财政政策的同时，应尽快启动民间资本，同时借助资本市场，吸收众多散户资金，实现资本快速集中。随着我国市场化改革的深入，我国民间资本会日益壮大，它有能力也有义务参与文化产业，但民间资本又通常以利润最大化为目标。因此，政府在吸纳民间资本时，必须在社会效益和经济效益之间寻求均衡，才能更好地实现共同投资、共同开发。文化产业发展的股份制合作就是依托资本市场，实现产权多元化，实行股份制改造和多元化经营方向，并通过产权经营和资本经营，扩大资金的来源。再次，文化产业在资本运作方面还可以吸纳国际资本，以弥补本国资金不足的状况。

文化产业投资具有高风险性。首先,虽然我国的文化产业市场正在逐步对外开放,其产出丰厚、利润回报的潜力巨大,但是,投资者应该保持清醒的头脑,文化产业的投资属于高风险的投资,在投资过程中,要采取更加科学周密的投资操作。高投资仅仅是一种进入的资格,而是否能获得满意的回报,还要看诸多操作环节和资源配置的优化程度。其次,文化产业属于长线投资。文化产业的发展是建立在一定经济基础之上的,经营文化产业实际上是经营知名度、经营品牌,就是要引起社会的注意,形成一定的影响力从而产生经济效益。经营文化产业不是一次性买卖,更不是一次性投资,而是通过连续性的生产来获得回报,在持续发展中盈利。最后,文化产业的投资需要经营智慧。

对文化产业的投资者来说,并不是有钱就可以经营,投资者必须对文化产业本身有深刻的了解才能进军该领域。首先,要熟悉文化产业本身作为社会公共产品的特殊性要求,它不同于一般的产品。其次,要善于通过投资的串联作用,实现文化产业链条之间的有机结合。换言之,资本带来的并不应该仅仅是金钱,最重要的是要优化资源配置,串联起最具竞争力的产业链。再后,文化产业的投资还应该辅之以新的人才机制,它应该是一种对人的投资,对人的自觉性、创造性和主动性的投资。在这种投资的同时,应该营造出一种尊重人的创造性机制。如果文化产业的投资不跟这种机制联系起来,那么,这种投资就很难发挥出潜在的价值。

(三) 文化产业发展的资源条件

任何一个产业的崛起和发展,都与资源的开发密切相关,文化产业也不例外。在市场经济体制下,以市场为依托,进行合理开发与有效配置文化资源,是发展文化产业的重要条件之一。同时,文化产业作为第三产业的一个重要组成部分,它的一个中心任务就是有效地把有限的资源转变为有用的产品,它所依赖的条件不仅有其他产业的共性资源,如资金、技术、设备等物质资源,而且有其特殊的资源,即文化资源。所谓文化资源,一般是指前人所创造积累的文化遗产库和今人所创造的文化信息的总和。可见,文化资源由两部分组成:一部分是千百年来人类所积聚的文化财富;一部分是当今的文化信息。这些是构成文化产业中所有文化产品价值的要素,也是文化产品生产、销售的本质所在。

从文化资源的定义,可以将文化资源分为四种形态。第一种形态:符号化意义的文化资源,它是前人创造的图案、语言、绘画、音乐、造型、传说、方案等,用系统的符号记录在物质载体上;第二种形态:经验型的技能文化资源,它是由人掌握的一种活的技能,包括写作、歌唱、舞蹈、绘画、演奏、编程、设计等方面的各种程序和技巧,用于文化生产的过程;第三种形态:垄断性的旅游文化资源,旅游产业和文化产业是交叉的概念,旅游产业中很大一部分是文化产业,旅游产业必须依赖文化支持;第四种形态:创新型的智能文化资源,它以人为直接载体,是文化人在获得知识和操作技能的基础上,突破前人模式的独创性思维和实践能力,体现为创造型的构思、创意、主题、灵感、方案、决策等,这是文化生产中的核心资源,它决定了文化产品的独特性,是最有价值的稀缺的文化资源,同时也是不可穷尽、无限延伸的文化资源。

文化资源有着自身的特殊性,它不同于一般物质产品的资源。首先,文化资源内容注重创意性。创意把不断激活的文化资源重新整合,创意贯穿整个文化产业的经营过程。要用创意不断提升原有的文化资源的内在价值。其次,文化资源手段呈现信息性。信息化有助于经营者在全球范围内搜寻文化资源;互联网和数字化的发展有利于拓展文化产业的外延;全球信息化趋势节约了文化产业的生产成本。再次,文化资源配置凸显国际性。最后,文化资源经营显示集团性。

我国历史悠久,古代文明的传承性给予了中华民族丰厚的人文资源和史学资源,而这些极具中华民族特色的文化资源具有极大的经济开发价值。然而,我国文化资源在其开发配置过程中存在不合理性,主要表现为:文化资源的保护意识不强;文化资源的配置缺乏规模性;文化资源的配置缺乏国际性;文化资源配置缺乏合理性。

第二节 文化产业相关法规

一、文化产业政策及其结构

文化产业政策是国家根据文化经济与社会发展的要求以及一定历史时期内文化产业发展的现状和变动趋势,以市场机制为基础,规划、干预和引导文化产业形成和发展的政策系统。其政策目标是引导社会资源在产业部门之间以及文化产业内部实现优化配置,建立高效和谐的文化产业结构,促进国民经济和社会文化的持续、协调和健康发展。

文化产业政策是一个完整的过程系统,它的内容涉及文化产业的各个方面,并且由此形成了它的结构。例如从国家统计局关于文化产业的分类标准出发,文化产业政策结构分别由核心文化产业政策、相关文化产业政策和有关文化产业政策组成。如果再根据各个不同的大类来分析,文化产业政策的结构就还可以深入到各个具体的文化产业门类。而从目前我国学术界、产业界、政府文化产业主管部门约定俗成的认识和我国文化产业政策工作的重点来看,相关文化产业部门的文化产业政策在现实的文化产业运动和管理中,都还不是严格意义上的文化产业政策,现阶段我国文化产业政策制定的主要内容,也还不包括相关文化产业部门那一块,有关的产业政策仍然延续着原有的产业政策关系。这也是中国文化产业政策在国家统计局关于文化产业统计指标体系出台后面临的新情况。这将是一个比较长的政策磨合、过渡和衔接期。因此,我们对文化产业政策结构的分析,还不能完全从文化产业行业出发,而是把文化产业作为一个整体性的对象,综合研究文化产业政策的结构构成和运动形态。从产业经济学关于产业政策研究的成果来看,一个完整的产业政策体系一般由五大政策组成,即产业结构政策、产业组织政策、产业地区政策、产业技术政策、本国产业与国际产业关系政策。

文化产业政策既与一般产业政策相联系,但是又不同于一般产业政策。由于文化直接涉及一个国家和民族生存的个性化问题,而文化产业对于一个国家的影响又不是一般的商品经济对商品经济的影响,而是以商品经济的形式对于人的精神世界的影响,也就是对于人的生存的个性化影响,因此,世界各国都对文化产业的市场准入制定不同的政策。关于服务贸易的乌拉圭回合谈判之所以没有把文化产品和服务的国际贸易列入自由贸易范畴,而是采取"文化例外"的政策主张,所体现的就是关于文化产业政策多样化的精神。因此,从这个意义上来说,虽然世界贸易组织章程和国际服务贸易总协定已经有了一个各成员方普遍遵守的产业政策系统,但是,各国之间的文化产业政策也还存在很大的差异,由此而形成的文化产业政策也是不一样的。文化产业政策的研究所面对的问题也就比一般意义上的产业政策要更加复杂。

二、中国文化产业政策的发展

中国文化产业政策的发展就其对于中国文化产业发展的战略性作用来看,是在21世纪初开始发生的。中共十六大关于"积极发展文化事业和文化产业"的战略决策,是它的一个标志。中共十六大的报告,以前所未有的篇幅,提出了中国关于"全面建设小康社会,大力发展社会主义文化"的一系列文化政策,在文化产业政策方面取得了重大突破。中共十七大的报告则旗帜鲜明地提出了中国关于"加快文化产业发展,增强国家文化软实力,促进文化大发展大繁荣"的相关政策,尤其是《文化产业振兴规划》的通过,标志着我国文化产业政策体系的进一步完善。

"加快文化产业发展,增强国家文化软实力,促进文化大发展大繁荣。"这在十六大的基础上是一个发展;在世界范围内,看综合国力,把文化软实力作为综合国力的重要标志;从国际战略的高度,从国际文化力量对比的高度,全面提升文化在整个国家战略中的战略地位。既突破前人,又建立起新的文化尺度。这是十五大的一个文化贡献;在本国范围内,根据文化满足人们精神需求的程度,把文化的发达程度,满足人民需求的程度,作为建设小康社会的重要标志,从国家和民族发展的高度,从文化建设的战略意义的高度,明确文化建设作为国家需求在国家整体战略系统中的定位,这是十六大的发展。把这两个方面结合起来,落实在全面建设小康社会,这就使我国在全面规划和制定新一轮发展的文化政策时,建立起一个非常宽广和开阔的视野。

第一,首次明确确认发展社会主义文化有两大途径并存在两大形态,这在马克思主义文化思想史上是个突破,即发展社会主义文化不仅可以是文化的意识形态方面的,而且可以是文化的经济形态方面的,即文化产业方面的。

过去,我们只强调文化的思想内容建设,关注文化的思想内容建设对于人和社会的作用,很少或者根本就忽视了文化的思想内容作用于人和社会的方式与途径。因此,我国的文化政策体系在很长一个时期内也是围绕"文艺和政治的关系"这个轴心来建构的,文化和经济的关系以及文化本身的经济形态和运动方式,则没有成为我国制定文化政策的出发点,造成了在一个相当长的时间里我国文化政策的单向度发展。"积极发展文化事业和文化产业"的提出,不仅在观念和理论层面上廓清了长期以来妨碍中国文化发展的文化思想,而且在政策科学的层面上,建立起发展有中国特色社会主义文化的新的政策系统。因为只有建立起这样的系统,"完善文化产业政策"的努力和实现才是可能的。改革开放后,我国也曾多次在党和政府的有关文件中提出要"完善文化经济政策",然而,由于没有从政策意义上解决社会主义文化形态存在的经济性身份问题,因此,所谓文化经济政策也还是局限在关于文化事业领域里的经济问题,并没有解决我国整个文化建设和文化发展的根本经济政策问题。而能否在我国文化发展的这一根本性的问题上取得突破,关系到整个国家文化战略目标的实现。"积极发展文化事业和文化产业",正是在这样的意义上实现了政策突破和政策创新。

第二,明确了文化产业作为有中国特色社会主义文化建设的主体性地位。把文化产业与文化事业相提并论,重点阐述,这不仅在中国共产党的报告中是第一次,而且做出这样的政策态度和理论态度也是第一次。

2000年中共中央在关于国家"十五"规划的建议中提出了要"推动有关文化产业的发展",虽然在理论上还有所保留,但却为文化产业在中国合法性地位的确立提供了可能;2002年的中国《政府工作报告》在阐述如何"进一步解决经济发展的结构性矛盾和体制性障碍"的相关政策时,提出要"大力发展旅游业和发展文化产业"。把"大力发展文化产业"确定为解决我国经济发展的结构性矛盾和体制性障碍的重要的战略措施,这是继中共中央的"十五"建议和国家的"十五"规划纲要提出"要推动有关文化产业的发展"后,我国政府对文化产业的又一次完整的政策表述,并且第一次明确指出文化产业发展在国家经济战略目标中的具体定位。这就使得中国文化产业不仅获得了国家经济战略需求的政策价值肯定,而且不再使用"有关"的提法,消除了在政策解释和执行上的非确定性理论障碍。但是文化产业还是处在一个附属的位置上,还没有在理论和政策上获得主体性定位。十六大是把发展文化产业放在全面建设小康社会,大力发展社会主义文化的层面上来提的,是从整个国家战略目标的实现和文化自身的发展需求实现来提的。这就使得发展文化产业不只是手段,是满足国家经济战略需求的政策选择,而且它本身就是目的,是当代中国文化发展的目的。在当今社会,人类文明和文化的发展与传播,已经到了不能脱离文化产业这样具体的文化存在方式去抽象地谈论文化的繁荣与发展的历史新阶段。如今,一切优秀的人类文明成果,都只有获得它的当代形态,通过并借助文化产业这样的媒介系统才能实现它的价值存在和有效传播。在不到100年的时间里,文化产业所创造的巨大的文化生产力,比过去一切社会所创造的全部文化生产力还要多、还要大。文化产业已经成为当代人类社会发展的重要组成部分和存在方式,它正以其独有的生命形态和创造力在深刻地影响和改变人类社会的文化面貌、生态结构和生存方式。在某种意义上,今天的人类社会已经不能脱离文化产业这一社会系统而存在。因此,当中国进入全面建设小康社会,重塑中国的社会结构和文化面貌的历史发展新阶段的时候,文化产业的建设和发展就不是某种外在于社会的和文化的依附性力量,而是社会和文化自身的主体性建设与发展的需求。发展文化产业是小国社会主义文化的主体性建设。文化产业回归了它的本体,历史地恢复了它作为文化的主体地位和主体身份。这既反映了中国共产党在文化建设问题上的与时俱进、不断创新精神,同时也反映了中国共产党在文化建设问题上的现实主义态度。

第三,提出了发展文化产业是市场经济条件下繁荣社会主义文化,满足人民群众精神文化需求的重要途径的科学论断,克服了把发展社会主义文化,坚持先进文化的前进方向同市场经济对立起来的错误倾向。

没有现代文化产业,就没有马克思主义和先进文化在中国的传播,当然也就没有我们今天所要坚持的先进文化的前进方向。没有文化产业这样具体的文化生产形态和传播方式,人民群众日益增长的精神文化需求就失去了具体途径。因此,不能把先进文化前进方向的历史必然要求与文化产业的发展,与市场经济和市场机制简单地对立起来、割裂开来。文化产业与先进文化的前进方向之间并不存在必然的对立关系;相反,在今天,由于先进文化的前进方向只有在文化产业具体的市场运动形态中才能得到生动的大众化的实现。因此，离开文化产业的当代运动去一般地谈论先进文化的前进方向，就缺乏了一种现实性基础。这是既反映了人民群众精神文化需求实现形态与实现方式的历史性变化，又反映了繁荣社会主义文化不能脱离文化产业这样具体的当代形态的现实存在的历史的必然要求。要把繁荣社会主义文化的历史必然要求，同实现这种要求的当代形态和运动机制有机地结合起来。

三、文化产业政策制定的原则与内容

（一）制定文化产业政策的基本原则

文化经济政策是党和国家为指导并调节文化、艺术事业活动和经济利益所制定的规则和措施。文化经济政策是党和国家文化方针政策的一个重要组成部分，是国家宏观经济政策在文化领域的具体体现，是政府间接管理文化事业，促使其健康发展的重要手段，也是文化事业繁荣发展的内在要求。中共十五大报告指出："有中国特色的社会主义文化，是凝聚和激励全国各族人民的重要力量，是综合国力的重要标志。"《国民经济和社会发展"十五"计划纲要》明确提出要"深化文化体制改革，完善文化经济政策，推动有关文化产业发展"。制定我国文化产业法规政策应遵循下列基本原则。

1. 坚持贯彻发展先进文化的要求

在我国，凡是提供文化产品和服务的生产部门都是传播先进文化的重要阵地。有人说，文化产业是"双刃剑"。实际上，任何事物都具有两面性，文化产业也不例外。它在开拓文化市场，使文化产品的生产和消费社会化的同时可能为追逐最大经济利益牺牲社会效益；它在大批量生产文化产品满足大众需求的同时可能把一种文化风格普遍化，从而压抑和抹杀人的自由个性；它在融入世界文化产业体系促进文化开放的同时可能为外来文化冲击民族文化打开方便之门；它在引进一些优秀文化精神产品的同时，可能把西方一些腐朽落后的价值观念和生活方式也带进来，给人们的思想观念和工作生活带来一些潜移默化的消极影响。面对世界范围各种思想文化的相互激荡，我们要保持高度的政治警惕。要坚持用"三个代表"的要求统领文化产业建设。坚持为人民服务、为社会主义服务的方向和百花齐放、百家争鸣的方针。坚持以马克思列宁主义、毛泽东思想、邓小平理论为指导，立足改革开放和现代化建设实践，着眼世界科学文化发展的前沿，大力发展先进文化，支持健康有益文化，努力改造落后文化，坚决抵制腐朽文化。当前，各级文化产业部门要把弘扬和培育以爱国主义为核心的团结统一、爱好和平、勤劳勇敢、自强不息的伟大民族精神作为一项重要任务来落实。

2. 坚持以社会效益为主，社会效益与经济效益相结合

文化产业是个特殊的产业，它给人们制造精神食粮，塑造健康的民族文化心理。建设积极向上、健康乐观的社会主义文化，弘扬社会主旋律，是文化产业首先应有的义务和责任。文化产业既要坚持更好地为人民服务、为社会主义服务，又要提高经济效益，力求实现社会效益与经济效益的最佳结合。《文汇报》一篇文章指出，在马克思的经典理论中，文化与经济发展的不一致、不平衡曾得到明确的阐述。高增长的经济速度未必能促进文化建设的必然腾飞。如果让文化的建设完全受控于市场规律，使追求商业利润成为文化建设的主导目标，让经济因素支配了文化从创造到传播、从政策的制定到生态和区域的规划

全过程,就必然会带来负面影响。这种影响目前已初露端倪,主要表现为以下几个方面。

第一,把实利作为文化生产的唯一追求。现在的文化市场现状是,大众文化过度膨胀,而高雅文化、民间文化日趋萎缩,文化的多样性无法得到有效保证,公益文化无法繁荣。消遣娱乐性文化活动压倒、代替了修养提高性文化活动的各个方面,把文化的兴趣活动都以投资行为来认同,文化教育仅仅以是否有用为依据,从而对实用性的、工具性的如计算机等级考、外语等级考相当重视,而对文化积累性的修养、知识缺乏兴趣。

第二,把速度作为唯一的价值观认同。最大限度地追求功利必然要挤缩时间成本,"时间就是生命"的口号一变而为"时间就是金钱"。高速度直接导致都市人心态的普遍浮躁,精神过于紧张,文化生活变得表面化,文化建设变得肤浅化,失去了文化发展的持续后劲和深度挖掘的可能,也失去了文化享受的闲暇情趣。立竿见影式的目标追求,把文化的熏染陶冶过程中的种种乐趣一概摒弃了。恰如王安忆在《忙碌的休闲》一文里说的,现在连休闲的日子也变得很忙碌、很繁重,失去了生活本该有的那一份安宁与愉悦。在所有的文化生活方式都在市场经济中一起躁动时,东方式的安宁与静穆的生活大概已经很难寻觅。台湾作家龙应台在《百年大计,请从文化始》一文中,提到了衡量文化的另一套标准,以为"文化和这些工程逻辑正好是相反的:它不比速度;它比安静,比深沉,比细致,比温柔绵密,比——慢。也许五十年是一个测量标准。"此种说法恰当与否且不去评说,却至少给人一点启发。文化产品是一种商品,但它是一种特殊的商品;文化服务是一种服务,但它同样是一种特殊的商业服务。特殊在什么地方呢? 特殊就特殊在它是精神商品,它是审美服务,它负荷着教化和激励人不断创新与进取的功能。它作为商品和商业服务的全部意义与核心价值,就在于它能够通过经济法则和商业手段对人实现审美享受与精神提升,对社会进行风气淳化和秩序规范,使知识和文明得到有效的积累、传播与弘扬。

因此,我们要根据不同文化产品和文化服务的主要社会功能和市场关系,明确区分出哪些是文化产业,以制定相应的政策,实行适合文化产业的管理体制和运行机制,有针对性地给予指导,根据群众文化消费需求,多生产一些市场对路的文化产品,在保证社会效益的前提下,力求最大的经济效益。对文化产业的考核,应以实现经济利润的大小、国有资产的保值或增值为判断标准。随着形势的发展和人民大众对文化产品需求的增长,文化产业管理部门还应面对社会资本兴办文化企业,对社会资本兴办的文化企业也要强调把社会效益放在首位。今后总的发展趋势应该逐步淡化行政管理的色彩,把社会效益管理纳入依法管理的轨道。通过法律法规规范文化产品和文化服务内容的标准,加大法律监督和舆论监督的力度。个别企业销售盗版音像制品、非法出版物,非法艺术团体组织色情淫秽表演,属于违法经营的范畴,应依法予以打击和取缔。这样认识至少有以下几点好处:一是有利于调整所有制结构,把闲置的社会资本和人力资本吸引到文化产业中来,逐步形成多渠道多元化投资、多种所有制相互竞争共同发展文化产业的局面;二是有利于提高管理水平,改变用搞运动的方式指导文化产业的做法,使各项政策措施更加符合实际,更具有针对性和可操作性;三是有利于政府部门进一步转变职能,逐步实现从微观管理向宏观管理、从直接管理向间接管理、从经验管理向依法管理的方向转变,鼓励各类文化企业在"依法经营、照章纳税"的前提下,理直气壮地追求经济效益,不断扩大投资,不断发展壮大,逐步形成一批拥有知名品牌和自主知识产权的市场开拓能力较强的文化企业集团,使我国文化产业在短时间内能有一个较大的发展。

3. 坚持一手抓繁荣,一手抓管理

繁荣与管理是辩证的统一。文化产业的发展可以有力地促进文化市场的繁荣;反之,文化市场的管理又进一步保障了文化产业的健康发展。在文化市场管理中,要牢牢把握繁荣与发展这个主题,逐步健全文化市场体系,完善文化市场管理机制。切实加强文化市场的宏观调控和监督管理,加大执法力度,严格整顿规范市场秩序,依法保护文化知识产权,积极支持维护合法经营,严厉打击各种文化侵权和非法活动,确保文化市场逐步走上良性、健康、有序发展的轨道,为文化产业发展创造良好的市场环境。

4. 处理好市场手段和行政手段的关系

市场手段和行政手段都是解放和发展文化生产力、促进文化市场健康发展的必要手段。市场手段是指充分发挥市场机制在资源配置方面的基础性作用,调节文化产品的生产。市场机制作为调节手段的长处,是能够使文化生产遵循价值规律的要求,适应供求关系的变化,通过价格杠杆和竞争机制的功能,调节文化产品和文化服务的生产、流通和消费,实现文化生产资源的合理配置。在这个过程中,要给文化企业以压力和动力,实现优胜劣汰,促进文化的产业化、社会化,从而推动文化生产力的发展。在运用市场手段的同时,文化产业的发展也需要运用行政手段。行政手段的运用,一方面能使文化建设得到合理布局,保障公益性文化事业健康发展;另一方面也能解决靠市场自身力量无法调节的问题,如低俗现象,迷信、色情和暴力文化产品以及盗版、侵权等问题,确保文化建设为社会主义精神文明建设服务,更好地坚持先进文化的前进方向。行政手段在市场经济体制下的运用和在计划经济体制下的运用有很大不同。在市场经济体制下,它主要依据法律,运用政策和经济杠杆,达到规范文化市场秩序、保证效率与公平、促进文化建设健康有序发展的目的。在实践中,市场手段要与行政手段相结合,以实现优势互补,但结合的范围、程度和形式在不同时期和不同地区可以有所不同。正确运用这两种手段,需要转变文化行政管理部门的职能,按照社会主义精神文明建设的特点和规律,适应社会主义市场经济发展的要求,逐步建立起党委领导、政府管理、行业自律、企事业单位依法运营的文化管理体制。

5. 遵循文化产业自身的发展规律和贯彻市场化原则

马克思在《剩余价值理论》中,从对商品、资本、劳动及剩余价值的研究入手,得出了一个明确的结论:艺术创造在本质上是一种生产力。所有的文化产品(包括文化服务)同物质产品一样,都是由生产与消费、生产者、产品与消费者等要素所构成,并都受到生产力与生产关系的矛盾运动的制约,同时也都要受到经济法则与价值规律的驭驱与支配。既然如此,发展文化产业就不仅不是对文化的内在本质与规律的违背,反而恰恰是对其内在本质与规律的揭示与契合了。

既要遵循市场经济的规律,又要充分考虑文化产品生产和文化服务的特点,尊重其自身发展的规律,要充分体现助文、扶文、兴文,要有助于促进文化产业自身发展,有利于增强文化产业的"造血"功能。

文化产业就其产业属性来说,属于经济学范畴。对于它的政策,最本质的是要求其投资者、经营者和从业者必须走向市场,遵循市场运行的规则。然而,我们尽管想要发展产业文化,若是在政策上没能有效地推动产业文化按市场化的方式来运作,就会造成产业文化不像"产业"。这主要表现在以下三方面:首先,在产品的取向上,往往不是从消费者的需求出发,而是有着受"行政"主导的浓厚色彩。这在电影业方面尤为突出。人们谈到产业文化在经济发展中的作用时,常常举的例子是,1998年美国一部《泰坦尼克号》创造的收入就达到20亿美元。中国人有13亿之多,电影业却畏缩不前。这在很大程度上是因为电影工业没有在根本上从观众的需求出发。不少"大片"都是由"计划"抓出来的,其资金不是来自市场,其内容是上面指定的,其观众基本上是由公家买票组织来的。拍这些影片,优先考虑的是能否获得大奖,而不是能否赢得观众的青睐。其次,从业人员绝大多数仍然从属于"国家单位",较缺乏按照市场原则的自由性、流动性。近几年尽管有不少产业文化领域的单位宣布实行改制,由事业单位改为企业单位,但不少实际上还只是国家单位的"翻牌公司",对其从业人员的自由流动依然限制重重。近年来,在图书出版业悄悄流行的"工作室",对"翻牌公司"式的国家出版社形成了某种挑战,其优势就在于人员按市场利益原则自由地流动地组合。再次,组织机构官方化,还没有形成真正的行业协会(或同业公会)。产业文化作为产业,理应像其他产业一样,通过行业协会来处理其内部事务和维护行业的利益,而其行业协会的领导往往是该行业有影响力和号召力的"大哥大"或"大姐大"。比如曾由梅艳芳任主席的香港演艺人协会就是这样。我们在发展产业文化中组建的行业协会,常常是官方化或半官方化的,其突出表现就是把协会规定为相当于某一行政级别,如处级(副处级)、局级(副局级),协会的工作人员仍在领取国家薪金,本质上还是国家公职人员。简言之,只有在政策上彻底贯彻市场化原则,才能有效地促进产业文化的发展。

6. 遵循区别对待分类指导原则

文化产业由于门类不同,其性质和任务也不同,有高雅和低俗之分,有经营性和非经营性之别,文化产业政策要充分体现区别对待、分类指导的原则。如对高雅文化,由于市场竞争能力弱,又是高品位文化,有些是代表国家和民族文化水准的,在文化产业政策上应予重点扶持。对于通俗性文化,由于市场竞争能力强,则应实行高税率的文化产业政策等。

国际上一般把文化产业分为两类:一类是具有强烈大众需求的通俗性娱乐,对这类文化产业的生产组织,一般强调其营利目的而不过分强调其艺术价值。这类产业需要市场机制的商业运作。另一类是非营利文化产业,它包括了古典音乐、严肃的戏剧、诗词欣赏、古典与现代艺术舞蹈,"高雅"艺术等等。该类文化产品更强调其艺术价值。

理论与实践说明决定文化产业需求是文化消费者的艺术趣味。文化产品与服务的艺术趣味具有积累性。人们对音乐、文学、戏剧及表演的欣赏及其消费而愿意付出的代价决定于人们对该种艺术所具备的知识与理解。这种文化趣味要通过教育与经验而获得。因此,"高雅"艺术与公益性的文化事业(如博物馆、图书馆等)还需要一定程度的政府支持。这也是发达国家对文化产业所采取政策的基础。

在实践中,毋庸置疑,繁荣和发展文化,必须明确经营性文化与公益性文化、文化产业和文化事业的界限,并遵循一个重要原则,就是分类指导原则。

7. 与 WTO 中文化产业的政策相协调

世界贸易组织(WTO)是在关税及贸易总协定(GATT)的基础上,在国际分工进一步深化的情况下,为寻求国际社会新的平衡而建立起来的全球经贸组织。在多边贸易体制50多年的发展中,已经形成了一整套世贸组织成员共同接受的经贸协定、协议,主要有《建立世界贸易组织的马拉什协议》、《关税及贸易总协定》、《乌拉圭回合协议》、《与贸易有关的知识产权协定》、《服务贸易协定》等。这些协定、协议共同构成了全球国际经贸合作与竞争的"游戏规则"。WTO所形成的诸多协定、协议广泛涉及文化产业的各个领域。因此,WTO的基本原则规定也就自然地成为各成员政府制定和执行国内文化贸易政策和国际贸易政策的文本基础,这就必然要给这个国家的文化管理制度和文化产业政策制定带来制度、法律和政策性影响。中国加入WTO,既表明中国要成为世界经济一个重要组成部分的明确目标,同时也意味着中国对 WTO 基本原则以及在此基础上建立起来的国际贸易制度、法律体系和政策系统的接受。凡不符合 WTO 基本原则精神的政策均要作出调整、修改及废除。从而在一个新的制度、法律和政策系统的平台上,形成和构筑具有中国特点,又与 WTO 的基本原则精神相一致的政策系统。中国任何一个地方政府,毫无疑问都必须执行国家统一的法律、法规和政策,并以此为依据来重构和完善自己的文化产业政策系统。

8. 文化产业必须纳入国家宏观调控的范围

国家"十五"时期第一次把文化产业纳入经济社会发展规划,作为国民经济中一个产业部门对待。许多省市也制订了独立的文化产业发展计划。这是良好的开端。政府应把文化产业发展纳入当地经济、社会发展的总体规划,对各地文化产业规划和重要产业项目进行指导和协调,以避免低水平重复建设和文化资源的浪费。在政府职能转变过程中,文化主管部门明确了从"办文化"向"管文化"转变的方向,努力变微观管理为宏观管理,从部门管理转向行业指导,由单一的行政手段管理转向运用行政的、法律的、经济的、疏导的诸种管理手段的综合运用,逐步建立了文化行政主管部门对文化的行业管理和宏观调控体制。要改革文化产业体制,转变政府职能,建立强有力的宏观调控体系。要通过经济政策影响文化产业的布局、结构和发展方向。

文化产业是一项全新的事业,国外的做法不能照抄照搬,前人又无成功的经验可以借鉴。要为我国文化产业打下一个良好的基础,使之发展成为国民经济的支柱产业,必须以创新的精神,制定各地的文化产业发展规划。要从各地的实际出发,因地制宜地研究制定规划,不搞"一刀切",不强求一律,不提过高的不切合实际的指标要求。制定规划必须在各级党委和政府的领导下,并取得有关部门特别是政府综合部门的大力支持。同时,还必须充分挖掘利用当地的文化资源,搞好文化产业布局,找准发展文化产业的"切入点"。云南丽江近几年文化旅游产业发展很快,一个重要原因就是突出了民族文化两个独具特色的"切入点"。一个是图画象形文字的东巴文化,共有2 000余个字符,被誉为"目前世界上唯一保留完整的活着的象形文字"。另一个是纳西古乐。纳西古乐团从一开始就走向市场。一个只有40多位演职人员的小乐团,每年的纯收入达400多万元,远远超过一些国办艺术院团。

9. 以人为本,实施发展文化产业的人才工程,出台有利人才成长和涌现的政策与机制

文化产业的竞争,实际上是人才的竞争。韩国决定2000—2005年共投入2 000多亿韩元,培养复合型人才,推动"产学研"结合,成立"TC产业人才培养委员会",负责文化产业人才培养计划的制订、协调。文化产业振兴院建立文化产业专门人才数据库,同时,加强与国外的人才交流与合作。选派人员出国研修,加快培养具有国际水平的文化产业专业人才,以增强国际竞争力。发展文化产业,人才是关键。要想推出高水准的文化产品,并产生较好的社会效益和经济效益,必须有大批高水准的编、导、演艺及专业制作人才和高素质的经营管理人才。要打破行业和国家、省市的地域界限,完全按照文化产品的生产规律,实行人才自由合理的流动、交流和合作。尽快改变现有文化人才地区、单位所有的体制,实现人才资源管理的社会化和人才供求的市场化。

高度重视文化产业人才的培养与引进,已显得十分迫切。各级政府要认真实施文化人才工程,不断完善人才激励政策,研究制定文化技术、创作成果等要素参与分配的办法,充分调动各类文化人才的积极性,在出精品的同时,造就一流的大师级人才。加快文化人才资源配置市场化步伐,鼓励专业人才创办文化企业,对有突出贡献的文化产业经营管理、艺术创作和工程技术人才设立奖励基金。要大力培养和引进文化产业经营、管理、技术人才,特别是熟悉和掌握世贸组织规则与国际惯例的文化创新人才和复合型人才。高等院校要增设文化经营管理专业,培养和储备人才,逐步形成强大的阵容,培养一批文化方面的优秀人才。

10. 要制定政策引导高新技术进入文化领域,不断实现科技创新

集艺术家和科学家于一身的达·芬奇曾说过:"艺术借助科技的翅膀才能高飞。"以数字化、网络化和多媒体化为代表的当代信息革命,不仅带来了崭新的经济形态——数字经济和网络经济,而且带来了崭新的文化形态——数字文化和网络文化。当前我国信息产业蓬勃发展,已经成为国民经济和社会发展的第一产业和骄阳产业,而文化产业才刚刚起步,还是一个幼稚产业和弱势产业。但是根据业内人士分析,当代信息革命已经走过了硬件为王到软件为王的转型过程,正从网络为王时代走向内容为王时代。只有网络产业与内容产业融合发展,信息产业才会有远大的前途。正是在这个意义上,当代信息产业已不再是单纯的信息技术产业,而是信息技术产业与信息文化产业的统一。同样,文化产业只有与信息产业相结合,以信息化带动产业化,以产业化促进信息化,走新型产业化道路,才有可能实现超常规跨越式发展。

世界上蓬勃发展的文化产业,是文化与高新技术联姻的结晶。文化产业离不开高新技术,高新技术也需要内容产业。随着数字化信息技术的快速发展,人们对文化产品和项目高科技化的要求越来越高。要运用高科技手段,改造、提升传统文化产业,开发新兴文化产业,不断提高文化产品的科技含量。大力推进文化产品和服务的多层次开发,加快数字化、网络化建设,使之成为向世界传播中华文化的最佳载体。对于新兴文化产业,也要运用高新技术来加强管理和引导。在文化生产、文化传播上可以借助网络等先进技术手段,开发新型文化项目。信息产业等有关部门要密切配合、相互支持。在引进技术的同时,加强自主研究开发,大力扶持具有民族特色的高技术文化产品。对于国产娱乐产品及电子软件产品的生产和推广,国家在税收、信贷等方面应当提供优惠政策。通过运用高新技术,文化产业与其他产业形成共栖、融合和衍生的良性互动关系,不断形成新的文化产业发展格局。组织力量,研究如何把高科技引入文化艺术领域,开发新产品,从而加大文化产品的高科技含量。在这方面有极大的发展空间。要提高科技水平,增强创新能力。创新是文化产业发展的灵魂。当今时代,高新科技已经成为社会生产力发展的火车头。它在文化产品生产领域,从内容到形式、从生产方式到传播方式,必将得到广泛应用。

用高新技术提升文化产业竞争力。推进高新技术成果与文化产业的结合,提高文化产品生产和文化服务手段的科技含量。用高新技术和适用技术改造传统文化产业,培植开发新兴文化产业。大力发展音像业和网络文化业等与高新技术密切结合的新兴文化产业,引导国内软件开发商、网络运营商、内容供应商等各类企业开发具有世界先进技术水平、自主知识产权和民族特色的高科技文化产品,尽快缩小与国外的差距。

11. 健全和规范文化中介组织

文化中介组织的不断壮大,是文化产业发达的一个重要标志。文化经纪机构和文化经纪人是发展文化产业的重要力量。大力培育文化中介市场势在必行。鼓励组建各级各类文化产业组织或文化投资公司,不断培育新的市场竞争主体。加快文化中介组织的改革和发展,促进有条件的中介组织重组改造。通过品牌和业务的收购、并购,在优势互补基础上,组建和培育一批跨地区、跨行业的大型文化产业集团,实现强强联合,打造文化产业拳头产品。加快企业化改制,建立现代企业制度,努力进行市场运作。打破垄断,鼓励地方、民间的中介组织开拓国际文化代理和中介服务。加强对文化经纪人的业务培训,不断提高其文化艺术、市场营销、依法办事等综合素质。充分调动高等院校、科研机构、国家基地的积极性,做到"产学研"一体化,培养各级各类专门人才。健全和规范文化行业组织,充分发挥其行业自律作用、桥梁和纽带作用,在维护当事人合法权益的同时,协助政府有关部门实施行业统计、指导和管理。引导、支持建立全国性文化行业协会,逐步将一些不适合由政府行使的职能交给行业协会,如行业标准的制定、行业准入的资格认定等,形成行业自律机制,推动各行业健康发展。

(二)现阶段我国文化产业政策的基本内容

1. 鼓励多种经济成分共同经营政策

多年来的实践证明,调动各方面积极性,共同兴办文化产业,不失为发展文化产业的一条有效捷径。除了需要国家重点保护、扶持的文化项目和部门,在国家政策允许的条件下,其余主要依靠社会力量兴办。

(1)确立国有文化资本的投资主体地位。文化产业的特殊性,决定了国有文化企业在整个文化产业发展中的主体地位。当然,政府在文化产业投资领域应以投资者的身份平等地参与市场竞争。在用纳税人的钱为纳税人的利益效力时,政府在文化产业投资领域可以拥有优先权,但不应拥有垄断权。只有那些涉及国家文化主权和文化安全的领域,政府才应根据宪法和法律赋予的权力,坚决地控制和掌握在自己手里。

(2)充分发挥民营经济的重要作用。现阶段,单凭政府的力量无法解决长期困扰中国文化产业发展所需的资金、技术、人力和管理等诸多问题。因此,要有效地克服这些困难,与对外全方位开放相适应,对内也要实施全方位开放政策,充分整合社会的积极参与意愿,借助民营的力量制定和实施以"国退民进"为政策内容的文化产业民营化发展战略。

把曾经在很长时期内一直认为只有国家才能承担的责任和提供的服务转移给社会的民营的力量去完成,通过完善以文化投资主体多元化为核心的文化产业政策体系,以及相应的文化投资体制改革来发展文化产业。

这里一个关键的问题就是在市场准入方面,要允许非文化系统的各类市场主体——财团、企业、基金会及其他合法的社会集团,经营包括报业、期刊业、出版业、电影电视业等在内的文化核心产业,采取股份合作制形式或其他投资方式转让原属国有资产的那一块,调整现有的不平衡的单极发展为特征的文化经济利益关系,将原来属于国家控制的那一部分,有步骤、有计划地转让给社会的民间资本,亦即把原来由国家掌握的那一部分文化权力还给公众,从而使民间资本、民营力量和政府的、国家的资本共同组成经济利益共同体,只有让更多的社会力量、民营资本积极参与和投资文化产业,让它们把自己的利益和国家的利益结合起来,把国家的利益看成是自己的利益,中国的文化产业才能有一个强大的民族支撑。当然实施"国退民进"的文化产业民营化战略,并不是要实行文化产业私有化,而是要在文化产业的核心部位实行文化投资主体多元化、社会化和公共化,以公共的文化力量来构筑中国文化产业发展的新格局。

(3) 积极利用外资发展文化产业。这方面的政策主要有:欢迎外籍团体和友好人士、海外侨胞对文化事业资助捐赠;允许境外机构和个人投资国家允许和倡导的文化产业;与境外合作摄制影视片、出版图书、制作音像制品和其他文化产品,或兴建文化公共设施;允许文化馆、博物馆等机构利用外资合作开展考古发掘、文物研究和保护等工作。

与此同时,要在立足国内的基础上,尽力发展对外文化经营,在扩大对外文化交流的同时,拓展对外文化产业经营。如扩大国际旅游,吸引更多的境外来华旅游者;扩大教育和科技成果的输出,发展对外商业演出,增加图书和影视音像制品出口等。对部分有条件的文化企业或集团可以在境外兴办中资文化企业。鼓励文化产业部门扩展对外代理、经纪业务,如对外代理演出、展出,建立健全对外经营服务网络,增强文化产业在国际市场的开拓竞争能力。

2. 培植大型文化企业政策

我国文化产业组织形式长期处于小规模分散化状态,文化产业单位普遍缺乏活力,没有成为自主经营、自负盈亏、自担风险、自主创新的市场主体。实行经营多样化,既可生产制作,又能提供中介服务的现代大型文化企业或集团寥寥无几。

要制定文化企业兼并、联合、重组政策,充分利用全社会的文化资源发展文化产业。文化产业集团的组建,不能"以小凑大",将劣质资产也组合进来,而要将原有的资产、机构、人员、设备作一番认真的清理,并采取跨行业、跨系统、跨地区兼并、联合、重组的办法,不但要和行业内的强手联合,而且要敢于和电子、通信、汽车、生物工程、计算机等科技含量高、资产增值快的系统外企业集团联手,也要敢于和邻近省份的强手联合,确保在以后发展过程中的"优势组合,优势互补,优势扩张"。

(1) 企业兼并政策。文化企业之间兼并的结果减少了整个文化产业内企业的数量,扩大了现存企业的规模。因而,企业兼并政策是政府用来抑制企业间过度竞争,形成大规模企业,提高市场集中度,实现规模经济的重要手段。当今世界各国政府均成功地运用过这一产业组织政策。如20世纪60年代,日本正处于从贸易保护体制向自由贸易体制过渡时期,企业规模普遍较小,不能有效地利用规模经济,因而其产品经营成本高于当时经济发达国家的水平。而且,大量的小规模企业间过度竞争,也影响了技术进步和经营水平的提高。这种状况意味着日本企业无法与强大的国际垄断企业相竞争。日本政府为了从根本上改变这种不利状况,积极推行企业兼并政策,以实现企业集中化,建立规模经济流通体制。这对日本优化文化产业组织,发挥规模经济效益,提高企业在国际市场上的竞争力产生了重大影响。

(2)企业联合政策。根据联合的紧密程度,企业联合可分为建立企业间的专业化分工协作关系和组织企业集团两种类型。前者主要是以经营业务为纽带,通常不涉及资产关系的企业联合;后者是以资产和业务两重纽带形成的企业联合。无论是哪一种企业联合,都有利于企业竞争从无序引向有序,从分散引向集中,变过度竞争为适度竞争,实现规模经济。显然,这一文化产业组织政策也属于追求规模经济政策。

(3)经济规模与直接管制政策。这一文化产业组织政策的基本目标是保证流通企业既能实现规模经济,又能处于适度竞争状态。它通过政府制定最小经济规模标准,规定某种经营业态的企业达不到经济规模要求就不得进入产业。同时,为避免在文化产业因大中型企业数量过多而发生过度竞争,政府还对大中型企业数量进行直接管制,即使有的企业具备最小经济规模条件,政府也不允许其进入产业。这样,经济规模政策和直接管制政策相结合,便对企业进入流通产业形成双重进入壁垒,以实现政策目标。

3. 充分发挥各地区和各民族文化特色的政策

我国地域辽阔,民族众多,历史悠久,文化特点各异,积淀丰厚,民族文化资源包括的内容十分广泛,然而,由于在我国文化领域,投资主体单一,行业限制过多,市场对人才、资金、技术、信息、项目等文化资源配置没有起到基础性作用,造成文化资源大量闲置和浪费。为了使我国宝贵的文化资源得到充分有效的利用,需要制定优惠的政策和措施,加快民族文化产业的发展。

(1)加强政策支持和政策引导。少数民族地区是经济文化较落后的省份,需要国家给予政策支持,对老、少、边、穷地区给予扶贫政策,对特困地区在财政转移支付、税收减免、贴息信贷等方面也应给予一定时期的优惠政策。同时,要通过制定特殊优惠政策,引导少数民族地区经济发展走向协调发展的轨道。诸如,根据各地资源状况和现有经济发展情况,制定本地区开发利用资源的规划和行之有效的措施。优先在少数民族地区安排资源开发项目投资;适当扩大开发利用本地资源的权限,对一些先行试点的领域和项目,将适当在有条件的地方安排试点,放宽地区审批权限,原则上与沿海开放地区平等;制定资源有偿使用政策,彻底扭转对资源的掠夺式开发,促进资源集约化开发和经营,并将这一部分税收留给地方,同时规定用于开办企业和企业的技术改造。通过这些政策引导地方经济协调发展。

(2)制定倾斜的财税、投融资政策。扶植特色鲜明并以文化产业为支柱产业的地区或省市,高度重视文化产业在西部开发中的作用,全面发挥历史文化名城的经济作用,要使历史文化名城成为各地文化产业发展的基地。

由于文化产业在民族地区属于弱势产业,需要国家制定一系列财税优惠政策予以扶持。政府应在财政和基本建设投标中安排一定数额投资,建设一批文化产业的基础设施和标志性文化建筑,如剧场、影院、展览馆、文化活动中心、纪念馆等。政府应设立各种文化产业发展基金,如文化艺术基金、电影基金、图书出版基金等,对具有民族民间特色的音乐、戏剧等艺术门类的创作排演给予奖励与扶持。对重大题材和优秀剧节目的创作排演给予奖励和扶持,政府应建立重大节庆活动和其他公益性演出活动的项目招标形式,对文艺院团予以支持,政府应通过注资或贴息贷款等优惠政策,扶持文化信息网络的建立、文化产业集团的建立以及各集团设备设施的更新和技术进步,提高其服务质量和竞争力。政府还应通过差别税率政策,促进文化产业的快速发展,调控文化产业总量规模和水平。

鼓励和放宽将各种社会资金投入文化产业,取消一些对非公有制经济成分投资文化产业领域的限制。积极探索利用外资办文化产业有效途径。对新兴的具有创新性和高科技的文化产业项目,政府可安排一定的政策性贷款,如实行低息或贴息贷款予以扶持发展。对文化事业单位占有和使用的国有非经营性资产,经过认真清理与评估以后,允许作为资本金投入产业经营。政府通过设立文化产业发展基金和文化资产经营公司,创造有利于发展文化产业的投融资手段和方式。

大力拓宽投融资渠道。适当扩大财政资金在文化产业领域的投资额,引导社会资金投向,积极争取国家资金支持。积极争取金融资金支持,引导信贷资金投入,逐步增加对有潜力、有效益项目的贷款额度。广泛吸引国际金融资金投入文化建设,积极探索利用外资办文化产业的有效途径。以政府支付、社会赞助的方式建立并壮大民族文化发展基金会,发行民族文化彩票,鼓励支持文化产业集团上市。充分利用土地、税收等方面的优惠政策,创造良好的投资环境,吸引各方力量对文化建设投资或捐赠。

4. 规范文化市场的政策

(1) 打破进入壁垒与制订合理的准入条件

在计划经济时期,市场的地区封锁和部门分割相当严重。我国文化产业中垄断性行业是借助国家行政权力形成的。这种影响至今犹存。在社会主义市场经济中,必须打破垄断,打破进入壁垒,国有企业可以经营的文化服务行业,应当允许其他经济成分进入,鼓励竞争。文化服务企业之间的竞争,以适当竞争为度,防止无序竞争与过度竞争。允许文化服务企业实行跨地区、跨行业经营。文化服务行业是以经营者具有一定文化素质为前提的。同非文化服务的其他行业比较,资本条件可以放低,而经营者的文化素质应有较高要求。这就是说,必须制订合理的市场准入条件。

(2) 注重文化市场的培育。文化产业的幼稚性也带来文化市场的不成熟,许多文化市场需要培育。例如,我国对京剧市场、体育市场的培育,很有价值。以文化活动促文化市场的培育与开拓,是我国发展文化市场的重要特点。我国的文化市场以弘扬积极的、科学的、先进的文化为主,摒弃各种腐朽的、落后的文化。对文化市场的培育从政府方面看,要注意如下方面。

对文化市场的政治方向和经营趋向进行定向控制。由于投入文化市场的各类文化产品都是社会生活在文化艺术生产者头脑中的反映,都直接或间接地流露出作者的主观意识、想象和情感。由于我国目前全民的文化素质还不高,在意识形态领域还存在两种世界观的斗争,这就要求对文化市场的政治方向要注意引导和加强控制,同时,还要根据文化市场出现的经营趋向,运用市场调控的方法,不失时机地把文化生产、流通、经营、消费引导到群众喜闻乐见的各种文化活动上来。

对文化市场的发展进行定度控制,亦即要对投入文化市场的产品数量、产品活动和服务质量加以控制,把文化市场的发展控制在一定的经济限度内。因为任何事物的发展都有一个度,超过限度,事物的发展就会走向反面,文化市场的发展也是如此。例如,在黄金时间过多地播放外国影视剧,会妨碍国产影视剧的发展。

对在文化市场的发展过程中出现的某些势态,要进行定态控制。在文化市场的发展过程中总会出现某些势态,如当前出现的群众的文化消费水平逐渐提高的势态,群众的文化审美趣味逐渐向高雅发展的势态,群众的文化生活逐渐向丰富多彩发展的势态,参与文化市场投资、经营、竞争的部门和单位越来越多的势态等。要对这些势态加以引导和控制。

(3) 规范市场秩序。目前,文化产品和服务的供给能力远远落后于文化消费需求,造成供求关系不平衡。供求严重失衡,必然给不法之徒留有从事非法活动的空间,致使市场秩序混乱。入世后,在外资介入音像市场分销和国外影片增加的情况下,再加上原来已允许的外资进入娱乐、演出等市场上从事经营活动,文化市场的准入程度应该说是很高的,对市场的规范性要求更高了。现在的问题是如何尽快完善政策,使非国有制经济广泛进入文化市场中来,从而真正形成一个开放的、多元化的投资主体,增加合法的文化产品对市场的供应,打击和抑制非法文化产品经营活动,形成良好的市场机制,这样随着法制建设的逐步完善,依法管理的加强,文化市场秩序混乱的局面将会逐步得到改善。因此,要把解决文化市场供求脱节作为一个战略问题来对待。文化主管部门要切实加强对这一问题的调查研究,拿出切实可行的政策措施,向市场提供充足的、能满足不同层次文化消费需求的精神文化产品,这不仅是建设好有中国特色的社会主义文化的客观需要,也是规范和繁荣文化市场的基本条件。

(4) 依法加强对文化市场的管理。近几年来,文化市场法制建设取得了一定成绩,对规范文化市场起到了积极作用。但还应该看到,文化市场涉及面大,变化快,问题复杂程度高,所以文化市场规范和繁荣是一个长期的艰巨的任务,它和整个社会的文明进程是密不可分的,需要得到全社会的关心和支持。同时文化法制建设水平也要不断提高和完善,使之适应千变万化的文化市场管理工作需要。

要继续进行文化法制宣传教育工作,提高广大文化消费者的法律意识;国家要有计划、有步骤地开展文化产业人才培训工程,提高文化经营管理人员的整体素质,尤其是依法经营意识。要加强执法队伍建设。文化市场管理不同于一般的市场管理,执法人员的思想意识、法制观念、政策水平、业务能力要求较高,执法者的整体素质如何,直接关系到执法水平和市场管理状况。加大对文化市场执法人员的选拔、培育、教育和管理工作,是依法管理文化市场的客观需求。加强法规建设,依法管理文化产业。当前应把条件成熟的行政法规完善上升为法律。今后一段时间内需要出台一批重要和急需的文化法规。完善执法机制,文化管理部门要有效地履行检查监督的职能。

5. 创造宽松的金融环境政策

走金融市场筹款之路,是解决文化经费不足的重要途径之一,是一项重要的文化产业政策。从目前来看,通过金融机构获得资金,用于发展文化产业,还不多见。可以预见,随着社会主义市场体制的不断发育和文化产业投资体制的改革,金融政策必将成为促进文化产业发展的一个重要手段。制定倾斜金融信贷政策,主要有以下几方面。

(1) 把文化产业纳入信贷范围的政策。金融部门在拓宽对第三产业的信贷范围时,应把文化企事业纳入贷款范围,在国家银行现有年度信贷计划外,增加文化企事业贷款指标。

(2) 实行资助性信贷政策。资助性信贷政策,主要包括低息、无息、贴息等优惠政策。这些政策可以大大减少文化部门贷款利息支出,弥补文化部门财政性基本建设资金的不足,扶持文化生产资料生产设备的技术改造和更新,以及支持文化产业其他方面的发展。

(3) 资产抵押政策。对效益好、有偿还能力的文化经营部门,银行和信用社可给予开办资产抵押业务,也可发放简易设备维修贷款,以支持文化部门的经营活动和硬件改造。

(4) 通过股票市场筹措资金政策。文化企业利用股票市场发行股票、债券等筹措资金,在国内已有先例。1992年原上海市广播电视局为建设东方明珠电视塔,成立了全国第一家文化股份制企业——东方明珠股份有限公司,资本金为4.1亿元,通过公开向社会发行4 000万元面值股票,集资2.04亿元,为上海广播电视事业发展积累了可观的资金。同年上海电影发行放映公司,经过改制成立了全国第一家电影发行股份制企业——上海永乐股份有限公司,资本金为1.036亿元,按照定向募集的方式,招募股金4 633万元。可见,采用发行股票、债券方式筹措资金,是解决文化产业资金不足的一个有效途径,是一项新的文化经济政策。不过这种方式一般只适用于大型文化企业。

(5) 职工集资合股政策。职工集资合股是指文化部门为解决资金短缺,发动本部门职工以股金形式集资,用于本部门文化经营或文化设施建设,这是近年来文化企业常用的一种筹措资金的办法。它把部门利益与职工个人利益捆绑在一起,调动了职工关心本部门生产经营活动的积极性。但是,这方面的政策还不完善,比较普遍的问题是将经营利润全部按股分完,不考虑资金积累、扩大再生产,这对进一步发展文化产业不利。因此,应完善这方面的政策,既照顾集资职工的利益,又要提留一部分,作为发展基金,促进生产和经营的不断发展。从长远看,不仅对文化事业和部门有利,而且对职工个人也有利。

6. 制定扶植文化产业的财政税收政策

一般来说,文化事业部分是靠政府来投入,文化产业部分应向市场要效益。但目前我国文化产业组织还较弱小,需要国家在经济政策上予以扶持,尤其是财政税收和融资政策。同时我国文化产业机构大多数是由事业管理转变为产业经营,因而转变过程中更离不开财政的支援。财政税收是最有效的调节手段,通过进一步完善财政政策,实施优惠的税收政策,促进文化产业的发展。

(1) 财政优惠政策。首先,在不减少国家现有财政投入总量的情况下,调整财政投入结构和投入方式,适当增加用于扶持文化产业化发展的政策性专项投入。通过差别税率等政策促进文化产业迅速发展,调控文化产业总量规模和水平。对于新兴和创新型的文化产业项目实行低息或贴息贷款。安排一定的政策性贷款用于发展各类文化产业。

其次,政府采购应包括文化服务商品的采购。特别是一些大型的庆典或文化体育活动的文化服务,通过政府采购的形式,由文化企业承办,例如2008年的奥运会,就能很快培植出既有实力又有能力的大型企业。

再次,对优秀的、国内外市场前景广阔的文化服务商品的生产和经营给予财政补贴。

(2) 税金减免政策。根据文化经营的具体性质和作用,实行减征或免征税金的政策。一是继续执行文化企业多种经营的减免税政策。二是对进口物品的减免税政策。科研机构、艺术院校、公共图书馆、博物馆、群众艺术馆、文化馆等公益事业机构和艺术表演团体等非营利或微利单位,进口必要的设备,列入海关进口免税单位。文化部门进口外文原版书刊和新型文献载体,如光盘等,应免征进口外文书刊增值税。电影制片、洗印单位进口国内不能生产或产品质量不过关的电影生产专用设备及零配件,关税和产品税下调至5%,胶片等原材料下调为10%。儿童片、科教片、严肃音乐等非营利性音像制品的引进版免征关税。三是对广播影视和新闻出版发行方画其他减免税政策。四是执行出口退税政策。五是对重点扶持的文化服务行业也可适当减免税收。

(3) 税利返还政策。这是一项特殊的优惠政策。目前我国文化系统已经实行这一政策。如文化艺术、广播影视、音像、新闻出版、文物等文化部门上缴的税收和利润,已由同级财政部门返还同级文化主管部门,集中用于应扶持的文化事业。财税部门返还文化主管部门的税利,可分别设立各种文化基金或专项资金,如文化发展基金、优秀剧目创作演出专项资金、电影专项资金、出版基金、印刷基金、音像发展资金、文物保护资金等。在财税、审计部门监督下,用以扶持优秀的、民族的、传统的和高层次的文化艺术创作,补充重大的节日文化活动和大型文化活动经费的不足,奖励做出突出贡献的文化工作者和集体,以及抢救和保护遭到破坏、濒临消失的传统文化等。

(4) 差别税率政策。差别税率,即对不同种类的文化事业和不同社会效益文化产品以及文化服务,实行不同的税率。差别税率以政府的文化导向为依据,如在文化产业结构上,对政府总是提倡和鼓励的高雅文化实行低税率,对低俗文化实行高税率;在文化产业布局和文化消费对象上,对政府倡导的扶持老少边穷地区、为少年儿童及农民服务的文化,则应给予税率上的优惠。对于营业性歌舞厅、卡拉 OK 厅、音乐茶座、夜总会、保龄球馆等高消费、高利润行业,为调控文化产业结构,引导资金流向,可按差别税率开征高消费娱乐税,按其营业收入的 3%~5%征收,用于支持民族文化和高雅文化的发展。文化设施和文化部门职工住宅的投资方向调节税,应实行低税率。

(5) 设立文化产业发展基金。基金的目的是对文化产业的主导行业和重要产品提供资金支持。基金虽以国家拨款为主,也可以吸收社会资金包括国外资金的投入。

(三) 推动文化产业的研究与开发政策

文化服务产品的生命在于创新。文化产业的所有机构和服务劳动者都有进行创新的责任和义务。创新是通过研究与开发实现的。国家的政策就是鼓励创新和指导创新。

首先,国家指导创新的方向。根据社会主义精神文明建设的要求和国内外市场的需要,提出课题,引导企事业单位和个人选择适合自己情况的题目进行研究与开发。文化产业的研究与开发成果,经过市场的评审和考验,对其成功者给予物质的和精神的奖励。具体政策如下。

(1) 奖励优秀文化产品的政策。对于创作、演出优秀剧(节)目和创作摄制优秀影视片的集体和个人,给予一定的物质奖励。可设立文化事业发展基金和优秀剧(节)目、影视片创作专项资金,用于奖励坚持"二为"方向和"双百方针",创作出反映现代现实生活和重大题材,具有爱国主义和社会主义教育功能的优秀剧(节)目及影视片的集体和个人。

(2) 设立专项奖和特别嘉奖。为表彰和奖励做出突出贡献的文化工作者和集体,可设立专项奖和特别嘉奖等奖项。如中宣部的"五个一工程"奖,文化部的华表奖,广电部的电影学会奖、电影百花奖,此外,还有优秀图书奖、优秀期刊奖、优秀新闻奖等。对获得上述国家级奖和国际上各种奖项的个人和集体,由中央或地方再给予专项奖励或特别嘉奖,作为精神的和物质的鼓励。

(3) 以文补文、多业助文的政策。文化部门开展以文补文、多业助文活动,是为了弥补文化经费的不足,减轻国家的经济负担并安排一部分富余人员。因此,国家和各级文化主管部门应积极鼓励和支持,并制定一些优惠政策,予以扶持。以文补文的收入,要按照国家、集体、个人三者利益兼顾的原则,扣除正常支出以外的纯收入部分,一部分作为发展基金,一部分作为集体福利基金,还有一部分是奖励基金。三项基金的分配比例可根据实际情况决定,在这方面既要防止"亏了集体,肥了自己",又要防止"只顾补文,不顾个人"。要本着多收多留、多劳多得的原则,既要使收入主要用于补文,又要使职工得到合理的报酬。

其次,国家为创新活动和分担风险。一方面,国家对文化产业的研究与开发要投入一定的财力;另一方面,要鼓励企业,特别是大型企业,设立研究与开发机构、投入人力物力,作为企业增强实力、开拓进取、迅速成长的基础。开展文化创新活动中,需要一定的资金,在企业财力有限的条件下,作为政府财政部门,为了扶持文化企业的创新,可根据需要与可能,借给文化企业一定量的资金,作为周转金。各级主管部门也可以从文化企业上缴的收入中,提取一部分资金作为周转金。此外,金融部门以信贷形式资助一部分奖励给文化企业或部门,支持文化创新活动。

再次,加大科技投入,积极参加文化产业新技术的研究开发。文化产业以科技投入、文化创新、商业运作作为三大动力机制,尤其是广播影视、报刊出版、广告展览产业是高科技含量、高投入、重装备、高消耗的产业,科技开发的成功与否具有决定性的意义。文化产业要会同科研部门对相关的发展制定宏观的规划,列出关键技术和核心技术,如数字化装备、交互电视系统、卫星电视的发射和接收装置、宽频线路系统、多媒体技术等,协同攻关,力争突破,并形成新的文化经济发展增长点。

要积极主动参与科技孵化器的建设,大量事实证明,与其等别人的成果出来以后,再去购买或者应用是被动的。在现有条件下,文化产业决策部门可以考虑与已有的创业园、大学科技孵化基地等联手,列出文化产业急需的科技攻关项目,向有关的高科技企业提供孵化场地、孵化基金、信息服务、市场服务等,引进留学归国的科技人才,帮助它们把企业"做大",共享科技成果,逐步形成支撑文化产业的高科技企业后盾。

此外,为了适应入世后的挑战,还应制定文化服务贸易的保护与开放等政策。

四、我国文化产业的合法化过程向合理化过程的跨越

(一) 文化产业合法化过程

文化政策决定着整个社会文化运作的体制和机制,决定着文化领域经济结构的组合

和发展。文化政策法规是调节文化事业和文化产业行为的规范,是文化产业发展的政策保证,而文化产业的发展也要求文化政策的变革,它们是相互关联的一对。

文化产业法规政策的制定,对于改善文化产业投资环境,加强文化市场管理,满足多样化、个性化的文化消费,拉动内需,促进国家综合国力的提高具有重要作用。如我国动漫产业的发展即得益于倾向性的优惠政策,2004年4月20日国家广电总局发出《关于发展我国影视动画产业的若干意见》,先后批复湖南、北京、上海三个动画频道上星,并明确要求增加国产动画片播出比例,对于播出时段也给予一定优惠政策。形形色色的动漫展应声而起,据不完全统计,2004年度业已超过60个。除了影视上的扶持,《国家动漫游戏产业振兴计划》也在酝酿之中,文化部、信息产业部、国家广电总局等甚至成立了支持动漫和电子游戏产业发展的专项工作小组,如此的政策倾向使得动漫产业不热都不行。

再如美国和欧洲各国在文化产业发展方面也积累了许多有益的经验。一要完善法律法规。美国十分重视法律与法规建设。1917年美国联邦税法就明文规定对非营利性的文化团体和机构免征所得税,并减免资助者的税额,鼓励和吸引私人企业、基金会和个人拿出更多的资金赞助和支持文化艺术事业。1965年美国通过了《国家艺术及人文事业基金法》,保证国家每年拿出相当比例的资金投入文化艺术。另外,美国政府还依据文娱版权法、合同法和劳工法等推动文化产业的发展。二要制定政策优惠。英、法、德等欧洲国家通过政府财政拨款支持文化艺术,同时采取市场化的方式寻求企业、市场和全体国民的资助,逐年增加对文化事业、文化产业的实际投资。

韩国政府也已改变了只靠重工业支撑国民经济发展的传统做法,将 IT 和娱乐产业作为新的经济增长点,从政策上予以大力扶持。韩国为大力发展文化产业,实施了许多具体措施。除增加文化经费预算外,1999年韩国国会通过了《文化产业促进法》,犹如支持信息、电子、汽车工业一样,给予文化、娱乐等产业以推进协助。1997年设立了"文化产业基金",提供新创文化企业贷款。韩国政府还在组织上采取一系列措施:1998年韩国成立游戏产业振兴中心,2001年又成立文化产业振兴院。成立较早的设计振兴院,在2001年搬进了价值1亿美元的大楼,每年得到政府5 000万美元的资助。为了促进文化产品的出口,韩国政府还特别成立影音分支公司,将韩文翻译为外语,几乎全额补助翻译与制作费。

1998年,联合国教科文组织在斯德哥尔摩召开了"文化政策促进发展"政府间会议。在这个会议上,提出了一份《文化政策促进发展行动计划》(以下简称《计划》)供大会讨论通过。这份《计划》指出,"发展可以最终以文化概念来定义,文化的繁荣是发展的最高目标。""文化的创造性是人类进步的源泉。文化多样性是人类最宝贵的财富,对发展是至关重要的。"因此,"文化政策是发展政策的基本组成部分","未来世纪的文化政策必须面向和更加适应新的飞速发展的需要"。

在当今国际经济格局中,不仅包括传统工商业的竞争,也包括文化产业的竞争。中国文化的未来命运,一定程度上取决于中国的文化产业发展的程度,取决于中国的文化产品在世界文化市场所占有的份额。中国加入WTO后,国内文化市场将进一步向外国开放,外国文化资本、文化产品、文化服务将更大量地进入中国文化市场,我国文化产业的主体结构、所有权结构、市场结构将发生变化。我国文化企业的跨国活动将会增多,文化资本、产品、人才进入海外市场的机会也会增多。在我国,过去由于长期的体制和政策制约,文化没有发展成为应有的强大产业。包括旅游业在内的整个广义上的文化产业产值,仅占国内生产总值的8%,而发达国家文化产业产值占到国内生产总值的近30%。从提供就业机会看,狭义上的文化产业仅占社会就业结构的3%。当前,我国丰富的文化资源还没有得到充分有效的利用,文化产业规模小、结构不合理,文化产品技术含量低、缺乏国际竞争力,因此亟须完善文化产业政策,支持文化产业发展,增强我国文化产业的整体实力和竞争力。

中共"十六大"报告中第一次出现了"文化产业"这一概念,对"文化产业"的地位作用、发展目标和手段,文化产业与文化事业发展的关系作了全面论述。这标志着我国文化产业的合法化过程已经基本结束,合理化过程正在全面展开。

所谓合法化过程已经基本结束,其最重要的标志是,在"十六大"报告中,关于文化建设和文化体制改革的有关理论已经全面成熟。首先,在描述"全面建设小康社会的奋斗目标"时,将"切实尊重和保障人民群众的文化权益"列入完善社会主义民主和法治的重要内容,这就为文化体制改革奠定了理论基础。其次,在论述"文化建设和文化体制改革"时,提出"积极发展文化事业与文化产业",将发展文化事业和文化产业作出了明确的区分,对推进文化体制改革、完善文化产业政策具有重要指导意义。再次,提出"发展文化产业是市场经济条件下繁荣社会主义文化、满足人民群众精神文化需求的重要途径"这样一个重要的正面价值判断,为在社会主义市场经济条件下以事业和产业两种形式进行文化建设奠定了统一基础。"十六大"报告中以上理论创新是个标志,说明关于文化产业的基本理论原则和主要的政策已经比较系统地提出来了,因此说我国文化产业合法化过程已经基本结束。

所谓合理化过程正在全面展开,是指我们目前要以"十六大"报告为指针,认清形势与问题,提出发展的新思路,寻求改革的新突破,开创开放的新局面,制定各项工作的新措施,将"十六大"有关发展文化产业的理论、方针、政策落实到各项实际工作中去。产业政策是当前我国宏观调控的基本手段之一,然而我国当前涉及文化产业的政策却为数不多。应根据知识经济时代的新形势和文化产业的实际需要完善国家产业政策,从而体现国家宏观经济导向,为文化产业的领导、管理、经营机制的建立及对其监测、统计、检查提供政策依据。

(二)文化产业合理化的要求体现

文化产业在中国合法化身份的确立,迅速导致了对于文化产业合理化的要求,这种合理化的要求由于中国加入了世贸组织,从而使之不仅具有中国的意义,而且具有世界的参照。在宏观层面上,这种合理化要求大致可以反映在以下几个方面。

(1)普遍要求把文化产业发展纳入国民经济和社会发展的整体规划之中,使之不仅要成为新的经济增长点,而且要在我国经济结构的战略性调整中扮演重要角色,接受由经济结构的战略性调整所导致的改革成本的转移,在国民经济和社会发展的整体系统中超越对于文化的社会功能的狭隘理解,全面展现文化对于拉动内需、促进经济增长和推动社会全面发展的作用。

(2)普遍要求把文化体制改革纳入国家整体性深度改革之中,从而使文化体制改革能够适应经济体制改革所带来的放大效应,消除两种体制改革间的政策鸿沟,从而使先进生产力的发展要求能够生动地体现在先进文化的前进方向之中,为中国先进文化的前进方向提供一种产业动力机制,从而使文化与经济之间回归其应该有的一种力的同构互动关系。

(3)普遍要求建立公开、透明、非歧视的文化市场准入机制与公平、公正、自由竞争的文化产业生态环境,在依法整治文化市场秩序的同时,进一步放开市场准入的宽度,在依法维护国家文化安全,实行在有限文化产业领域国家专营的同时,实行文化产业的反垄断。

(4)普遍要求建立健全完整的国家文化产业政策系统和法律系统,理顺各种文化产业政策关系,为文化产业的合理化进程提供全面、系统的法律保障机制和政策支持系统。

(5)普遍要求以新的尺度重新审视关于文化产业的意义,以伦理原则和法的精神重构文化产业的价值系统,建构国家文化产业创新系统,从而在深度融入现代世界体系的过程中,全面推进中国文化产业的合理化进程与合理化实现。

五、我国文化产业立法现状

(一)文化产业政策系统初步建立

我国自20世纪80年代以来开始进行文化体制改革,90年代开始确立社会主义市场经济体制的改革目标,至今已初步建立了由一系列行政法规和规章构筑起来的文化产业政策系统,以及由这个系统建立起来的文化管理机制。可以说在调整社会文化关系和文化管理的一些重要方面,初步做到了"有法可依、有章可循"。目前,在文化领域我国制定了《文物保护法》和《著作权法》两部法律,在文化行政管理方面,国务院发布了若干行政法规,如《营业性演出管理条例》、《娱乐场所管理条例》、《广播电视管理条例》、《电影管理条例》、《出版管理条例》、《音像制品管理条例》等。

进入新世纪,我国文化产业领域出现了良好的发展势头。《中共中央关于制定国民经济和社会发展第十个五年计划的建议》和"十五"计划纲要都明确提出"要完善文化产业政策,加强文化市场建设和管理,推动有关文化产业发展",这是"文化产业"首次写入中央文件,对于推动我国经济建设和社会发展具有十分重要的意义。在2001年这一年中,我国在文化产业政策的层面上,有一些比较大的动作,包括陆续组建大的文化产业集团,允许外资企业进入若干文化产业保护领域,如允许新闻集团和AOL—时代华纳公司参股或控股的有线电视落地珠江三角洲等行动,这标志着我国政府高度重视文化产业国际化竞争,并开始实行一些积极借鉴跨国公司经营管理经验的举措。

中国加入WTO之后,文化产业原来一些受保护的领域开始对外开放,新的竞争局势即将展开。这种新的局势,促使我们全面地审视既有的文化产业政策,进一步完善发展我国文化产业的国家战略。

从立法的目的看,已有的文化法规可以分为三类:一类为公共文化事务法,其目的是确定国家在发展公共文化事业方面的责任,并为社会提供参与公共文化事务所需要的条件和环境,包括各种优惠政策和法律保障等;一类为文化管理法,其目的是确定政府行使文化管理职能的权力和责任,规范文化行政行为,如登记、审查、处罚等行为;一类为行为法,其目的是确定文化生产和消费的基本经济关系,为社会提供公平竞争环境。

1. 从构成文化法的法律渊源的角度分析文化法规对文化产业的作用

(1) 宪法。宪法关于国家基本制度和发展文化事业及保障公民享有从事文化活动的权利的规定,为文化法制建设提供了基本原则。宪法规定,"国家发展为人民服务、为社会主义服务的文学艺术事业、新闻广播电视事业、出版发行事业、图书馆、博物馆、文化馆和其他文化事业,开展群众性的文化活动""国家保护名胜古迹、珍贵文物和其他重要历史文化遗产"。宪法保障公民享有进行科学研究、文学艺术创作和其他文化活动的权利。宪法的这些规定,既是建立文化法律体系的依据,又是文化法律体系的一部分。

(2) 文化法。文化法是根据宪法制定的调整国家文化管理和社会文化生活中发生的各种社会关系的法律规范的总称。如1991年6月1日开始实施的《中华人民共和国著作权法》,同专利法、商标法一起构成了我国知识产权保护体系。在此后的10年中,著作权法对保护著作权人和相关权利人的合法利益,激发其创作积极性,促进经济、科技的发展和文化、艺术的繁荣,发挥了积极作用。但是,随着社会主义市场经济体制的建立和我国加入一些国际版权条约以及高新技术的迅猛发展,特别是我国加入世贸组织的需要,修改著作权法成为大势所趋。在我国正式成为世贸组织成员前夕,第九届全国人大常委会第二十四次会议于2001年10月27日通过了著作权法修正案。这次修改,对于加强我国的知识产权保护有很大的推动作用。著作权法实施后,我国陆续颁布实施了《中华人民共和国著作权法实施条例》和《计算机软件保护条例》、《著作权集体管理条例》等有关版权保护的行政法规,修改了刑事法律,增加了版权刑事保护的内容,形成了比较完整的版权保护法律体系。著作权法颁布实施20多年来的实践表明,实行现代版权保护制度,大力开展版权保护,事关我国现代化建设的全局。它不仅维护了版权所有者的合法权益,保障了有益于社会主义物质文明、政治文明、精神文明建设作品的创作与传播,促进了社会主义文化和科学事业的发展与繁荣,而且在深化改革、促进版权相关产业的发展,扩大开放、改善对外投资的法律环境,加强国际合作、树立我国良好的国际形象等方面发挥了积极作用。在演出、电影、广播、电视、出版等方面,中国国务院制定了单项的行政法规,它们对保障公民享有的言论、出版、表达等民主权利具有重要作用。

(3) 相关的法律部门,主要是行政法、民法、商法、经济法、社会法、刑法和诉讼法。其中,行政法关于国家行政管理部门职责权限的规定是文化管理的法律依据。民法关于市场主体资格以及市场主体的权利、义务和行为规定的一般原则的规定,为文化产品交换的存在和运作奠定了法律基础。目前,国家已经制定的适用于文化产品交换的民事法律规范主要有《民法通则》、《经济合同法》、《涉外经济合同法》、《技术合同法》等。商法中的公司法、保险法等法律规范对文化市场具有较普遍的约束力。经济法是调整因国家从社会整体利益出发的市场干预和调控所产生的社会经济关系的法律规范的总称。文化产品交换与一般商品的交换相比,有其特殊性,它以追求社会效益为首要目标。因此,许多重要的经济法是保障文化产品正常流通的法律调控手段。如《反不正当竞争法》可以维护竞争秩序,制止对知识产权的侵犯;社会法调整因维护劳动权利、救助待业者而产生的各种社会关系,它在保障文化从业者的劳动权利和社会权利方面,具有十分重要的作用。刑法和诉讼法对传播精神垃圾等违法犯罪活动加以控制。对政府管理部门非法侵犯公民、法人的合法文化权利的具体行政行为,公民、法人可以通过诉讼途径得到法律的保护。

2. WTO规制与现行中国文化产业政策支持系统之间的矛盾

WTO是一种法律体系和政策系统。WTO所形成的诸多协定、协议广泛涉及文化产业的各个领域,有关文化产业的规章条例主要包括在WTO服务贸易和知识产权保护的基本规则即《服务贸易总协定》、《与贸易有关的知识产权协议》之中。因此其基本原则也就自然地成为各成员政府制定和执行国内文化贸易政策的文本基础,这就必然要给这个国家的文化管理制度和文化产业政策支持系统带来制度、法律和政策性影响。

我国现有的文化产业政策文本系统,基本上都是在两种体制转型过程中制定和形成的,并不是为加入WTO或根据WTO原则而制定的游戏规则,因此,很大程度上带有计划体制的痕迹,这就出现了现存政策的目的性与WTO对中国文化产业政策的要求之间的矛盾。同时,由于我国不同领域的现行文化管理与文化产业政策主要是由政府的不同行政主管部门制定并以政府的名义发布的,因此,行业和部门的利益保护色彩比较浓重。这样一来,在整个政策的价值规定、功能及政府对社会文化资源的权威性分配中,应有的公共性、公正性和公平性相对不足,而所有这些都与WTO贸易自由化原则、透明度原则、市场准入原则等存在明显的不一致和内在的规则冲突。

我国政府正在逐步加大文化管理体制改革的力度,《中华人民共和国著作权法》的修订颁布已经在国内法与国际法的规制对接方面做了不少工作。然而,由于这些措施并未从根本上解决我国文化产业发展在体制和制度上的一些根本性的问题,如行政垄断、市场准入、投资主体多元化、文化企业产权关系改革等,因此,旧有的矛盾不仅没有消除,还进一步激起了新的冲突。同时,由于原有的文化政策系统并未因机构的改革和文化行政主管部门的合并而失去政策效能,还出现了新机构执行旧政策,"新瓶装陈酒"的现象。在有的地方和领域,文化行政权力在资源重组和优化配置的名义下,出现了前所未有的高度集中。这种权力的高度集中,使得从计划经济向市场经济转型过程中制定的文化产业政策不仅没有失去原有的制度基础,反而获得了新的支持。

我国文化产业管理部门已经提出"大文化管理"的思路,但是由于缺乏政策系统的创新支持,预期的改革效果并未出现,于是政府也就难以实现从"办文化"向"管文化"的战略转变。对中国来说,顺利进入WTO的关键是实现制度创新和政策系统创新的有机联动,倘若在制度和政策的层面上不能实现整体性创新,我国文化产业在21世纪的发展前景也就可能并不是那么乐观。

文化产业是一个特殊的产业,而且目前还处在发展和转型过程中,因此,存在的根本性问题还是体制性的。任何国家的产业政策的基点都是两个,即以市场为基础,以政策为导向,更何况我国的文化产业是生存和成长于一个更为特殊的环境中的。在一定意义上,我们今天对文化市场和文化产业的认识,以及依此制定的文化产业政策的合理性,将影响今后相当长一个时期我国文化产业的发展,并会进一步影响我国整个经济产业结构的调整和升级。发展文化产业已经成为共识,但是一个真正合理的产业政策的制定过程才开始,目前我们更需要一种积极探索的精神。

3. 适应文化产业发展的需要,确定文化法规立法方向

在现有文化立法中,文化管理方面的立法数量居多,而公共文化事务和规范文化行为方面的立法还很欠缺,宪法确定的公民的文化权利、义务缺少具体化的法律规范加以保障,积极调整立法的思路完善公共文化事务和规范文化行为方面的立法,建立平稳的文化法规体系;把文化建设和管理纳入法制化轨道,积极推进文化立法进程,建立健全与社会主义市场经济体制相适应的文化法规体系。着力制定符合我国实际和发展前景的文化法规,修改完善关于出版物、音像、文化娱乐等市场的管理条例,研究制定文化资源开发、知识产权保护、文化发展、市场管理和规范网络信息传播、服务等方面的法规和政策。加强文化法规的监督检查工作,做到有法可依、有法必依、执法必严、违法必究。当前,从我国发展文化产业的实际出发,结合国内现有的政策法规,当前我们文化立法应该从以下几个方面进行努力,从而制定出适合文化产业发展需要的文化法规。

(1) 整合现有的法律法规及相关政策,整理出适合文化产业发展的政策法规。文化产业的涉及面广、产业链长,决定了其政策法规体系是一个以宪法为核心,以文化法为主要内容,横跨行政法、民法、商法、经济法、社会法、刑法和诉讼法等多部门多层次的规范体系。

(2) 依据公司法的相关规定,规范文化产业的经营主体,建立符合市场经济要求的市场准入和退出制度。在我国其他经济领域已经普遍形成以国有经济为主体,多种所有制和经济成分并存局面的今天,文化产业领域也呼唤变革。除了需要政府重点保护、扶持的文化项目和部门,在国家政策允许的条件下,其余主要应依靠社会力量兴办,要允许非文化系统的各类市场主体——财团、企业、基金会及其他合法的社会集团,经营包括报业、期刊业、出版业、电影电视业等在内的文化核心产业,采取多种形式将原来属于政府行政部门的微观职能,有步骤、有计划地让渡给社会资本,齐心协力推进文化产业的繁荣发展。在降低市场准入条件的同时,必须规范各类文化产业市场经营主体的组织形式,同时按照建立现代企业制度的要求确立法人治理结构。另外,政府行政主管部门还加大以经济、法律为主要手段的宏观管理力度,对那些宣扬腐朽文化,生产精神垃圾危害人民和社会的企业和单位,要坚决打击,实行文化产业市场退出制度,以保证文化产业的发展遵循"以科学的理论武装人,以正确的舆论引导人,以高尚的精神塑造人,以优秀的作品鼓舞人"的原则。

(3) 深入研究世界贸易组织的相关规则,在制定政策法规时兼容并蓄。世界贸易组织本质上就是一种法律体系和政策系统,其诸多协定和协议广泛涉及文化产业的各个领域,涉及文化产业的内容主要包括在《服务贸易总协定》及《与贸易有关的知识产权协定》之中。《服务贸易总协定》把服务贸易分为12大类下的150多个项目,其中与文化产业有关的有:商业性服务类中的计算机及其相关服务项下的软件实施服务、数据处理服务;其他商业服务项下的广告服务,展览管理服务,摄影服务、印刷、出版服务等;通信服务类中的电信服务项下的增值电信服务,视听服务,分销服务,文化、娱乐及体育服务类。而《与贸易有关的知识产权协定》规定,在已有的知识产权国际公约中,该协议适用其中的《保护工业产权巴黎公约》、《伯尔尼保护文学和艺术作品公约》、《保护表演者、录音制品制作者与广播组织国际公约》、《集成电路知识产权条约》,这几个公约几乎都与文化产业密切相关。我国加入世贸组织之后,必须遵循该组织的各种协定和协议,其基本原则也就自然成为我国制定和执行文化产业政策的文本基础。

（4）正确界定文化产业与文化事业，使用不同的法律对待，我们才能真正按照市场经济的要求运作文化产业。只有正确界定文化产业，才能明确哪些文化产品是政府该扶持的以及扶持的规模和程度，才能明确如何在税收和资金投入上进行倾斜；明确哪些文化产品可以进入市场，以及采取怎样的纳税政策，如何利用法律法规和税收政策对这些文化产品的思想内容和价值趋向进行把握等。对文化企业和单位也可按"公益性"、"准公益性"、"经营性"的不同性质，分为财政基本保证单位、财政经常性补助单位、经费自理单位、市场调节单位。此外，必须建立科学的文化产业统计指标体系，以统一文化产业的界定范围、统计口径，规范数据来源渠道，提高文化及相关产业统计信息收集和分析的科学性、可比性与可操作性，正确反映文化产业发展状况，为国家文化产业发展决策提供依据。

复习与思考

1. 简述中国资本市场概况。
2. 简述中国资本市场与文化产业。
3. 简述文化产业发展的条件。
4. 简述文化产业政策及其结构。
5. 简述文化产业政策制定的原则与内容。
6. 简述我国文化产业的合法化过程。
7. 简述我国文化产业的合理化过程。

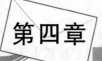

文化产业投融资

文化产业资金超 160 亿元 投资人未来怎么做?[①]

2013 年 4 月 18 日,在清科集团主办的"第一届中国文化产业投资论坛"上,清科集团创始人、董事长兼 CEO 倪正东对文化产业的现状、未来如何发展,VC/PE 该如何投资文化企业以及以何种方式获利给出了自己的观点。

倪正东通过数据分析,认为 VC/PE 对传统文化和新兴文化领域的投资正在变化。以 2011 年和 2012 年的数据来看,2011 年传统文化领域的投资占 47%,新兴文化领域占 53%,而 2012 年传统文化领域下降到 42%,新兴文化领域上升为 58%。新的文化领域也在抢占传统文化领域的机会,特别是社交媒体、游戏等。近年来文化产业基金正在不断兴起,2011 年文化传媒相关基金发展如雨后春笋般。而 2012 年投资行业形势有所调整,行业募资下降 40%~50%。倪正东介绍,文化产业新募集的专项资金规模已经超过 160 亿元。

2012 年整个文化创意产业案例数达 197 个,吸引了 13 亿美元的投资,金额最多的是传媒娱乐行业,吸引了 5.75 亿美元的投资。那么,从该行业中细分领域中来看,哪些最受资本的青睐呢?

倪正东表示,传媒娱乐行业的投资,整体保持上升的趋势,最多的是影视制作,金额和投资案例都是最多的。还有就是网络游戏。2012 年网络游戏整个市场的营收超过了 500 亿元,按照这个数据是超过了整个电影的行业。拍电影的虽然名声很大,做游戏的公司却比拍电影还赚钱。网络游戏、网页游戏,特别是最近的手机游戏,是在文化产业里面最活跃的,也是创造收入利润最快的一个领域。

关于风投如何从文化产业领域中得到回报,文化产业未来怎么做,倪正东提出了三个观点。

第一,我们投了文化领域这么多公司,投资如何退出,这是一个非常现实的问题。同质化非常严重,拍电影和电视剧的公司没有太多的差别。在这个领域投资如何退出?是靠分红、股权回购,还是股权转让?与互联网公司不同,文化行业需要更多一些并购整合的退出,上市不是最重要的方式。能够拍一些好的电影和电视剧,能够赚钱就很好了。如果你真是一个企业家,而不是娱乐圈拍电影或者电视剧的人,你可以把企业通过各种方式,通过并购和整合,这是可能的。

---

① http://www.chinaz.com/start/2013/0419/300418.shtml。

第二,传统行业必须和新媒体结合才有未来,传统行业如果不与新媒体,不拥抱这些互联网和移动互联网,或者其他一些新的趋势,要么死掉,要么淘汰掉,没有别的选择。

第三,我们需要在中国这个领域形成一些新的文化娱乐传媒的帝国。在文化产业里面需要和互联网一样,至少出现几个巨头,如阿里巴巴、腾讯、百度。在文化产业领域,真正企业家和投资人要做的事情是要打造3~5家中国的文化传媒帝国,这才是我们的方向,否则成长性很有限,赚的钱也很有限。

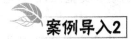

文化产业投资再度升温①

第九届中国(深圳)国际文化产业博览交易会成交额持续增长,文化旅游、科技动漫等领域受到投资界关注,其中国际投资大师罗杰斯到场更是引发了众多私募基金的追随,投资者对文化产业的关注再度升温。

罗杰斯、迪斯尼结缘国内企业

在本届文博会上,罗杰斯参与了其中一场与文化产业投融资有关的论坛,他的出现使该论坛成为文博会人气最高的会场,众多私募基金及投资者到场听取他对中国文化产业的展望。罗杰斯表示,他目前已少量持有一家名为FAB精彩集团的中国文化企业在纽交所上市的股票,未来将继续深入了解中国数字文化产业发展,寻找更多投资合作机会。

他认为,未来30年将是中国文化产业大发展的时候。但他也坦言,目前尚不打算介入A股市场,包括购买中国文化类企业在中国上市的股票。

在文博会期间,有传闻称主营图书出版的皖新传媒已悄然涉足动漫领域,合作方有可能是迪斯尼。据某媒体报道,皖新传媒正在和迪斯尼相关方面合作拍摄动画片,公司数年前就在与迪斯尼洽谈合作。出于商业秘密考虑,迪斯尼目前拒绝证实该消息,但仍有证据显示,皖新传媒正与某动画公司合作,而该公司曾多次为迪斯尼代工。

据悉,本届文博会总成交额比上一届增长近16%,超亿元项目达到162个,其中文化旅游、科技动漫等细分领域最受投资界关注。

汹涌热钱追逐文化项目

根据投中集团最新统计,自2007年IDG中国媒体基金诞生至今,国内累计成立92只文化产业基金,其中36只基金处于开始募资状态,56只基金募资完成(含首轮募集),目前募集完成规模达465亿元。

但是,在来势汹汹的资本潮面前,能够产生丰厚回报的项目似乎远远少于预期。据投中集团的统计,上述基金目前投资案例仅披露88起,涉及规模51亿元,退出案例仅3起。

深圳创新投的一位投资经理说,对文化产业的投资近两年都是热点,但是好的项目很难找,而且大家都集中在互联网、影视与动漫领域,僧多粥少。

投中集团的分析也认为,一方面,国内文化产业企业整体不成熟,具备投资潜力的企

---

① http://news.ifeng.com/gundong/detail_2013_05/27/25740377_0.shtml[2013-05-27].来源:深圳特区报.

业数量有限;另一方面,企业文化创意不足、产品生命力较短,企业盈利模式不够清晰,也使得国内文化产业基金与可投项目之间整体处于供大于求的局面,部分基金因从企业层面投资退出渠道受限只能退而求其次,转投个别明星项目获得回报。

文化传媒成长性仍然看好

受政府管制、创新能力不足等因素影响,文化产业仍然被市场及众多分析机构视为未来的朝阳产业。东兴证券发布研究报告认为,人均消费能力提升后,长期积聚文化需求的集中核爆,而这个集中爆发的触发因素主要是三点:一是迅速扩张的硬件设施;二是多元化的营销渠道;三是日益成熟的文化新群体。

海通证券分析师姜超认为,投资和工业驱动经济高速的增长时期已经过去,政府对就业的关注高于GDP,会实施"就业优先"战略,需要更依赖服务业而不是工业来吸纳就业,服务业崛起有强大的政策推动。2012年,服务业投资增速高于基建、地产和制造业,这是增加有效供给创造需求的结果,其中文体娱、信息服务等多个子行业投资增速超过30%。有效供给的释放带来文化传媒、医疗等行业盈利逐步走高。从放松管制的空间和当前供给释放的意愿来看,文化传媒和医疗成长性最好。

第一节 我国文化产业投融资体系

我国文化产业投融资体系,应能最大限度地适应和满足文化产业高速发展的融资要求,应始终能为发展提供各类资金。同时该投融资体系必须符合我国文化产业的一些基本特点,且在未来发展的各个阶段,始终能高度运筹各类文化资金,在资金供应上始终能满足文化产业高速发展的需求。

我国文化产业主体资本是国有资本,是广大民众自新中国成立以来所创造价值的一部分。由于我国是坚持以公有制为主体的社会主义国家,因而,我国文化企业的所有制是公有制,企业资本是国有资本。这是我国文化产业资本的基本特点之一,也将成为文化产业投融资体系的基本特点。在考虑中国文化产业投融资体系时,必须以这个基本特点为出发点。要发展我国文化产业,首先就得认定,由文化事业发展而来的文化产业和其他产业一样是具有其自身发展规律的经济领域。因而,对文化事业国有资产的认识就不能老是停留在"国有资产"这个层面上。

我国文化产业领域内的"国有资产"其实是国有资本,更确切地说,是丧失了资本职能的资本。顾名思义,"国有文化资产"是公有的,不属于任何个人。从严格意义上讲,是全民所有,不属于任何企业、单位。没有任何单位、团体和党政领导部门可以声称对国有文化资产享有全部所有权。理论上,中国公民人人对它具有所有权,而人人有权恰恰是人人无权。即便国家有关行政部门早已管理、营运这些国有文化资产,但所有权仍不属于该行政部门。国有文化资产的所有权和支配权(或使用权)模糊不清,有关权责方面的界限更是十分混乱。没有一个个人或管理部门能对国有文化资产顺理成章地享有完全所有权和支配权(或使用权),因而没有人可以在根本上完全操作国有文化资产的运营。这种现象的直接后果,从资本层面看,就是文化资本运转、操作缓慢,程序复杂,涉及不必要的方面众多,效率低下,致使文化资本失去资本的增值职能,以及国有资产严重流失等等;从该行业总体情况看,反映为行业结构混乱、经营效益低下、浪费严重、发展迟缓等。文化资本同其他产业资本一样,需要运动、循环、周转。运动、循环、周转速度越快,文化资本增值量就越多,行业形势就越好。因为资本总是在生产领域和流通领域循环周转,所以文化资本若以较高速度循环,就能充分反映出行业整体结构的合理性,以及行业情况同市场经济规律和社会供求关系的同一性。

因此,在谈到我国文化产业投融资体系建设时,首先要考虑的是在不改变所有制性质的情况下,如何将国有文化资产转变为国有文化资本,加快国有文化资本在整个文化产业领域的循环周转速度。因为文化产业投融资体系是对文化资本而言的,只有当"国有文化资产"成为真正的"资本"(即具备资本的增值职能)时,讨论文化产业投融资体系才有意义。

一、国家控制已有文化产业资产价值总量,并将其转化为国家"借贷"资本

将国有文化资产转化为国家借贷资本,应从国有文化资本的价值形态着手。我国国有文化资产主要是文化事业领域内多年积累的实物形态资本。任何产业资本,包括文化产业资本,其总额总是以价值量来表示的。资本的各种形态和具体生产资料种类或形态变更,不会使既定的资本价值总量产生变化。根据这个原理,国家可以对文化产业国有资本价值总量加以控制,始终保持年度价值总量有增无减,并以条例或法规形式保证以年度文化产业资本价值总量为基础而产生的资本递增的价值量。至于国有文化资本如何经营、操作,如何配置各种形态,以及资本总量如何递增等,则是股份制文化企业的日常业务,国家没有必要,也不应该费神于具体的运营操作。这样既能在总体上保证文化产业国有资本的所有权不改变,又能为其充分发挥资本职能创造条件。国家是文化产业国有资本债权人,凡拥有国有文化产业资本的文化企业,不论资本价值大小都是债务人。这样,就将国有文化资本的所有权和使用权完全分离。这就是说国家是文化产业资本所有者,掌握并控制资本价值总量,同时,国家可以将国有文化产业资本的任何部分变更为货币资本,寄存国库或另作他用。这可以防范国有文化产业资本流失,保证资本质量,确保资本的公有性质,并为文化产业投融资体系形成奠定基础。文化资本的融资或筹资,是为新建、扩建文化产业项目或补充原有文化企业的资本金而筹集或借入文化资本。只有当我国文化产业国有资产成为真正的"文化资本"时,通过融资或筹资得到的资本金才能同原有资本结合,正常循环周转,发挥资本增值职能。

二、民营资本介入

国有资本债权、权责关系确立,将为民营资本介入文化产业发展奠定基础。民营资本指的是存在于众多民营企业的闲置资金。这些资金的流向主要取决于具体行业的发展前景和具体企业的资本盈利或资本增值情况。若某行业发展前景看好,或资本运作情况良好,那么对民营资本流向就有着巨大吸引力。在当前历史阶段,我国民营经济只能作为社会主义市场经济和公有制经济的补充,在今后相当时期内,其经营的主要出发点是盈利。因而,民营资本的流向应受到国家宏观经济政策的引导。由于我国经济是以公有制为主

体的市场经济,因此民营资本在理论上和实践上都不会主导行业发展方向。然而,民营资本融入行业国有资本周转循环,对加大资本增值量却有着重要意义。

当文化产业国有资本的债权、权责关系确立后,民营资本进入文化产业领域,将对文化产业发展起到相当的积极作用。

第一,就目前情况而言,文化产业发展资金严重短缺,绝大多数文化企业的财务状况都不尽如人意,自有资金数量十分有限,很难为企业扩大再生产或开发新的文化产品提供资本支持。民营资本进入文化产业领域在相当程度上可以解决资金短缺的燃眉之急。

第二,民营资本以股权形式对文化产业资本增资,融资成本低,并不增加文化企业的财务负担。同时,民营资本一旦进入文化产业领域,民营资本家一定会关心自己的资本在文化企业中的运作和获利情况。由于入股后的民营资本是同国有文化产业资本一起运作的,所以,客观地讲,民营资本的加入一定程度上能促使国有文化产业资本的操作、运营更为市场化。

第三,文化产业国有资本规模较大,一般的文化企业,国有资产数量通常上亿,有的甚至数十亿。而民营资本数量终究有限。因此,当一些民营资本流入文化企业时,并不存在对该企业的控股问题,文化企业始终可以保持以国有资本为主体。

第四,民营资本进入文化产业领域,为文化产业资本多元化,尤其是为外资引入创造了更为有利的条件。在已引入民营资本的情况下,外资所占的股份比例就相对缩小。比如某文化企业国有资本为50万元,在没有引入民营资本的情况下,若要引进50万元外资,那么该企业的股权情况将是50%对50%,利润分配以及董事会的决定权也是中、外资各占50%。若该企业在引进50万元外资前,已经在原先50万元国有资本基础上通过吸收民营资本增资了20万元,那么引进的外资的股权比例就成了41%,其他相关的一切比例也随之缩小。

第五,民营资本流入文化产业领域,在一定程度上能减缓社会的就业压力。一般情况下,企业资本量增加总会引起劳动力的增加,这就为社会提供了一定数量的就业机会。

第六,民营资本是国内资本,民营资本家是中国公民。民营资本和国有资本的利权分配是严格按照有关法规的,是得到法律保障的。尽管民营资本可能存在一定的弹性,但一般不会出现某些外资带来的凶险。

上述六个方面都是引入民营资本的优点。当前大量民营资本的出现为各行各业提供了改革开放以前所没有的资金来源,在一定程度上减缓和弥补了我国经济建设资金严重匮乏的情况。民营资本是一大笔现成资本,讨论我国文化产业投融资体系时,若是把民营资本排斥在外,那么这个投融资体系的完整性、有效性和合理性就会大打折扣。

三、建立文化产业金融资本融资制度

文化产业投融资体系的另一个方面是文化产业金融资本。在遵守我国金融法规的前提下,我们应该设立文化产业金融资本的融资制度。积极稳妥发展债券市场,在严格控制风险的基础上,鼓励符合条件的文化企业通过发行公司债券筹集资金,改变债券融资发展相对滞后的状况,丰富债券品种,促进资本市场协调发展,建立集中监管、统一互联的文化产业投融资债券市场。

金融融资制度建立对形成文化产业投融资体制和灵活筹集社会闲散资金有着十分重要的意义。文化产业金融资本可分为中长期金融资本和短期金融资本。中长期金融资本主要用于文化产业领域内的基本建设、新建、扩建或新产品开发，指的是文化企业向社会发放，让社会购买（包括社会民众和各种企事业单位购买）的各种中长期可流通债券，债券年限可以是5～10年不等，固定利率高于银行利率。因为可以在市场上流通，债券的实际利率则随着金融市场的利率变化而浮动。

文化产业短期金融资本指的是向社会发放的短期债券，其期限通常在一年以内，主要用于文化企业流动资金补充。其实这种金融资本融资方式在国际上是十分普遍的，早已渗透到社会生产的各个领域，企业向社会发放的债券由企业的资产作担保，也就是说，在市场上取得金融资本的企业，一旦丧失用现金支付金融债务的能力，将拍卖企业资产，并用拍卖所得归还金融债务，以确保债权人的权益。企业对所发放债券的还本付息负完全法律责任。

金融资本筹集的途径通常有两种。一种是通过银行发放。融资企业委托银行代理债券发放业务，前者向后者支付债券发放代理费。代理费的数额大小取决于债券发放量的多少。银行代理发放债券，会提高债券发放成本。这种方式在国外通常是中小企业所采取的。因为中小企业资本并不雄厚，在市场上的信誉度也不能同大企业相比，将其资产抵押给银行，委托银行代理，既可以由银行出面对所发放的债券进行担保，又可以利用银行的信誉筹集到所需的金融资本。同时，由于中小企业筹集金融资本的数额一般不会很大，所以付给银行的代理费也不会很大。

金融资本筹集的另一个途径是融资企业自己直接在货币和资本市场上筹措金融资本。这种方式的好处是降低了筹措成本，企业并不通过银行融资，不必向银行交付任何费用。这种融资方式是在20世纪70年代出现的，而在今天的资本市场上早已司空见惯。采取这种方式融资的通常是那些资本实力雄厚的大企业。由于这些大企业拥有庞大的资本和足够的信誉，它们通常能在货币和资本市场上进行频繁的融资活动。

由于债券（金融资本）可以在货币市场和资本市场上买卖，而且它的实际利率会随着市场利率变化而浮动，从而导致债券在流通领域的价格变动，这会为债券投资者带来相当风险。只有那些信誉度高的企业才能直接在资本市场上筹措到所需的金融资本。企业的信誉是指经济效益的信誉和按时足额还本付息的信誉。要在货币和资本市场上树立信誉，就要保持良好的经济效益。因此，这种融资方式以筹资企业的信誉为前提，能促进企业全面讲求经济效益。

货币市场和资本市场上所能筹集的资本量通常要比通过其他渠道筹集的资本量大。尽管民营资本在文化产业投融资体系中是不可忽视的，但它是集中在少数民营资本家手中的闲散资金，所能提供的资本量相对于金融市场而言，仍是九牛一毛。金融市场的资本来自千家万户。同时，随着我国国民经济发展，民众收入普遍提高，社会广大民众的闲散资金量每年都会有所上升。因此，如何既能灵活、有效地开发、利用这一广阔的资金来源，又能确保不损害广大民众的经济利益，并为他们的闲散资金带来增值，是中国投融资体制研究的一个重大课题。

四、引进国际文化资本

在确立了"国家对已有文化产业资本价值总量的控制"、"将国有文化资产转化为国有借贷资本"、"民营资本介入"和"建立文化产业金融资本"的关系之后,才有可能讨论引进国际文化资本的问题。就我国当前文化产业具体状况而言,引进国际文化资本有着多方面的意义。

首先,对文化产业投融资体系来说,国际资本是一个重要组成方面,是资本的一个重要来源,是我国文化产业向外拓展的一个具体方面,国际资本其实就是国际民营资本,它也是一种现存的闲置资本。从某种意义上讲,它同国内的民营资本并无本质的区别,它流入国内(包括它的产品抢占国内市场)的唯一目的是资本增值、盈利。但国际资本在一定程度上能为我们的发展提供资本来源,这是个不可否认的事实。

其次,引进国际文化资本是有效地缩小我国文化产业同先进国家差距的一条理想的途径。国际文化资本进入我国文化产业领域,就意味着它以参股的形式加入我国的文化企业。从资本价值角度看,国际资本将同我国文化企业原有资本(包括国有文化资本和民营文化资本)一起循环周转。从资本实物形态看,国际资本会带来较为先进的文化产品制作设施、设备,以及较为先进的文化企业管理经验、富有创意的思想和先进的理念,在总体上加速我国文化产业发展进程。同时,国际文化资本引入还会在一定程度上为我国的文化产品走向国际文化市场铺平道路。

再次,国际文化资本引入能使我国具有民族特色的文化产业更快地融入国际文化产业发展大潮,使我国的文化更广泛地在世界范围内传播,使它的深邃内涵为更多的人所了解、熟悉,使我国历史悠久的文化同世界先进文化并驾齐驱、相得益彰。

最后,国际文化资本引入会为我国文化产业的相关产业带来高速发展的契机。文化产业同时涉及第一、第二和第三产业。由于文化产品市场巨大,所以文化产业的高速发展势必拉动相关产业的发展。这也许就是人们将文化产业称为"朝阳"产业、21世纪的世界经济支柱产业之一的原因。

五、建立文化产业国际金融资本融资机制

国际金融资本是一个取之不尽、用之不竭的资本来源。众多的可变因素和纵横交错的复杂形势为在国际资本市场中赢得成功的、成本低廉的融资机会创造了条件。

大力发展我国的文化产业必须形成一个与之相适应的、灵活的、科学的投融资体系,能为我国文化产业的全面发展提供资金,形成资本的多元化。这个投融资体系应由五大方面组成:国有文化产业资本、民营文化产业资本、文化产业金融资本、国际文化资本、国际金融资本。在这五大资本板块中,国有文化产业资本是主体,保证我国文化产业骨干企业的公有制性质,始终主导行业发展方向;民营文化产业资本是依托,应充分发挥、利用民营资本的积极性,加快国有文化产业资本的增值速度;国际文化资本是开拓方向,能促进我国文化产业水平国际化,使我国的文化产品大规模地走向世界;文化产业金融资本和国际金融资本是补充,满足资本周转中可能出现的补充资金需求,为文化产业的高速发展提供长期和短期的借贷资本。这五大方面并存的关键,是国有文化产业资本的所有权和使

用权彻底分离,完全恢复国有资产的资本性质,发挥其资本职能,使国有文化资本能与不同所有制的文化资本熔于一炉,使之自身增值,这样才能吸引更多的不同种类的文化资本。

我国文化产业投融资体系的合理性、灵活性和科学性在相当程度上寄希望于人们对当前国有文化产业资产的科学理解和解释。

第二节　西方发达国家投融资体系

西方发达国家的金融系统和投融资体制有着相当长的发展历史,它们起源于早期资本主义经济中的信用制度。早在 19 世纪,马克思就在《资本论》中指出:"信用制度加速了各种生产力的物质发展和世界市场的形成,把这些当作新生产形式的物质基础,使它们发展到一定程度,是资本主义生产方式的历史使命。"

在资本主义生产不断增长和信用制度日益发展的基础上,股份公司得到了广泛的发展。股份公司不是由个别资本家独资经营的企业,而是由许多资本家用购买股票的办法合资经营的企业。股份公司在资本原始积累时期就已出现了,只是到 19 世纪下半叶以后才广泛地发展起来。在现代资本主义国家,绝大多数企业都采取了股份公司形式。出现股份公司的主要原因是个别资本家握有的资本数量有限,不足以创办规模巨大的企业,所以有必要把许多个别资本联合起来。股份公司的资本是通过发行股票集中起来的,股票是它的持有者向股份公司投资入股并取得收入的凭证。每个股东都根据他投资的多少握有相应数量的股票,并且有权根据他的股票数量定期从股份公司获得相应的收入。只要是股票持有人,不论持有多少,都是股份公司的所有者(股东),都有权参加股份公司的管理。按照规定,股份公司的活动是由股东大会决定的,在这种会议上每个股东都有表决权。但是由于表决不是一人一票,而是一股一票,所以股东大会实际上是由少数大股东所控制的,股份公司的活动实际上也是由这些人来决定的。又由于许多小股东经常不能或不愿意出席股东大会,因此大股东只要掌握了股票的半数,甚至是三分之一,就可以操纵整个股份公司的活动。为完全控制股份公司所需要的股票数额叫做股票控制额或控股额。在股息率不变时,股份公司的盈利越多,股息越高,股票行市也就越高;而银行利息率越高,存款的收入越多,股票行市就越低。所以,股票行市与股息成正比,与银行利息率成反比。

西方发达国家的金融和投融资体系是由资本主义经济、银行信用制度和股份公司等各种资本主义的经济实体在长期发展和相互作用中逐渐形成的。没有发达的经济,就没有现代化的金融体系和投融资体系;没有现代化的金融体系和投融资体系也不会有发达的经济。

可以这么说,各国家、各地区经济发达程度差异的形成,除了本身经济发展时间长短不同外,主要是经济制度的差异所致。与此同时,各个国家的金融体系和投融资体系又同具体经济情况相匹配。发达的社会生产力的维持和发展需要大量资本、资金来补充;大量的资本和资金的产生,又依托于发达的社会生产力。

我国的金融体系和投融资体系同一些发达国家有着很大区别。严格地讲,我国的金融体系还很落后,这也同我国经济实际情况相匹配。先进的金融体系同先进的社会生产力相匹配,由于社会生产离不开资本和资金的运作,各种资本、资金又都是使用价值的抽象,因此发达的社会生产力意味着各类资本、资金流通渠道的畅通、有效。简单地讲,某个经济社会各类资本、资金的流通渠道就是该经济社会的金融体系和投融资体系。

"二战"以后,随着世界经济、科技不断发展,文化经济于20世纪70年代初在发达国家形成了相当规模的产业化发展。当时那些发达国家主要的文化产品有:内容各异的录音磁带,如音乐、故事、语言、公务、会议录音等;各种各样的电视节目;各种彩色印刷刊物、书籍、报纸等;各类彩色电影、宽银幕电影、球幕电影等;唱片,包括各种古典音乐、浪漫音乐、现代音乐等;各种艺术品制作,如各种乐器,装饰房屋、街道、城市的各类艺术品等;各种舞台演出,如音乐会、芭蕾舞、歌剧、戏剧、流行音乐等。所有这些文化产品对民众都有着极大的吸引力,在当时显示出巨大的市场潜力。在这一领域,价值规律和资本冲动的敏感性得到充分体现,资本家、商人、投资者看好该领域,纷纷将资本投入。大量的资本、资金通过金融体系流入,从而促使该领域内的各类产品同时从质和量的方面大规模发展。

其实,这种现象的产生有着其时代背景。20世纪70年代初期,最为典型的发达国家日本的经济发展进入腾飞阶段,美国摆脱了越战的困境,经济发展获得了前所未有的外围环境。由于这些国家的经济得到强势发展,民众收益普遍提高,民众的消费结构开始变化,在原先大规模消费生活资料的基础上又逐渐转向大规模的文化消费。

进入80年代以后,随着电子科技的飞速发展,计算机开始普及,计算机网络崭露头角,艺术设计、广告设计、特技处理等许多原先需要大量专业人工技术处理的工作都可通过计算机轻松完成。不仅如此,信息传递不分昼夜,不论距离,速度快,成本低。同时,适合不同用途的各种质量高、成本低的新材料大量出现。所有这一切为文化产品的升级换代创造了条件。这些文化产品制作成本十分低廉,适合千家万户购买。在这种情况下,文化消费就成了西方社会普及化的消费,成了除生活资料以外的最大消费,文化产业就在发达国家成为一个有着巨大市场支撑的庞大产业。

文化经济的产业化过程是先进生产力和科学技术高度发达相互作用的必然结果。另外,发达的文化产业又同强盛的国力、人均GDP高低有着密切的关系。就发达国家文化产业的投融资方式而言,它们同任何其他产业的投融资方式没有区别,即社会各类资本和资金通过金融体系和投融资体系中的各种金融渠道(包括各类股票、债券、银行借贷等)流入该领域。

第三节 关于投融资的基本知识

一、投资与融资

投资是经济学上的一个重要概念,它与现实生活贴得很近。国家计划投资研究所给出的定义是:"在内涵上,投资既是指为获得预期效益的一定量货币、资金,也是指这种预期效益的实现过程。在外延上,投资既是指固定资产投资及实质资本的形成,同时又是指金融资产投资及虚拟资本的运动。"

在投资的分类上,每个专家给出的分类方式有所不同,具体主要是:短期投资,长期投资;易于变现的投资,不易于变现的投资;权益性投资,债权性投资,混合性投资。投资的渠道也是多种多样,有期货投资、股票投资、房地产投资、储蓄存款、国债投资、外汇投资和黄金投资。目前存在的投资主体有公有资本、非公有资本、国外资本。

融资和投资一样,也是一种经济状态。广义的融资是指资金在持有者之间流动以余补缺的一种经济行为。这是资金双向互动的过程,包括资金的融入(资金的来源)和融出(资金的运用)。狭义的融资只指资金的融入。

融资的分类方法也是多种多样,根据融资的类型和时间的不同可以将融资分为公司融资和项目融资,权益融资和负债融资,长期融资和短期融资;根据融资途径和方式的不同可以将融资简单分为直接融资与间接融资;根据融资的渠道不同又可以将融资分为内部融资与外部融资。

二、文化产业投资的对象

不同类型的文化产品具有不同的产品属性,社会产品在使用过程中给人们带来利益,但是不同性质的产品受益范围是不同的。根据这种差别,可以把文化产品和服务分成三个基本类别。

1. 公益性的文化产品和服务

公益性的文化产品是指公众共同受益的文化产品。这类文化产品有的是由于提供成本很高,而且社会公众需求又十分大,如果通过市场方式确定价格,消费者承担不了,所以无法由企业通过产业化的方式生产提供,如国家剧院、国家博物馆、义务教育等;有的是市场受众群体很小,投入成本高,收入无法弥补投入,但是具有民族文化传承意义的产品或服务,比如对昆剧等文化遗产的保护和高雅艺术的提供等;还有些文化产品和服务关系到国家的主权、文化安全和社会的稳定问题,如国有电视台、广播台、骨干网络等。因此,公益性的文化产品和服务需要政府组织协调、实施和提供。

2. 经营性的文化产品和服务

经营性产品,指的是可以通过市场,以产业化的方式提供的文化产品和服务。这类产品通常具有较大的市场需求,文化产品和服务中所蕴含的精神内容具有可复制性和规模效应。比如光盘制品,其中的视频和音乐内容可以不受损害地复制生产,而且其复制成本随着生产规模的扩大而迅速降低,可以保证企业获取相应的经营利润。

3. 混合性的文化产品

混合性的文化产品兼有公益性和经营性文化产品和服务的部分性质,与国家文化主权和安全关系十分密切。例如,出版物印刷、发行,新闻出版单位的广告、发行,广播电视台和电视台的娱乐节目制作、电影制作、发行、放映,建设和经营有线电视接入网等。这类产品和服务可以由政府、企业和非政府部门等多种主体提供。

三、文化产业投资的主体

所谓投资主体,就是具有相对独立投资权力的政府机构、经济实体和个人。投资主体一般具有以下三个条件:

（1）在社会、经济发展过程中有相对独立地做出投资决策的权力；

（2）有足够的资金来源进行投资；

（3）对投资形式所形成的资产有所有权或支配权，并能相对自主地或委托他人进行经营。

在经济体制改革以前，我国的文化产业投资基本上由国家包办。随着经济体制和文化体制改革的不断深化，特别是随着我国加入WTO，文化产业的投资主体已呈现多元化趋势。目前我国的投资主体有以下几种。

（1）中央和地方政府作为投资主体，其投资重点一般为全国性或区域性重要公用事业、基础设施、重大活动等，如国家歌剧院、上海博物馆、2008年北京奥运会等。

（2）企业作为投资主体。企业作为独立的经济实体，根据文化市场需求和自身状况，做出相应的投资决策，进行文化产业投资活动。其中又包括两类：一类是以文化产业为主营业务的企业，如中国电影集团、华谊兄弟公司等；另一类是其他行业企业，它们在经营过程中进行跨行业投资，投资文化产业，如保利集团建设的保利剧院、深圳华侨城集团投资的"世界之窗"主题公园、杭州宋城集团投资经营的"宋城"等。

（3）个人作为投资主体。相对于前两个投资主体而言，它具有范围广泛、投资规模日益扩大、决策灵活等特点。如国内有许多独立制片人投资拍摄的电视剧，舞蹈家杨丽萍作为出资人之一打造的《云南印象》，南京收藏家陆挺个人投资建设的中国最大的美术馆"艺兰斋"等。随着国家逐步放松对民间资本进入文化产业领域的管制，个人或民营资本进入文化产业将会有更大的发展空间。

（4）非政府组织的投资。主要是行业协会、基金会和民办非企业单位进行的文化产业投资。如中国戏剧家协会、中国电视艺术家协会主办的节庆、展会等。

（5）国外投资主体，即外国政府、金融机构、企业和个人对我国文化产业进行的直接投资，包括外商独资、合资和合作经营等。目前国家在行业进入门槛上对外资作了适当限制，如外资可以参股拍摄电视节目，但不能办电视台；可以参股发行图书，但不能办出版社等。

不同的投资主体担负不同的投资任务，采取不同的投资方式。它们既是独立的，又是相互联系的；既可单独投资，又可以与不同投资主体联合投资，由此构成了我国文化产业投资领域有机的多元化、多层次的投资体系。

四、文化产业企业的投资

随着文化产业竞争的日益加剧，大投资、大制作才能实现高回报。从企业的微观层面来看，筹资压力不断加大，投资决策的风险也逐步提高。从理论上说，文化产业企业投资活动，是企业自身追求价值最大化的过程。其投资目的在于获取利润，其投资决策活动是以市场客户需求为中心，包括了投资决策组织、投资风险评估和投资管理监控等。

1. 企业投资决策的组织

文化企业的投资活动通常关系到企业的战略性的选择，除了要符合公司法对于董事会和经营层之间的权力关系分配外，还要根据文化产品市场和企业自身的资源状况架构合理的投资决策组织。

常见的投资决策组织模式是设立投资部和项目部。项目部寻求投资项目并提交投资部,投资部组织对项目的论证,并提交公司经理和董事会决策,项目批准后交由项目部负责具体执行。

也可以将投资部和项目部组合在一个部门中,让不同的人员分工负责。这种方式是职能化的部门分工,其优点是:分工明确,专业化程度高,比较适合中小型企业。其缺点是:由于文化产品市场的竞争较为激烈,文化产品和项目的生命周期短,对文化市场的投资需要及时响应,把握时机。但是采用这种职能化的分工方式,一个项目从寻找、确定、论证、上报,到批准立项的过程过于漫长,组织对市场的反应速度不够,往往容易耽误投资的时机。此外,职能化的分工,使得各部门的人员专业于自己的分工领域。例如,项目论证的人员往往不从事具体的市场业务操作和实践,其对项目的认知与市场的实际情况存在差距。

在大型的企业或者多事业部门的企业集团中,也可以采用矩阵式组织方式,针对具体的项目设立项目组,项目组成员由相关部门的成员组成。这种方式的好处在于,项目组的成员来自不同的职能部门,能够对投资项目充分地发表专业意见。特别是对大型项目投资和战略性的投资,这种投资组织方式能够保证在投资论证期间,充分地考虑各个方面的因素。这种投资组织方式的不足是投资成员往往只参与项目的论证,投资项目具体执行是由具体的部门和子公司执行,因此,各个成员有的时候会从自己部门的利益考虑,出现本位主义现象和部门利益冲突,或者由于事不关己,而发言不切实际,造成论证时间过长,耽误投资时机。

2. 投资评价

投资评价是投资管理中最为重要的一项工作,投资评价的目的在于决定企业投资什么的问题,这是一切投资管理活动的起点。文化产业项目投资一旦启动,就会有相应的投入成本和现金收入。因为资金是有时间价值的,在不同时期产生的收入价值是不同的,存在货币的增值和现值等问题。决策者要决定是否进行某项投资,或者要把不同投资项目进行优劣排序,就必须找到一种能比较不同时期获得收入价值的方法。投资评价的基本思想是评估一个项目所能产生的所有现金流是否能够弥补投资的成本,并能带来足够的利润。由于一项资金投资会在未来不远的时间点上产生现金的流入和流出,决策者在考察投资项目时,往往面临的是流入和流出现金组合的序列(现金流量),仅仅把现在投入的资金和未来某个时间点的现金流量换算到现在共同的参考时间点上,以便进行直接比较。因此对项目的评估需要将未来的每年投资收益折算到当前的参考点,进行比较。例如,2005年9月12日,香港迪斯尼乐园正式开园。香港政府预测,迪斯尼乐园开幕收益就将达2 000万港元,未来40年里将为香港带来1 480亿港元的经济收益。这一收益的计算,也是将迪斯尼未来40年每年的收益按照一定的风险贴现率折算到现在的现值。

所以,现金流贴现法对投资价值评估的主要参数是未来每年的净现金流量和相应的风险贴现率。例如,武夷山下梅文化旅游综合体,2012年被列为福建省文化产业重点项目,这是闽北唯一列入全省文化产业基本建设类的重点项目。武夷山下梅文化旅游综合体项目总投资30亿元,占地4 069亩,总建筑面积65万平方米,主要建设魅力商业古镇、影视游览区、文化艺术中心、旅游服务区、山脊运动区、高尚旅游度假区、生态自然景观区和下梅新村等。按照《福建省文化产业重点项目管理办法》的规定,该项目列入省文化产业重点项目后,将会对项目在资金争取、对外宣传、落实文化产业发展政策措施等方面起到积极的推动作用。显然这项工程从投建到完成后交付经营,每年都会发生相应的投入和项目经营收入,产生现金的流入和流出。项目的评估就需要对各个项目未来可能发生的投入成本和产出的收益加以预测,并选择一个合理的贴现率折算到当前,来比较投入产出的大小。

项目的现金流量是每年销售收入减去成本之后的净收益。现金流量受到项目的经营和销售水平的影响。对于具体的文化产业项目投资来说,文化产品和服务的核心是精神内容。对精神内容的开发、生产和销售活动受到市场较多因素的影响,容易造成项目的现金流不稳定和风险的增加。

第一,文化产业相关准入政策、金融政策会影响进入市场的门槛。进入门槛过高,会增加项目的投资成本,影响项目投资回收期。如果对出版行业的进入进行限制,企业只能进入投资与发行环节,无法控制产业链上游的出版环节,而出版环节控制着出版物精神内容的创造、包装、定位等重要活动,企业不能控制这些活动,就无法获取较高的超额利润。

第二,政府的文化管理政策会影响企业的生存环境。例如对连锁网吧的投资。由于网吧对青少年的影响问题一直是社会争议的焦点,政府有关部门在将网吧的营业税提高之后,又出台了网吧管理条例,规定了网吧经营时间不得超过夜间 12 点。这些政策对网吧的经营产生了严重的影响。由于税收成本的提高,以及营业时间缩短后造成主要消费群体的流失,连锁网吧现金流量急剧下降,国内最初获得连锁网吧营业许可证的企业大多已相继退出。

第三,产业竞争环境也影响企业的经营效益,进而影响投资收益。产业竞争的加剧、产业不平等竞争等,都会影响企业的投资经营活动。例如在出版、广电等行业,除了政策限制之外,大部分内容投资被控制在少数具有行业垄断性的企业手中,造成资源难以流动,新的企业投资进入后,往往面临内容资源的瓶颈。再如产业竞争环境的改变也影响了连锁网吧的生存。由于大量黑网吧可以逃避政策管制,造成遵照政策法规经营的国有连锁网吧公司面临不公平的竞争;再加上一些新的网游游戏,消费者不用进网吧,在机器性能、网络速度准许的情况下,在宿舍和家庭就可以进行竞技游戏。

第四,任何产品都要经历市场进入、成长、成熟、衰退等阶段。文化产品的生命周期影响一个项目能够产生现金流入的时间长短,也就是项目获利时间的长短。文化产品的周期因其产品性质而不同,有的文化产品(如电影)的生命周期较短,其盈利的高峰期一般为 2~3 年,而有的文化产品(如主题公园)的生命周期较长,一般在 10 年左右。像迪斯尼这样的长寿产品则比较少。

第五,项目投资企业的财务结构、税率等因素也会影响投资的风险水平和收益。财务结构是投资项目的融资结构,指项目融资中的股权、银行贷款的比例结构。由于获取资金所支付的成本(利息和股本收益率)不同,会造成投资的成本差异;此外税率的差异也会影响项目的税后利润,例如国家对于文化产业的各种税收优惠政策会降低投资的成本,吸引资金进入相关产业。

3. 文化产业企业的投资管理控制

文化产业企业的投资管理机制,主要是对投资项目计划的执行、人员组织、成本、进度和风险的控制。有关内容将在文化产业项目管理中加以介绍。这里主要分析文化产业投资管理中,由于市场的不确定性而引起的几个需要解决的问题。

(1) 项目沉淀成本。沉淀成本是指已经使用而无法回收的资金。这种成本对项目的财务分析决策不产生任何影响。在进行项目财务分析时,要考虑的是当前项目是否有利可图,而不是过去已经花掉了多少钱。许多财务决策失误的项目之所以最终建成并一直亏损下去,原因之一就是决策者们总是念念不忘已经洒掉的牛奶,而不考虑继续经营可能产生的亏损扩大。

(2) 机会成本。在计算项目现金流量时,不仅要考虑直接的现金流入、流出,还要考虑机会成本。比如电影项目需要占用一定面积的场景,而本企业恰好有同样面积的库房闲置。乍一看,可以不考虑这些库房的占用会产生任何现金流出。但实际上,如果企业不是将这部分库房作项目投资,而是对外出租,则可得到租金收入,这就是项目投资的机会成本。在项目投资中,要将这一收入和另外建场地的成本加以比较。再如在上述深圳锦绣中华微缩景区、中国民俗文化村合并工程中,除了要考虑改建后新的项目的收益之外,还要对维持原来两个项目的经营所产生的现金流量进行评估,将这个机会成本与新的项目加以比较,才可以正确评估投资的价值。

(3) 关联性。任何项目都不是孤立发生的,文化产业产品之间的相关性比较强,一个项目的投资往往会对公司的其他项目产生影响。如果一个新项目降低了老项目的资金流入,则在分析新项目现金流量时,要同时考虑其造成的老项目现金流量的损失,二者之差才是新项目所产生的净现金流量。例如在影视城中新建一个场景,不但要考虑新的场景可能发生投资成本和收益,还要考虑新的场景可能对影视城整体在吸引参观游客等方面的收益增加。

在竞争的市场环境下,考虑到竞争对手也会推出类似项目时,也要调整现金流和采取相应的措施。例如,同样为贺岁大片,《功夫》和《天下无贼》在同一档期上映,必然会相互影响。因此,制片方必须对项目的关联性做全面分析,全面高效地策划宣传和营销方案,充分利用项目关联性带来的有利因素,避免项目关联的不利因素。这两部影片由于在宣传方案和营销控制方面的互动,不但没有造成恶性竞争,而且双双创造票房超亿元的收入。

(4) 选择权。在项目执行过程中,投资者还要面对许多重要的选择权利,而这些选择对投资者是有很大价值的。下面逐一介绍这些选择。

① 推迟或等待。在实际项目实施过程中,当项目前景并不明确时,项目经理有将投资推迟一段时间的选择权。这样做的好处在于能够获取充分信息,对项目进行更加全面而准确的评估,降低投资的风险。这种情况在数字文化产业等高技术和高风险的行业比较普遍,例如在数字电视的编码标准和传输标准不明确,市场存在多个标准的情况下,对于该行业的投资就会面临标准和技术变化造成项目投资难以收回的风险。

② 增资、减资与退出。这是指在需求变动过程中改变经营规模的选择权,即如果最初获得成功,可以进一步增大投资,而如果需求缩小或者风险增加,则可以减小投资。例

如上述数字电视,虽然标准不明确,但是可以采取分阶段投资的办法,根据技术和标准的发展来决定在什么时机增加投资。这样既可以把握市场机会,也不至于承担过高的风险。文化产业尤其是网络文化产业市场风险较大,项目投资大,往往采用合作的方式分担风险,如果合作方出现问题,企业通常要保留一定的投资退出选择权利。例如,微软为了与索尼抢夺游戏市场,与电子艺界公司合作开发 Xbox Live 在线游戏,但是一方面由于微软要求的控制权过多,并且不愿为使用这些游戏而向电子艺界公司付费;另一方面由于电子艺界公司在若干大型网络项目上失手,再次进入这个市场时选择一种比较稳健的方式无疑更为明智,公司认为选择投入拥有超大基数用户群的索尼阵营无疑胜算更大。所以2003年年初,电子艺界公司最终宣布退出微软 Xbox Live 在线游戏开发行列。

③ 调整。调整是指在资源价格发生变动时改变投入构成的选择权。投资计划的实施过程中,可能会发生项目投入资源和材料价格变动,需要投资管理者及时做出应对策略,对计划加以调整。文化项目的投资,不但在项目投入的物质材料方面,而且会在人力成本、版权成本等无形的投入资源方面发生价格或者质量等变动。例如,一部电影的投入,如果原先选定的演员在身价方面提高,或者演员不如预期理想,或者剧本作者提出过高的要价,制片人必须对项目的成本全面负责,要保留更换演员和改写剧本的选择权力。

4. 文化企业投资的模式

企业投资模式是指企业如何进行资金投放和项目启动,从而完成投资预定目标。一般投资可以采取项目孵化、直接投资、并购、合资等方式。

(1) 项目孵化。所谓项目孵化,是指将投资在公司内部作为一个发展项目启动。这一投资方式适合处于种子期和导入期的文化产品。这一时期存在较大风险,市场发展趋势还不确定,企业可以通过在内部组织项目小组的方式,投入少量资金,进行前期项目开发和市场推广工作。或者可以同时开展几个项目,储备一批有发展前景的项目,作为企业未来战略投资的选择方向或者战略转型的突破口。例如电视台的付费节目收视频道,目前市场不成熟:一是节目内容的同质性高;二是节目版权得不到保护;三是电视台属于国有经营,在合资等问题上存在制度制约,难以引入资金。由此造成愿意按节目付费的消费群体不大,付费频道大多处于亏损状态。但是从国际发展的趋势来看,付费节目频道以后很有可能成为电视台的重要收入来源和业务扩展方向,因此,可以作为未来的发展战略投资,在内部进行项目孵化,待市场机会成熟后,再剥离出去成为一个独立的实体。

(2) 直接投资。直接投资方式是企业投资建立项目子公司。这种投资方式适用于市场需求比较成熟,产品竞争力较强,企业掌握着该产品的关键性资源,能够迅速打开市场的情况。这种投资模式可以迅速地进入目标市场,建立市场竞争优势。由于是企业直接投资,母公司对子公司掌握完全的控制权,没有外部投资者和经营者的干预,避免了不必要的利益冲突。

这种投资方式的不足是需要企业投入大量的资金用于文化产品生产、人员聘用、市场开拓等工作,投资较大,一般较常用于介入现有业务相关性产业,对于非相关产业,企业缺乏相应的市场和管理经验,失败的可能性较大。

(3) 并购。企业可以通过并购的方式获取投资项目的资源。所谓并购,即兼并与收购的总称,是一种通过转移公司所有权或控制权的方式实现企业资本扩张和业务发展的经营手段,是企业资本运营的重要方式。并购的实质是一个企业取得另一个企业的财产、经营权或股份,并使一个企业直接或间接对另一个企业发生支配性的影响。在文化产业,最为常用的方式就是企业利用品牌、市场、资金、管理等优势,进行并购活动。例如,新闻集团为了打入北美市场,1985年当年就收购了20世纪福克斯(FOX)50%的股份。在以后的将近20年中,新闻集团在美国市场拥有了福克斯新闻频道、福克斯体育频道、国家地理频道、速度频道。1993年7月,默多克购买了亚洲的STAR TV,并让星空卫视的节目逐步覆盖了印度、日本等亚洲国家和地区。2002年,默多克收购了美国休斯电子公司旗下的卫星电视公司Direct TV。Direct TV是美国最大的卫星电视公司,在全美卫星电视市场中拥有1 200万用户。这次并购新闻集团耗资高达68亿美元,但默多克还是很高兴,因为这次收购标志着默多克从澳大利亚报人开始转变为世界上最强大的传媒大鳄。

(4) 合资。合资也是文化产业投资常用的一种方式。这是两家或者多家企业,利用各自所拥有的资源优势,共同组建公司,进行文化产品的生产和销售。企业采用合资的方式时,可以决定自己是选择控股形式还是参股形式。

控股是指企业作为主要发起人发起成立公司,并在公司占有绝对或者相对的控股地位。此时,投资方向通常与该企业的发展方向一致。企业控股的目的是从企业战略的角度出发的,其优点是:可以充分利用自身在行业中的优势,成功的可能性较大;拥有在公司的主要发言权,以小搏大,控制更多的资金;可以利用风险投资强化自身的业务优势或者延伸到其他领域,以分散风险。

参股的方式,是指企业不以控股为目的,与其他企业或风险投资公司一道联合发起成立项目公司,在公司中所占份额不超过50%。这种方式一般适合资金实力相对不强的公司。其优点是:出资额可大可小,灵活性大;企业不用投入过多的精力来管理公司;由于投资额小,投资风险对企业主业的影响相对较小。其缺点是:发言权不大,处于被支配地位;不利于公司全面提升主营业务实力和改变业务方向。

第四节　投融资渠道及成本分析

近年来,我国各生命周期阶段文化企业的直接融资模式总体上呈现以少数几种内源直接融资为基础、各种外源直接融资为主的多层次趋势。其中,外源直接融资在初创期和成长早期以非正式资本市场各种私募股权融资为主、债权融资为次;成长后期和成熟期则以正式资本市场丰富的公募股权及债权融资为主,以特殊的私募股权及债权融资为次。然而,目前绝大多数早期未上市文化企业通过非正式资本市场吸纳私募法人股权资本和创业投资、私募股权投资基金、文化产业投资基金等私募机构股权基金的直接融资通道不畅。[①]

2010年发布的《关于金融支持文化产业振兴和发展繁荣的指导意见》提出,"大力发展多层次资本市场,扩大文化企业的直接融资规模,推动符合条件的文化企业上市融资;支持文化企业通过债券市场融资;鼓励多元资金支持文化产业发展。"为我国文化企业的

---

① 刘友芝.我国文化企业的多层次直接融资模式探析[J].浙江大学学报(人文社会科学版),2013(2).

融资提供了更为宽松的投融资政策环境。

一、文化产业投资的结构

文化投资结构是指文化投资在文化事业各组成部分之间的比例，或成为实现不同目的的投资分配比例。文化投资结构可以从不同的侧面加以考察，最基本的是可从目的和形态的结构来分析。从投资目的可以分析文化投资的动机，从投资形式可以了解实现文化投资目的的手段，从其发展的过程可以知晓文化各类别自身发展的规律及其相互关系。

（一）文化投资的目的结构

纵观历史，文化投资的目的不外乎政治性、伦理性、娱乐性和知识性几种。

（1）文化投资的政治性目的体现在文化活动为现政权及其体制和政策的宣传服务中。在我国社会主义实践中，曾过分强调文化投资的政治性目的，甚至达到作为文化投资的唯一目的的程度，而在当前又有对此彻底否定的倾向和趋势。但是，事实上文化投资的政治性意图在任何社会中都存在。任何政权都有必要通过对文化投资来取得全民对政权的认同和支持，这也是获得政治效益的有效措施之一。其原因在于，任何社会都是一个相互联系的整体，其正常运行有赖于一个有权威的指挥中心的协调。在社会主义社会中，政治性文化投资的存在，除了一般意义上服务于政治的稳定和团结之外，更在于社会主义制度结构的特殊性。在现有生产力和社会伦理水平下，社会的多层次联合劳动和多类型生产资料公有制，只能以全社会的联合为其基本特征，而全社会的联合必须以人民群众的认同为条件。在物质生活水平较低、个人利益导向较具有离心作用的情况下，这一点尤为重要。而要实现人民群众的这种认同，培养社会主义集体主义和爱国主义精神，增加文化投资，促进文化教育、宣传事业的发展是必不可少的。

（2）文化投资的伦理性目的是维护特定伦理道德观在社会意识中的地位。伦理，从本质上看，是人类对自身社会的见解，是联系社会各部分最有效的手段，而且任何社会性的变革，只有得到社会伦理的理解和接受，才有稳定和成功的可能。社会主义社会作为一种新型的社会形态，稳定和优越性的发挥也有赖于社会伦理的融合。因此，伦理性文化投资，自然是社会主义社会进行社会联系，实现对社会主义伦理道德观认同的有效手段。从这种意义而言，伦理性文化投资与政治性文化投资之间密切相关。

（3）文化投资的娱乐性目的是让人们获得精神的愉快和心理的放松。娱乐本质上是对人性的完善。人性的含义随历史背景的不同而不同。在宗教盛行的中世纪，禁欲是完善人性的措施，而对禁欲的批判则是完善当代人性的社会必要。随着社会的发展，人性的含义也日益丰富，而现代的生产方式日益在这方面表现出局限性。现代科学技术的发展，在某种程度上压抑了人的情感的满足，导致了邻里、朋友、亲戚关系的疏远，由此产生了人们对丰富多彩的娱乐生活的需求。从这一角度看，文化投资的娱乐功能有日益扩大的趋势。

（4）文化投资的知识性目的是实现其他目的的必要前提。任何文化的重大进步，都必须建立在知识重大发展的基础上。在文化投资中，知识性内容客观上起着主导地位，是实现其他一切目的的必要前提。过去，人们对知识的接受往往处于自然状态，但随着社会生产力的发展和生活方式的变化，这一状况已难以适应环境的需要。这或许是目前各国都提倡普及教育、坚持终身教育和在职教育的根本原因。教育在整个社会生活中的地位日益重要,无疑加重了知识性内容在整个文化投资中的比例。由此可见,知识性目的对于文化投资的主导地位,只能加强而不能削弱,文化投资中知识性目的的实现,有从过去的自发状态逐步向自觉状态转变的趋势。知识大体可分为普通知识和专业知识两类。随着社会分工的逐步推进,专业知识在人们的工作中日显重要,使整个文化投资中专业知识的内容日趋增多,这意味着在电视、广播、出版、报刊、文艺等方面的专业化同样是不可避免的。当年杰出科学家赫胥黎为在学校中注重对自然科学教育所作的努力可以看作是这一过程的开始,而目前普遍发展起来的专业性院校、职工大学和职业学校,则是该过程成熟的标志。科学技术和知识对社会经济发展的制约和推动作用日益明显。通过知识的普及和运用来不断满足人们增长的物质和文化需要的意义不断为人们所理解。知识性文化投资的增长反映了其社会作用的提高。

(二) 文化投资的形式结构

文化投资的结构可以从形式的角度分析。在现实中,文化事业大致拥有文学、艺术、广播、电视、电影、出版、报刊、教育、科技、体育、宗教、旅游等形式,因而文化投资的结构同样可以是指在这些形式间进行分配所形成的格局。文化投资的形式结构正如其目的结构一样,遵循着社会发展的需求同客观可能相协调的原则。

试以科技发展为例。科学技术的发展和人类需求的满足是两个相互依赖、相互推动的过程。科学技术的发展是为了满足人们对新生活的需求,而人们的需求心理又受制于科学技术发展的水平。没有以科学技术进步为基础的需求往往是"胡思乱想",而没有社会性需求的科学技术是不可能为社会所承认的。需求和可能的结合是一切事物发展的必要条件,但作为拥有广泛社会性的文化形式对此则具有更高的要求,毕竟文化活动的功能需要通过其传播来实现,即除了决定于需求和可能之外,还必须接受社会规范和经济效益的检验。

随着社会的发展,人类精神需求的多样化以及科学技术为满足这种需求可能性的增多,文化形式也有多样化的趋势。不仅为满足新的精神需要有可能出现新的文化形式,而且有可能为实现同一类别的需求而出现多种文化形式。电视的出现并没有消灭电影存在的条件,广播与报刊在部分功能上是一致的,"电子书"的出现也不一定会使现有出版业完全失去存在的必要,因为毕竟在各种需求和可能之间可以构成多种组织。就这种意义而言,文化投资的形式结构的发展是一个无穷尽的过程。

此外,文化投资形式的发展还往往渗透到其他领域之中,旅游产业和体育产业的兴起正是文化投资向产业发展的例子。文化活动的产业化正是为了满足文化事业发展的需要,也是文化投资的一大倾向。在文化投资的目的结构和形式结构之间存在密切的关系。首先,两者的基本逻辑是一致的。就文化投资的目的结构而言,相对于旧体制,随着社会文明程度的提高,文化投资的政治性、伦理性内容有相对减少的趋势,而其娱乐性和知识性则有增加的倾向;对于文化投资的形式结构,从家庭教育、普通教育和文艺表演等到电视、广播、电影、报刊和出版的发展,在其各自所包含的内容上是与前面所分析的目的结构发展趋势相一致的。新形式的出现满足了新目的的发展,新目的的发展推动着新形式的出现和完善。某一形式的兴衰蕴含着一定目的演变的趋势,某一形式内部同样包含着其目的结构,如出版界,其内部同样存在满足不同目的的书籍。某一形式内部的目的结构的变化是整个文化投资的目的结构的一个组成部分。

二、文化产业投资的渠道

文化投资渠道是指文化投资的来源方式和环节。文化投资渠道与文化投资结构是两个有密切关系的范畴。文化投资渠道往往决定了文化投资的结构,但同一文化投资渠道可以导致文化投资结构的多种组合,因而文化投资渠道对文化投资结构的作用往往依据其环境的变化而变化;反之,文化投资的结构又影响着文化投资的渠道及其分布。

文化投资渠道可以从不同的侧面加以考察,既可以指个人的文化投资和企业花费在提高职工技术水平、娱乐活动、公共关系方面的支出以及政府文化预算支出,也可以指文化单位所得到的资金来源。当然,我们可以很轻易地发现在来源和支出之间存在密切的关系:文化单位的任何所得不外乎个人、企业、政府的支出。事实上通过对个人、企业、政府等各层次主体的文化支出情况的分析,同样可以展示文化单位的投资情况。

1. 个人文化投资

个人文化投资是指个人运用自己的收入直接或间接地参与各种文化生产和经营活动,并由此取得一定的收益。其中包括:文化个体户,即个人投资开办图书室、书店、照相馆或从事雕刻、绘画等生产经营活动以及文化经济活动;私营文化企业,即个人投资或私人集资举办以雇用劳动为特征的文化生产经营组织,如私立中学、私立小学、私立托儿所等;个人以购买债券、股票方式参与各种能带来收益的文化生产经营活动。从广义上说,个人文化捐款和自设个人文化基金,也是从个人方面提供文化建设资金。这种非营利性的文化资金资助是值得提倡和重视的。如1997年第八届全国运动会和1998年上海国际艺术节期间,就有群众捐款资助。近年来有不少个体户、私营业主、港台同胞和华侨,纷纷捐款修建学校、图书馆、体育馆,或捐赠文化方面的器材、设备、书刊等。随着城乡居民收入的增加和对外开放,个人的文化投资和文化捐款将呈现日益兴旺的景象。

2. 企业文化投资

企业的文化投资就是企业在经营活动过程中用于文化活动方面的支出,不仅包括企业内职工的培训、教育、各种文娱活动的支出、用于宣传的支出等,而且包括企业对社会各项文化事业的资助和广告费支出。在目前企业名目繁多的资助中,文化单位的需求反映了随着经济体制的改革,社会对企业文化投资的迫切性的增强。

企业文化投资的发展是企业经营发展到一定阶段的表现。它既是为了满足提高职工素质的要求,又是为了创造一个较好的企业经营的社会化环境。不仅企业对相关科研、教育文化活动的支持将成为企业经营活动的重要部分,而且企业对公共文化活动的支持将同样发挥对企业经营的作用。企业的文化投资的发展决定于企业文化的地位和作用,而企业文化的地位和作用同样决定于经济体制的特点。我国社会主义制度决定了职工是企业的主体,要实现职工对企业的认同,充分发挥职工的积极性和主动性,文化宣传、教育、激励都是十分重要的。企业的文化投资,其对象无论是企业内部还是企业外部,目的之一在于增强职工的归属感、荣誉感和团结、友谊、合作的气氛与行为,因而企业的文化投资在我国具有特殊的意义。

3. 政府的文化投资

在整个文化投资中,政府的投资起着重要的作用,对非营利性文化事业尤为如此。政府对有利于自己的统治和符合自己政治原则的文化活动表示支持,并予以资助。同时,对不利于自己统治和不符合自己政治原则的文化活动,则给予限制或取缔。政府的文化投资主要是为了满足整个社会发展的需要。文化投资对社会发展的重要作用随着社会的发展有提高的趋势。当前世界上许多国家提出"教育立国"的口号,从一个侧面充分说明了文化投资对整个国家发展的重要意义。就我国的历史而言,文化、教育、卫生投资在整个财政支出中的比重,除了个别时期外都有上升的趋势。

三、文化企业融资渠道及成本分析

1. 文化企业的融资渠道

从筹集资金的来源的角度看,筹资渠道可以分为企业的内部渠道和外部渠道。企业内部筹资渠道是指从企业内部开辟资金来源。从企业内部开辟资金来源有三个方面:企业自有资金、企业应付税收和利息、企业未使用或未分配的专项基金。在企业并购中,企业通常尽可能选择这一渠道,因为这种方式保密性好,企业不必向外支付借款成本,因而风险很小,但资金来源数额与企业利润有关。

外部筹资渠道是指企业从外部开辟的资金来源,主要包括专业银行信贷资金、非银行金融机构资金、其他企业资金、民间资金和外资。从企业外部筹资具有速度快、弹性大、资金量大的优点,因此,在并购过程中一般是筹集资金的主要来源。但其缺点是保密性差,企业需要负担高额成本,因此产生较高的风险,在使用过程中应当注意。

借款筹资方式主要是指向金融机构(如银行)进行融资,其成本主要是利息负债。向银行的借款利息一般可以在税前冲减企业利润,从而减少企业所得税。向非金融机构及企业筹资操作余地很大,但由于透明度相对较低,国家对此有限额控制。若从纳税筹划角度而言,企业借款即企业之间拆借资金效果最佳。向社会发行债券和股票属于直接融资,避开了中间商的利息支出。由于借款利息及债券利息可以作为财务费用,即企业成本的一部分可在税前冲抵利润,减少所得税税基,而股息的分配应在企业完税后进行,股利支付没有费用冲减问题,这相对增加了纳税成本。所以一般情况下,企业以发行普通股票的方式筹资所承受的税负重于向银行借款所承受的税负,而借款筹资所承担的税负又重于向社会发行债券所承担的税负。企业内部集资入股筹资方式可以不用缴纳个人所得税。从一般意义上讲,企业以自我积累方式筹资所承受的税收负担重于向金融机构贷款所承担的税收负担,而贷款融资方式所承受的税负又重于企业借款等筹资方式所承受的税负,企业间拆借资金方式所承担的税负又重于企业内部集资入股所承担的税负。

因而,通常的情况是:自我积累筹资方式所承担的税收负担要重于向金融机构贷款所承担的税收负担,贷款筹资所承受的税收负担重于企业之间相互拆借所承受的税收负担,企业之间相互拆借所承受的税收负担重于企业内部集资承受的税收负担。从纳税筹划角度看,企业内部筹集和企业之间拆借方式产生的效果最好,金融机构贷款次之,而自我积累效果最差。原因是内部集资和企业之间拆借涉及人员和机构较多,容易使纳税利润规模降低,企业在金融机构贷款时,则可利用与机构的特殊联系实现部分税款的节省。

自我积累由于资金的使用者和所有者合二为一,税收难以分摊和抵消,而且从税负和经营效益的关系来看,自我积累资金要经过很长时间才能完成,同时,企业投入生产和经营之后,产生的全部税负由企业自负。贷款则不一样,它不需要很长时间就可以筹足。而且投资产生收益后,出资机构实际上也要承担一定的税收,因而,企业实际税负被大大地降低了。

上述各种筹资渠道实际可分为资本金和负债两类。资本结构的变动和构成主要取决于长期负债与资本的比例构成。负债比率是否合理是判定资本结构是否优化的关键。因为负债比率大意味着企业经营风险很大,税前扣除额较大,因而节税效果明显。所以,选择何种筹资渠道,构成怎样的资本结构,限定多高的负债比率是一种风险与利润的权衡取舍。在筹资渠道的筹划过程中必须充分考虑企业自身的特点以及风险承受能力。在实际操作中,多种筹资渠道的交叉结合运用往往能解决多重经济问题,降低经营风险。

企业的融资必然离不开融资工具,常见的融资工具有银行贷款、股权融资、债券、项目融资和管理层收购融资。而企业的融资模式常见的有自有资金、信贷资金、发行债券和股权融资。

自有资金指的是企业为进行生产经营活动所经常持有,可以自行支配使用并无须偿还的那部分资金,是与借入资金对称的。各个企业由于生产资料所有制形式和财务管理体制的不同,取得自有资金的渠道也不一样。全民所有制企业的自有资金构成:一部分来自国家财政拨款,以及固定资产的无偿调入等;一部分来自企业内部积累,即按国家规定,从成本和税后留利中提存的各项专用基金;此外,还来自定额负债,即企业根据有关制度和结算程序的规定,对应付和预收的款项中能够经常使用的一部分资金。集体所有制企业的自有资金,主要来自劳动群众投入的股金和由企业内部积累形成的公积金、公益金及其他各项专用基金。在西方国家,私营企业的自有资金,主要来自股东的投资和企业的未分配利润。

信贷资金是指在再生产过程中存在和发展的以偿还为条件的供借贷使用的货币资金。其来源主要是各种形式的存款(财政性存款、企业存款、城乡居民储蓄存款等)以及银行自有资金,主要用于对企业和社会的贷款,以满足社会生产和商品流通的需要。有两点需要说明:一是这里的资金是指一定量的货币资金,既不是指商品资金,也不是指生产资金;二是之所以是货币资金是因为它既是起资金作用的货币,即从这里开始了资金的循环,又是起货币作用的货币,即流通中发挥流通手段和支付手段职能。信贷资金的筹集和运用,采取有偿的存款和贷款的方式,其特点是有借有还和按期支付利息。

在中国和其他社会主义国家,银行信贷资金的来源由四部分组成:

① 银行自有资金;
② 各种存款;
③ 各单位委托银行办理结算的资金;
④ 发行的货币。

各种存款是信贷资金的主要来源。银行自有资金是信贷资金的一个部分,它包括国家从预算中拨给银行的资金(即信贷基金)和银行从贷款的利息与其他业务收入中按照国家规定留用的利润。信贷资金的运用主要用于发放各种贷款,较少的部分用于金银储备和外汇储备。国营企业是银行发放贷款的主要对象。在中国,信贷资金是全民所有制企业流动资金的主要来源,也是集体所有制企业资金的重要来源。信贷资金的运用是否适当,对国民经济的发展有重要的意义。所以,必须严格控制信贷资金的投量和投向。信贷资金的投量控制得当,有利于币值的稳定和市场商品供求在总体上的平衡。因为信贷资金的投量直接影响对国民经济的货币供给量,因此,必须在保证货币流通量适应生产和商品流通需要的前提下,确定贷款的规模。信贷资金的投向控制得当,有利于改善国民经济结构和提高宏观经济效益,有利于支持和促进各部门、行业、企业的发展。

债券是政府、金融机构、工商企业等直接向社会借债筹措资金时,向投资者发行,承诺按一定利率支付利息并按约定条件偿还本金的债权债务凭证。债券的本质是债的证明书。债券购买者与发行者之间是一种债权债务关系,债券发行人即债务人,投资者(债券持有人)即债权人。债券是一种有价证券。由于债券的利息通常是事先确定的,所以债券是固定利息证券(定息证券)的一种。在金融市场发达的国家和地区,债券可以上市流通。在中国,比较典型的政府债券是国库券。人们对债券不恰当的投机行为,例如无货沽空,可导致金融市场的动荡。

债券作为一种债权债务凭证,与其他有价证券一样,也是一种虚拟资本,而非真实资本,它是经济运行中实际运用的真实资本的证书。债券作为一种重要的融资手段和金融工具具有如下特征。

(1) 偿还性。债券一般都规定有偿还期限,发行人必须按约定条件偿还本金并支付利息。

(2) 流通性。债券一般都可以在流通市场上自由转让。

(3) 安全性。与股票相比,债券通常规定有固定的利率,与企业绩效没有直接联系,收益比较稳定,风险较小。此外,在企业破产时,债券持有者享有优先于股票持有者对企业剩余资产的索取权。

(4) 收益性。债券的收益性主要表现在两个方面:一是投资债券可以给投资者定期或不定期地带来利息收入;二是投资者可以利用债券价格的变动,买卖债券赚取差额。

按大类来分,企业的融资方式有两类,即股权融资和债权融资。所谓股权融资是指企业的股东愿意让出部分企业所有权,通过企业增资的方式引进新的股东的融资方式。股权融资所获得的资金,企业无须还本付息,但新股东将与老股东同样分享企业的盈利与增长。股权融资的特点决定了其用途的广泛性,既可以充实企业的营运资金,也可以用于企业的投资活动。债权融资是指企业通过借钱的方式进行融资。债权融资所获得的资金,企业首先要承担资金的利息,另外在借款到期后要向债权人偿还资金的本金。债权融资的特点决定了其用途主要是解决企业营运资金短缺的问题,而不是用于资本项下的开支。

股权融资按融资的渠道来划分,主要有两大类,即公开市场发售和私募发售。所谓公开市场发售就是通过股票市场向公众投资者发行企业的股票来募集资金,包括我们常说的企业的上市、上市企业的增发和配股都是利用公开市场进行股权融资的具体形式。所谓私募发售,是指企业自行寻找特定的投资人,吸引其通过增资入股企业的融资方式。因为绝大多数股票市场对于申请发行股票的企业都有一定的条件要求,例如我国对公司上市除了要求连续3年盈利之外,还要企业有5 000万元的资产规模,因此对大多数中小企业来说,较难达到上市发行股票的门槛,私募成为民营中小企业进行股权融资的主要方式。

股权融资在企业投资与经营方面具有以下优势。

(1) 股权融资需要建立较为完善的公司法人治理结构。公司的法人治理结构一般由股东大会、董事会、监事会、高级经理组成,相互之间形成多重风险约束和权力制衡机制,降低了企业的经营风险。

(2) 在现代金融理论中,证券市场又称公开市场,它指的是在比较广泛的制度化的交易场所,对标准化的金融产品进行买卖活动,是在一定的市场准入、信息披露、公平竞价交易、市场监督制度下规范进行的。与之相对应的贷款市场,又称协议市场,亦即在这个市场上,贷款者与借入者的融资活动通过直接协议达成。在金融交易中,人们更重视的是信息的公开性与可得性。所以证券市场在信息公开性和资金价格的竞争性两方面来讲优于贷款市场。

(3) 如果借贷者在企业股权结构中占有较大份额,那么他运用企业借款从事高风险投资和产生道德风险的可能性将大为减小。因为如果这样做,借款者自己也会蒙受巨大损失,所以借款者的资产净值越大,借款者按照贷款者的希望和意愿行事的动力就越大,银行债务拖欠和损失的可能性就越小。

企业往往根据不同企业的经营情况,选择不同的融资渠道,但都遵循一定的原则,即低成本、大容量、方便、快捷、节税和企业偏好。对于企业理性的融资渠道选择,往往内源融资优先于债券融资,债券融资优先于股权融资,但是随着企业规模的增大,内源融资渠道的比重会逐渐下降。这里内源融资指的是公司经营活动结果产生的资金,即公司内部融通的资金,它主要由留存收益和折旧构成,是企业不断将自己的储蓄(主要包括留存收益、折旧和定额负债)转化为投资的过程。内源融资对企业的资本形成具有原始性、自主性、低成本和抗风险的特点,是企业生存与发展不可或缺的重要组成部分。事实上,在发达的市场经济国家,内源融资是企业首选的融资方式,是企业资金的重要来源。

企业融资有14种融资方式:银行与非银行金融机构贷款融资;IPO(首次公开募股)股票上市融资;买壳上市融资;利用产权交易市场融资;引进战略投资者融资;吸引风险投资基金融资;发行信托产品融资;运用资产证券化方式融资;发行企业债券融资;利用私人资本市场融资;租赁融资;项目融资;政策性贷款;非规范融资。

2. 文化企业融资的成本分析

融资成本是资金所有权与资金使用权分离的产物,融资成本的实质是资金使用者支付给资金所有者的报酬。由于企业融资是一种市场交易行为,有交易就会有交易费用,资金使用者为了能够获得资金使用权,就必须支付相关的费用,如委托金融机构代理发行股票、债券而支付的注册费和代理费,向银行借款支付的手续费等等。企业融资成本实际上包括两部分,即融资费用和资金使用费。

融资费用是企业在资金筹集过程中发生的各种费用;资金使用费是指企业因使用资金而向其提供者支付的报酬,如股票融资向股东支付股息、红利,发行债券和借款支付的利息,借用资产支付的租金等等。需要指出的是,上述融资成本的含义仅仅只是企业融资的财务成本,或称显性成本。除了财务成本外,企业融资还存在机会成本或称隐性成本。机会成本是经济学的一个重要概念,它是指把资源用于某种特定用途而放弃的其他各种用途中的最高收益。我们在分析企业融资成本时,机会成本是一个必须考虑的因素,特别是在分析企业自有资金的使用时,机会成本非常关键。因为企业使用自有资金一般是"无偿"的,无须实际对外支付融资成本,但是从社会各种投资或资本所取得平均收益的角度看,自有资金也应在使用后取得相应的报酬,这和其他融资方式应该是没有区别的,所不同的只是自由资金不需对外支付,而其他融资方式必须对外支付。

一般情况下,融资成本指标以融资成本率来表示:

融资成本率＝资金使用费÷(融资总额－融资费用)

这里的融资成本就是资金成本,是一般企业在融资过程中着重分析的对象。但从现代财务管理理念来看,这样的分析和评价不能完全满足现代理财的需要,我们应该从更深层次的意义上来考虑融资的几个其他相关成本。

首先是企业融资的机会成本。就企业内源融资来说,一般是"无偿"使用的,它无须实际对外支付融资成本(这里主要指财务成本)。但是,如果从社会各种投资或资本所取得平均收益的角度看,内源融资的留存收益也应于使用后取得相应的报酬,这和其他融资方式应该是没有区别的,所不同的只是内源融资不需对外支付,而其他融资方式必须对外支付。以留存收益为代表的企业内源融资的融资成本应该是普通股的盈利率,只不过它没有融资费用。

其次是风险成本。企业融资的风险成本主要是指破产成本和财务困境成本。企业债务融资的破产风险是企业融资的主要风险,与企业破产相关的企业价值损失就是破产成本,也就是企业融资的风险成本。财务困境成本包括法律、管理和咨询费用。其间接成本包括因财务困境影响企业经营能力,至少减少对企业产品需求,以及没有债权人许可不能作决策,管理层花费的时间和精力等。

最后是企业融资还必须支付的代理成本。资金的使用者和提供者之间会产生委托—代理关系,这就要求委托人为了约束代理人行为而必须进行监督和激励,由此产生的监督成本和约束成本便是所谓的代理成本。另外,资金的使用者还可能进行偏离委托人利益最大化的投资行为,从而造成整体的效率损失。

在公司资本成本的计量方面,20世纪90年代以来,西方公司财务研究基本上认可了资本资产定价模型(CAPM)在确定经过风险调整之后的所有者权益成本中的主流地位。在借鉴相关研究的基础上,顾银宽等建立了中国上市公司的债务融资成本、股权融资成本和融资总成本的计量模型或公式。

(1)融资资本的计算。融资资本包括债务融资资本和股权融资资本。令 DK 代表债务融资资本,EK 代表股权融资资本,则分别有

$$DK = SD_1 + SD_2 + LD$$

式中:SD_1 为短期借款;SD_2 为一年内到期的长期借款;LD 为长期负债合计。

$$EK = \sum_{j=1}^{5} EK_j + \sum_{j=1}^{5} ER_j$$

式中:EK_1 为股东权益合计;EK_2 为少数股东权益;EK_3 为坏账准备;EK_4 为存货跌价准备;EK_5 为累计税后营业外支出;ER_1 为累计税后营业外收入;ER_2 为累计税后补贴收入。

(2)债务融资成本的计算。对上市公司来说,债务融资应该是一种通过银行或其他

金融机构进行的长期债券融资,而股权融资则更应属长期融资。根据大多数上市公司募集资金所投资项目的承诺完成期限为3年左右,因此可以将债务融资和股权融资的评估期限定为3年。以DC代表债务融资成本,则DC可直接按照3~5年中长期银行贷款基准利率计算。

(3) 股权融资成本的计算。股权融资成本Ec必须根据资本资产定价模型(CAPM)来计算。CAPM模型就是

$$K_i = K_f + \beta_i(K_m - K_f)$$

式中:K_i为股票i的收益率;K_f为无风险资产的收益率;K_m为市场组合的收益率;β_i为股票i收益率相对于股市大盘的收益率(股票的β系数)。

(4) 融资总成本的计算。上市公司的总成本是债务融资与股权融资成本的加权平均,即有

$$C = DC \cdot (DK/V) \cdot (1-T) + EC \cdot (EK/V)$$

式中:C为融资总成本;V为上市公司总价值;T为所得税税率,并且有

$$V = E + D_S + D_L$$

式中:E为上市公司股票总市值;D_S为上市公司短期债务账面价值;D_L为上市公司长期债务账面价值。

(5) 实际计算中的若干技术性处理。

① 无风险收益率的确定。在我国股市目前的条件下,关于无风险收益率的选择实际上并没有什么统一的标准,考虑到从上市公司角度,在实际计算中我们采用当年在上海证券交易所挂牌交易的期限最长的国债的内部收益率(折成年收益率)。

② 市场风险溢价的估计。在明确了无风险收益率的计算依据之后,计算市场风险溢价的关键是如何确定股票市场的市场组合收益率,实际中我们采用自上市公司实施股权融资之后的3年内上证综合指数累计收益率(折成年收益率)。

③ 融资总成本中的上市公司总价值V的计算。由于中国上市公司的市值存在总市值和流通市值之分,而债务资本的账面值的确定也存在不确定因素,因此,直接计算上市公司总价值是有困难的,在实际计算时我们采用了总投入资本即债务融资资本与股权融资资本之和1(=EK+DK)代替上市公司总价值V。

对于企业的融资成本,我们可以分为生产型企业融资成本、服务型企业融资成本和技术型企业融资成本三类进行分析(见表4-1至表4-3)。

表4-1 生产型企业融资成本

规模	程度	融资方式从优到劣的大致排序
小	急	内部融资/典当/民间借贷/私募
小	缓	政府资助/内部融资/银行贷款/私募/典当
中	急	内部融资/民间借贷/典当/私募
中	缓	银行贷款/私募/政府资助/民间借贷/内部融资
大	急	内部融资/民间借贷/债券/银行贷款/私募
大	缓	债券/银行贷款/政府资助/私募/股票上市/内部融资

表 4-2 服务型企业融资成本

规模	程度	融资方式从优到劣的大致排序
小	急	内部融资/民间借贷/典当/私募
小	缓	内部融资/银行贷款/内部股权融资/私募/民间借贷/典当
中	急	民间借贷/典当/内部融资/私募
中	缓	银行贷款/内部融资/私募/民间借贷/典当
大	急	内部融资/私募/债券/银行贷款
大	缓	债券/银行贷款/私募/内部融资/股票上市

表 4-3 技术型企业融资成本

规模	程度	融资方式从优到劣的大致排序
小	急	内部债券/典当/内部融资/私募/专利转让
小	缓	政府资助/银行贷款/内部融资/私募/民间借贷
中	急	内部融资/典当/民间借贷/私募
中	缓	政府资助/银行贷款/内部融资/私募
大	急	内部融资/私募/民间借贷/典当
大	缓	政府资助/债券/银行贷款/私募/内部融资/股票上市

表中反映的是三种类型的企业在不同的生产规模、企业融资需求程度时，其融资方式的选择优先顺序也是不同的。

第五节 文化产业投资基金

一、产业投资基金的界定和特点

（一）产业投资基金的定义

在国外产业投资基金也称为私募股权基金（private equity fund），或者称有组织的私人股本市场（organized private equity market）。国外对产业投资基金的研究最早始于20世纪80年代，而中国从20世纪80年代才开始进行产业投资基金的相关研究并逐步尝试设立产业投资基金的实践工作。国家发改委制定的《产业投资基金管理办法（草案）》将产业投资基金定义为：产业投资基金是一种对未上市企业进行股权投资和提供经营管理服务的利益共享、风险共担的集合投资制度，即通过向多数投资者发行基金份额设立基金公司，由基金公司自任基金管理人或另行委托基金管理人管理基金资产，委托基金托管人托管基金资产，从事创业投资、企业重组投资和基础设施投资等实业投资。目前理论界对产业投资基金的界定没有统一的标准，但在其内涵和特征上则是达成一致的：产业投资基金是一种集合投资的金融制度，它定位于实业投资，投资对象是各产业中的未上市企业股权；产业投资基金是机构化、专业化、组织化管理的投资资本，既向受资企业提供资本支持又向其提供资本经营增值服务，以达到与受资企业共同取得收益的目的。

产业投资基金按募集方式可以划分为私募型和公募型两类；按组织形式可以划分成契约型和公司型；按照变现方式可划分为开放型和封闭型；也可根据投资领域划分为创业

投资基金、企业重组基金、基础设施产业基金;根据产业生命周期可以划分为新兴产业投资基金、成熟产业投资基金、衰退产业基金;根据面对投资者群体可划分为中国国内投资基金和中国国家投资基金。

(二)产业投资基金的特点

1. 产业投资基金的基本特点

根据前文对产业投资基金的阐述,产业投资基金属于一种新型的投融资工具,是将社会闲散资金转化为企业长期股本的一种行之有效的直接融资方法,也是国际上通行的一种成熟的股权融资模式。产业投资基金具有以下基本特点。

(1)产业投资基金投资定位于实业投资,投资对象是产业中的未上市企业股权。产业投资基金本身并不从事产品经营,而是属于资本经营范畴。通过专业化的资本经营,进而实现自身的增值。

(2)产业投资基金是专业化、机构化、组织化管理的投资资本,是投资资本的高级形态。投资资本依据其组织化程度,可以划分为三种形态:个人分散投资的投资资本,非专业管理的机构性投资资本,专业化和机构化管理的投资资本。产业投资基金属于投资资本的第三部分,是投资资本的最高组织形态。

(3)产业投资基金投资的目的是通过投资推动企业发展,并在受资企业成长到相对成熟后通过各类退出方式,实现资本增值收益,因而有别于长期持有所投资企业的股权,以获得股息为主要收益来源的普通资本形态。

(4)产业投资基金的运作是融资与投资相结合的过程,属于买方金融。与一般的商业银行不同,产业投资基金的运作首先是要筹措一笔资金,而这笔资金是以权益资本形式存在的,然后以所筹集的资金购买已经经营的企业的资产,并为企业提供资本经营服务,其利润主要来自资本利得,而不是分红。

(5)产业投资基金高风险与高收益并存,产业投资基金所投资的对象是尚未上市的企业,并且要等到企业上市以后才能退出。由于在研究产品开发和企业成长上市过程中具有极大的不确定性,尤其是对高技术企业,这一特点尤为突出。高风险总是和高收益连在一起的,产业投资基金这种投资机制不仅能够分散和规避风险,而且能够实现投资的高收益。

2. 产业投资基金的新特点

(1)募集方式多样化。产业投资基金可以私募发行,也可以公募发行。其中,私募发行是主要的发行方式,发行对象为大型机构投资者。有些私募产业投资基金发展到一定的规模时,会在公开市场上市募集资金。

(2)参与机构多样化。国外著名的投资银行、商业银行、保险公司都开展了产业投资基金(私募股权投资基金)业务,如高盛、汇丰银行、AIG等;凯雷、软银等著名的投资公司就是产业投资基金管理机构,这些机构的参与使得产业投资基金在金融市场的影响力越来越大。

(3)投资领域多样化。产业投资基金在发展初期主要投向高科技企业,目前产业投资基金又加大了对传统行业的投资力度。

(4)投资对象的多样化。产业投资基金的投资对象主要是未上市的股权,但也可以对上市的股权进行投资,还可以进行夹层投资。在一些产业投资基金,特别是并购重组基金的案例中,基金通过收购上市公司的股权,然后将其下市、重组、整合,然后再上市,以达到产业整合的目的;在欧美国家,有专门的夹层投资基金(mezzanine fund),针对使用了尽可能多的股权和优先级债务(senior debt)来融资,但还有很大的资金缺口的企业,提供利率比优先债权高但同时承担较高风险的债务资金。由于夹层融资常常帮助企业改善资产结构和迅速增加营业额,所以在发行这种次级债权形式的同时,常常会提供企业上市或被收购时的股权认购权。

(5) 投资理念的多样化。传统的投资理念主要是指对企业的资金支持,而产业投资基金不仅为企业提供资金支持,而且提供资本经营增值服务,其中提供附加价值成为产业基金的核心理念。产业投资基金是一种专家管理型资本,区别于单纯投资行为,产业投资家为受资企业提供多方面的管理型服务,包括对企业的日常运营进行监督管理,促使企业建立现代企业制度,对企业的经营战略、组织结构调整,委派在行业中经验丰富的经营管理专家加入董事会,定期审阅企业的财务报表,提高企业资产交易和资产管理能力,协助企业寻求进一步发展所需的资金支持,并为公开上市做准备等。

二、文化产业投资基金的界定及特点

(一) 文化产业投资基金的界定

近年来,中国文化产业得到了快速的发展,融资渠道也在逐渐拓宽。然而,与发达国家相比,中国文化产业的发展还有着相当的差距。中国文化产业对国民经济的贡献远低于发达国家,2003年中国文化服务业增加值占GDP的比重为1.5%,比发达国家平均低50%左右,美、加、澳分别为4%、3.1%、3%;文化服务业从业人员占城镇从业人员的比重为2.5%,低于多数发达国家约30%~60%,美、加、澳分别为4.8%、4.8%、3.1%。制约中国文化产业更快发展的主要原因是融资渠道仍然过于单一,文化企业资金严重不足。文化产业的发展必须突破传统的融资方式,寻求适合文化产业发展的金融创新。

当前金融体制改革的重点就是改变以银行体系为主导地位的间接金融体系,扩大直接融资比例。而对于文化产业来说,金融政策应予以适当放宽甚至倾斜,除了加强间接融资力度,政府还应合理引导和规范直接融资渠道。从广泛意义上说,金融体系的功能无非是在资金的富裕方和资金的短缺方之间提供一种中介功能。因为不同资金的供给方和需求方的风险偏好存在差异,因而融资的管道应当是多元化的。文化产业投资基金,不仅符合产业投资基金的经营原则,而且能很好地解决文化产业的融资困境。文化产业类企业若能够获得文化产业基金的投资,既可以大大削弱该企业对银行贷款资金的依赖性,增加新鲜血液,又能改善银行贷款结构,避免长时间、高风险的资金占用,化解金融风险。同时,还减轻了政府财政的事业性支出压力。

国外尚没有"文化产业投资基金"一说,国内直接研究文化产业投资基金的文献也比较少见。无论是理论界还是实务部门,都没有给出文化产业投资基金的明确定义。要给中国文化产业投资基金准确定位,必须注意以下几个问题:一是把它放在整个产业投资基金发展历史、现状与未来的走向中认识;二是要清晰地认识文化产业在融资方面的特殊性;三是把它与中国文化产业发展实际情况结合起来。这样不仅符合产业投资基金发展的一般规律,为文化产业提供了金融支持,而且能促进文化产业的产业升级,改善经济增长结构。根据这一原则并综合国内外专家的观点,对文化产业投资基金应作如下界定:文化产业投资基金是指直接投资于文化产业,即主要对未上市文化企业提供资本支持的集合投资制度,它是一个与证券投资基金相对等的概念。

(二) 文化产业投资基金的特点

文化产业投资基金作为产业投资基金的一个子基金,具有产业投资基金的所有特点。但由于文化产业具有区别于其他产业的一些特征,所以要对文化产业投资基金有更深刻而全面的理解和认识,还须对其特征进行客观细微的分析和探讨。

1. 文化产业投资基金是一种投资于高度意识形态领域的产业资本

文化产业(文化创意产业)高度集中了人类的阶级、文化、地域和创意相结合的领域,这是文化产业特有的阶级特征和价值取向。这种高度意识形态的特点,有别于其他行业的实业投资和风险投资,这正是文化产业投资基金与其他产业基金的最大不同。

2. 文化产业投资基金是定位于文化实业的金融资本

文化产业投资基金定位于出版发行业、广播影视音像业等文化实业投资,通过经营企业,实现自身增值,即文化产业投资基金把文化企业作为商品来经营,通过直接投资文化企业发展文化企业,通过发展文化企业来发展文化产业,进而实现自身增值。文化产业投资基金的投资目的与产业投资基金的目的如出一辙,即基于企业的潜在价值,通过投资推动企业发展,并在合适的时机通过各类退出方式实现资本增值收益。投资者到期退出时,发起人可拥有优先回购权。

3. 文化产业投资基金是一种投资于高增长和高附加值的产业资本

文化产业在中国乃至全世界得到了飞速的发展,文化企业具备了高增长和可持续发展潜力,且主观能动性作为无形资产能够创造高附加值、高增长,这是其他行业所欠缺的。文化产业投资基金投资于文化企业,也相应的能获得文化企业带来的高增长性和高附加值内涵,这种特性带来的高收益也是其他产业基金所无法比拟的。

4. 文化产业投资基金是一种基于文化产业经营特点的专家管理型资本

产业投资基金区别于其他金融资本,其显著特征在于它的"专家管理特征"。产业投资基金不仅为企业直接提供资本金,而且提供特有的专家式的资本经营、资本增值服务。文化产业投资基金的这种特征具体表现为,文化产业投资基金并非单纯的投资行为,而是能够合理影响被投资企业的经营管理,利用其高附加值的特性,优化公司治理结构。文化产业投资基金可以为受资企业提供多方面的管理型服务,它对文化企业的监管不仅表现在日常运营的监督管理,还表现在对文化企业的经营战略、形象设计、组织结构调整等高层次重大问题的决策上。

三、中国文化产业投资基金发展的现状及面临的问题

(一) 中国文化产业基金发展的现状

经过几年的发展,文化产业投资基金在中国作为一种新兴的融资方式,已经渐露雏形。

2006年12月由上海市委宣传部和浦东新区人民政府共同发起设立了上海东方惠金文化投资有限公司,委托上海精文投资公司、浦东新区政府委托上海张江集团公司共出资1亿元(首期)投资设立了上海东方汇金文化产业投资基金。2007年8月,上海文广新闻传媒集团注资,成为上海东方惠金文化产业投资有限公司的大股东。

2008年年底,由浙江日报集团和浙江省财务开发公司共同投资设立东方星空文化传播投资有限公司,并由该公司作为发起人,由浙江日报集团牵头与财务开发公司、中国烟草公司浙江分公司等国有资本共同出资组建了浙江省第一支文化产业投资基金,总规模2.5亿元。该基金由浙江新干线传媒投资有限公司担任投资管理人,中信银行担任财产托管人。基金首期拟投资杭州宋城旅游发展股份有限公司及杭州精英在线教育科技有限公司两个增资扩股项目,投资金额约为8000万元。同年,建银国际医疗保健投资管理有限公司和上海文广集团设立了华人文化产业投资基金。

表4-4 已成立的文化产业投资基金

基金名称	成立时间	组成单位	投资项目
浙江文化产业基金	2008年年底	浙江日报集团、浙江省财务开发公司	杭州宋城旅游、杭州精英在线教育
华人文化产业基金	2009年	建银国际医疗保健投资有限公司、上海文广集团	在筹
上海东方惠金文化产业投资基金	2006年年底	上海精文投资公司、上海张江集团	上海富凯网络信息技术有限公司、上海城市动画有限公司

(二)中国文化产业基金发展面临的问题

虽然,随着国民经济的稳定发展和文化产业迅猛成长,中国文化产业投资基金在摸索中不断壮大,但总体而言,中国原有的文化产业基金仍处于起步阶段,在规模上、体制上和规范性上,都存在一个探索和尝试的过程。

其表现出来的不足主要反映在以下几个方面。

1. 以官办为主

由于强烈的阶级意识形态限制和宣传、文化政策的需要,目前中国的文化产业投资基金主要以官办为主,各地政府或者文化管理单位委托地方文化类国有资本企业投资设立,是为当地政府的政策而服务,文化类国有资本单位并非意愿出资,而在拥有国营控股或参股的背景的同时,就很难使其采取市场化的运作方式,市场化商业运作很可能又意味着国有资产流失。加上官办文化产业投资基金的监管推行困难,政府一方面执政策制定之手,另一方面执监管之手,难免因为利益驱使将规则制定偏向官办文化产业基金,市场的监管和规范的运作成为空谈。

2. 缺乏应有的法规和政策保障,文化产业投资基金的运行缺乏完善的制度平台

产业投资主要是在发达市场经济国家产生和发展起来的。这些国家的一个共同特点是:通过市场经济的漫长发展过程,让各类市场形式、机制、制度工具依序出台,逐步形成完善的市场体系及规范市场体系运作的一整套法律法规。中国有关产业投资基金法律制度的不完善已成为阻碍文化产业投融资事业发展的瓶颈之一。

3. 缺乏高素质的文化产业投资家

产业投资家应该是集管理才能、文化行业专业技能及金融知识于一身的多面手。不仅要把握文化领域最新动态的脉搏,从众多不断涌现的新概念中评估、筛选出具有市场潜力的文化创意项目进行投资,而且要对文化市场的准入机制以及消费者对文化产品的需求作出较为准确的判断,否则文化产业投资基金公司不会获得高收益。在中国由于文化产业投资基金起步较晚,发起人又大多数以政府为背景,管理层多为原行政机关的"下海"人员,或是仅有文化专业知识而无管理才能和金融知识的科技型投资家。他们在操作中频繁出现"角色"错位、排外性等问题,难以真正体现文化产业投资的职业化、市场化特点。因此,投资管理人才的相对缺乏成了制约中国文化产业投资发展的又一因素。

4. 缺乏合理的退出机制

文化产业基金投资的目的不是控股,无论成功与否,退出是产业投资的必然选择,否则无法进入新一轮投资,而资金失去流动性就意味着失去了生命。退出方式包括首次上市(IPO即指首次公开募股)、收购、协议转让和清算。IPO被公认为最理想的退出方式。由于缺乏成本较低的退出方式,阻碍了文化产业投资基金的发展。

5. 文化产业投资金融服务体系欠完备

在向市场经济体制的转轨过程中,中国有关创业投资的金融服务体系相当不健全。文化产业金融服务体系的存在可以大大降低投资方的风险和交易成本,为产业投资的高效、安全运作提供优质服务。这种金融服务体系应包括常规的投资中介服务体系,如律师、会计、资产评估、版权交易中介、投融资咨询等事务所及投资银行、信用评级公司和项目评估公司等;专为风险投资业提供服务的中介机构,如对企业、项目的技术先进性进行鉴别的机构;对创业企业的科技成果、无形资产所占股权比例的知识产权评估机构,等等。在已经建立的中介服务机构有不少属于典型的政府主导型,其组织行为基本上体现了主管部门对市场的政府管制功能的延伸,而且由于这种延伸实际上保留了政府对市场的一部分不当管制,本质上与中介服务机构的一般功能相距甚远。这就导致了文化产业投资基金与其基金公司之间以及文化产业投资基金公司与受资企业之间的沟通产生障碍,增加了交易成本,从而成为文化产业投资发展的障碍之一。

6. 缺乏成熟的创业者

文化产业投资的方式是委托经营。受资文化企业创业者的素质成为企业能否成功的重要因素。一方面,中国市场经济发展的短期性、不成熟性,必然带来高素质创业人才的短缺,低素质的民营文化企业创业者无法将文化领域创业合理整合为商业计划,缺乏财务、营销、管理等方面的知识;另一方面,中国文化领域政策、法规的不确定性和限制性,使得其他产业的成功创业者对涉足这一领域非常慎重。

四、中国文化产业投资基金的模式选择

文化产业基金发展较为成功的有三种模式:以英、美为代表的"证券市场中心"模式;以德、日为代表的"银行中心"模式;以韩国、以色列为代表的"政府主导"模式。中国经济社会处于转型期,文化产业基金的模式选择受到诸多因素约束,因而不能照搬照抄外国模式。

1. 文化产业自身约束

文化产品具有较高的收入弹性。随着收入水平的不断提高,人们会更多的关注高层次的文化需要,也就是精神层面的需求,对文化产品的需求也会以超过收入水平增长的速度而增长。文化产品是复杂的精神劳动成果,具有更多的独创性和自主性。文化产品更多地需要创意,可是它的价值很难直接衡量。文化产品的价值不会受到时间的限制,相反,有很高审美价值的文化产品有很强的生命力。文化产品的这些特性直接影响文化产业基金的组织形式。

首先,文化产业的无形资产价值难于确定。无形资产往往占文化企业资产比重较高,乃至绝大部分都是无形资产。在中国还没有建立起一个科学的、公正的无形资产评价机制的情况下,很难估算随着时间和市场环境的变化而不断变化的无形资产的价值。因而,标的物的价值不能有效评估及无形资产价值的不确定性,要求基金组织形式具备稳定性和抗风险性。

其次,收入流的不稳定性。文化企业不像传统的工商业有持续的现金流,很多时候业务的开展,比如影视剧的拍摄、文艺活动的举行都是"项目性"的,不能产生稳定和持续的现金回报。另外,文化市场需求波动大,且市场培育期较长,收益期较短,高盈利回报往往只是集中在较短时期。因此,对产业基金投资者而言,不仅要面对风险,还要求具有长期投资的准备。

2. 市场环境约束

鉴于目前产业投资基金在中国还处于起步阶段,尚无完备的规则加以约束和指导,文化产业投资基金更是刚刚起步,必须综合考虑中国当前的制度环境以及经济、金融体系发展的现状来选择文化产业投资基金的组建方式。

(1)间接融资仍是中国企业融资的主要方式,商业银行掌握着大部分的金融资源,银行在中国的产业发展中起到非常重要的作用。鉴于宏观经济政策调控需要,中国商业银行有时会扮演政策银行的角色。在发展产业投资基金的过程中,许多金融体系以银行为基础的发达资本主义国家都出现过银行扮演主要角色的情况,但是由于中国国有商业银行实行分业经营,因而不适合以混合经营为要求的德日"银行中心型"组建模式。尽管如此,中国要组建文化产业基金还是不能没有银行的参与,因为中国是以银行为主导的金融体系国家。因而,在此背景下需要中国银行业在制度和体制上实现突破。

(2)资本市场发展滞后。目前,中国股票市场和企业债券市场的发展还不发达,多层次的、能满足企业不同融资需求的资本市场还没有建立起来。从国际经验来看,发展较快的产业投资基金往往是与IPO市场的繁荣相伴的。如果没有健全的金融体系支持,单纯依靠政府投入,创业板市场并不能实现IPO市场的真正繁荣,也不能解决产业投资基金的退出问题。中国中小企业板2004年在深交所启动,由于缺乏有效的退市机制,投资者对市场缺乏信心,因而该市场发展较为缓慢。这产生的直接影响是,产业投资资本,特别是涉及中小企业、高新技术企业等的风险投资资本方式退出渠道不够通畅。2009年10月启动的深圳创业板市场依然没有解决这个问题。因此,"证券中心型"运作模式目前不适合中国文化产业投资基金。

(3)产权交易市场滞后。产业投资基金运行机制的基础在于完善的企业产权或股权转让市场。而中国产权市场正处在建立和发展的初级阶段,私人权益资本市场更是极不发达,个人和公司机构投资者的介入极其有限。产权交易市场可以部分弥补证券市场的不足。文化产权的特殊性(中国文化产业本身存在产权不清、知识产权不明等问题)对产权市场的发育程度要求更高。

(4)信用环境制约。产业投资基金作为一种集合投资制度,属于投资者通过特定的中间层进行的间接创业投资行为。因此,为了降低风险,必然高度重视作为基金管理人的职业投资家与专业投资管理机构的诚实信用和勤勉尽责问题,这需要全社会建立起一种完善的信用环境约束和激励机制。目前,中国社会信用环境的不佳提高了投资者投资于基金的委托代理成本,也对中国产业投资基金的组织形式和治理结构的选择提出了较高的要求。

因此,中国文化产业基金生存与发展的环境更接近韩国和以色列的政府主导型模式。因而,政府与金融机构的有效配合和制度协调可能是中国文化产业基金在目前可以探寻的比较实际的路径。

3. 产业基金的自身约束

中国经济社会正处在转型中,有效的产业投资基金组织形式及治理结构的形成和发展还存在一系列制度性约束条件。

(1)文化产业投资基金的定位限制。一般而言,国际产业投资基金集中于高技术产业,各国政府对它的扶持也以促进高新技术发展为目的。中国政府推动文化产业投资基金的目标定位于促进文化产业的整体发展,不仅为了促进文化产业中的高新企业发展,还要承担为文化产业重大基础设施建设和中国国有文化企业体制改革融通资金的重大使命。后者是由中国文化产业属性所决定的。文化产业产品的双重属性(公共产品和私人产品)影响了产业基金的运作模式,特别是正外部性补偿问题。这一问题还会引发基金投资相关的税收问题。税收对基金的运营影响很大,基金投资涉及的税收问题、基金管理人奖励的税收问题尤为重要。但目前没有专门针对基金的税收制度,从而影响了基金以及基金管理人的财务预算。

(2)基金投资的国资问题。如何对国有文化产业投资资金监管,对非国有基金投资者影响较大。如果基金与基金投资两个层面都严格适用国资监管模式,则可能限制基金投资决策的灵活性以及相关资产的流动性。目前对基金涉及国有资产的管理没有专门的规定,影响到非国有基金投资者对形势的判断。

(3)法律环境的建设问题。相关法律制度建设的滞后影响了产业投资基金的组织形式选择及治理结构效率。目前,中国法律不承认有限合伙制的法律组织形式。1997年通过的《合伙企业法》中已明确地把有限合伙制这种合伙形式排除在外。同时,由于目前基金份额交易机制与交易市场尚未建立,基金投资只能通过权益转让的方式退出,交易成本过高。如不能有效解决投资退出问题,投资者的积极性将受到影响。

4. 产业基金组织形式选择

产业投资基金主要有限合伙型、契约型和公司型三种主要组织形式。它们之间本无优劣之分,选择哪一种作为中国文化产业投资基金的组织形式主要取决于文化产业的特性和资本市场的现状。

（1）有限合伙型基金不符合中国文化产业发展要求。有限合伙企业通常由普通合伙人和有限合伙人组成。普通合伙人通常是资深的基金管理人，负责管理合伙企业的投资，对合伙企业的债务承担无限责任，因此把基金管理者的责任与基金的投资效益紧密联系起来。有限合伙人主要是机构投资者，他们是投资基金的主要提供者，不参与合伙企业的日常管理，故以投入的资金为限对基金的亏损与债务承担责任。基金各方参与者通过合伙协议可以约定基金的经营年限、投资承诺的分阶段履行以及实行强制分配政策等。另外，在合约中还可以规定，基金管理中的重大问题必须征得有限合伙人的同意，从而保留有限合伙人的根本权利（见图4-1）。

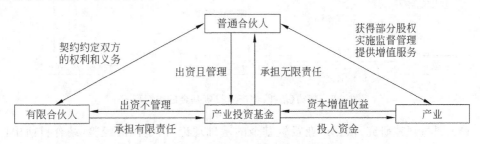

图 4-1　有限合伙制产业投资基金的组织形式

在这种企业制度下，有限合伙人实际上放弃了对合伙企业的控制权，只保留一定的监督权，将合伙公司交给普通合伙人经营，这确保了普通合伙人经营的自主性和独立性，有利于他们灵活自主、不受干预地经营，发挥其最佳经营才能，实现基金的最佳经营效果。有限合伙公司制的产权关系明晰、治理结构合理、报酬制度科学，作为投资中介具有独特的合理性，它对产业投资，特别是创业投资业的发展发挥重要的推动作用。

中国的国有和民间股权投资基金（一级市场）均为公司制或合伙制，欧美的多为合伙制。因为该类基金单个认购份额大，一般要求1 000万元为最低认购额，而且股东人数有限，因此以公司制运作方便，也有利于基金的稳定。中国投资于一级半和二级市场的基金多为契约型，需向中国证监会报批，接受证监会监管，审批时限不确定。这种类型基金按照国家规定不能进行非上市公司的直接股权投资，因此不适合中国文化产业基金。

（2）契约（信托）型基金不能更好地服务中国文化产业发展的目标。契约型产业投资基金组织形式见图4-2。这类基金通常由基金管理人、基金托管人和基金投资人三方共同订立一个信托投资契约，通过发行受益凭证而组建的投资基金。基金管理人是基金的发起人，通过发行受益凭证把资金筹集起来组成信托财产，并依据信托契约进行投资；基金保管人遵守信托契约负责保管信托财产；基金投资人——受益凭证的持有人，根据信托契约分享投资收益。三方之间的"信托—受托"关系具有以下特征：所有权与利益相分离、信托财产的独立性、有限责任。

在契约型的"信托—受托"关系下，基金本身并不是一个独立的财产主体，基金财产的所有权必须转移到作为受托人的基金管理人名下（少数情况下是转移到作为另一受托人的基金托管人名下）。由于基金管理人不仅拥有基金财产的经营权，而且拥有基金财产的所有权。因此，基金管理人能够以自己的名义管理基金资产。为了监督基金管理人的投资运作行为，并保管基金资产，通常还设立有基金托管人来托管基金资产，对基金财产行使占有权。

　　契约型基金组织形式过度干预会损伤文化企业的效率和市场化。可以推断中国未来文化产业基金主要还是政府投资或国有资本主导,如果采取契约式将不利于打破政府与企业关系,不利于文化产业积极主动参与市场竞争,也不利于它们参与国际竞争或进行主动的国际化。

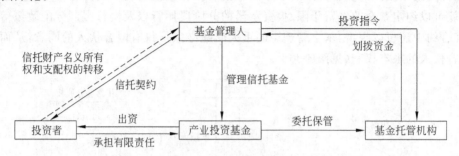

图 4-2　契约(信托)型产业投资基金的组织形式

　　(3) 通过规范研究,依据产业投资基金的基础理论,借鉴国际经验,结合目前中国所处的经济发展阶段、资本市场状况、法律和基金监管体制等因素,中国文化产业投资基金的组织形式宜选择公司型。公司型基金依照公司法设立,通过发行基金股份将集中起来的资金进行广泛投资。在组织形式上公司型基金与股份有限公司类似,由股东选举董事会,由董事会选聘基金管理公司,基金管理公司负责管理基金业务(见图 4-3)。基金管理人实际负责管理和经营基金资产,其主要职责包括投资项目分析、投资组合和从事日常的基金管理。基金保管人一般是银行,主要职责是保管基金资产及股息核算等,保管人也要同投资公司签订保管契约并收取保管费。基金转换代理人通常也由银行或其他金融机构承担,由其负责基金股票的转移以及股利分配等。基金承销商负责股票发售的具体工作。公司型基金比较符合银行主导型的国家和产业控制性较强的国家。

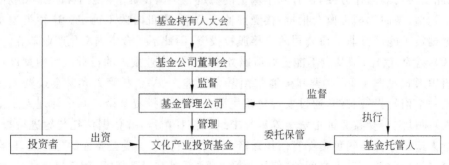

图 4-3　中国文化产业投资基金的组织形式

　　按照公司型基金的特性,根据决策权、执行权和监督权相互分离和相互制衡的原则,建立现代公司治理结构。将基金委托于专业化的投资管理公司进行运营管理,投资管理公司按照市场化方式经营基金,承担相应权责。选择一家银行作为基金托管人托管基金资产、执行投资指令、监督基金管理公司行为。设立基金持有人大会,由全体基金持有人组成,对可能影响基金持有人利益的特定重大事项进行表决。基金持有人大会下设基金公司董事会,由大股东和独立董事构成,负责对受托的基金管理公司进行监控。国家或省文化资产管理办享有对董事会派驻独立董事和监事的权力。董事会下属的基金管理公司作为具体的投资运作机构,负责项目筛选和投资管理,重大投资项目需报董事会批准生效。基金管理公司聘请若干投资项目经理进行投资的市场化运作。

五、中国文化产业投资基金发展的方向

基于中国文化产业投资基金的现实,有必要设立一种新型的文化产业投资基金及其金融服务体系。新型的文化产业基金可以借鉴私募股权的运作,最大限度发挥文化企业发展的有效资源配置,并通过资本把产业投资专家和各种资源有机地整合到一起。在探讨中国文化产业投资基金发展模式,建立中国文化产业投资基金的综合化、系统化平台时,我们应该充分认识文化产业投资基金的重要性,结合中国文化产业的实际情况,分析中国文化产业投资基金应该具备的核心功能,才能更好地发展新型的文化产业投资基金。

文化产业投资基金的产生是在中国文化产业体制改革和投融资改革发展到一定程度上必然要产生的模式。中国的上市公司平均总资产回报率(ROA)只有1%左右,净资产收益率(ROE)只有2%多,而美国上市公司平均资产收益率(ROA)为7.5%,平均净资产回报率(ROE)达到20%多。可见中国企业效率和美国公司相差甚远,而新型文化产业投资基金可以入股中国的文化企业,通过其本身拥有的优势,加强或改善文化企业产权机制、治理机构、激励机制、商业模式和管理技术等微观机制,通过文化产业投资资本和人才的有机结合,对文化企业资产进行整合,使其效率、商业盈利模式发生根本性改变,从微观上改变文化企业的生产效率和竞争力。新型文化产业投资基金同时也是适应中国产业结构调整的需要产生的,新型文化产业投资基金在投资中联合政府、市场资本和相关的配套服务体系,专注于文化产业的投资,因而可以在促进文化产业的结构升级方面发挥更大的作用。同时新型文化产业投资基金通过发展其独特的制度和机制实现高度专业化的运作,是符合现代资本市场的运作理念和模式,它突破私募股权投资存在的不确定性、信息不对称和缺乏流动性等低效率的障碍,把资本高效配置到迫切需要的文化企业并配以服务体系中的高级人才,解决中国文化企业产品结构升级、国家文化产业整合和结构调整、国家文化产业发展战略等问题。新型文化产业投资基金应该成为当前中国文化产业资本市场的主要渠道之一。

复习与思考

1. 简述我国文化产业投融资体系。
2. 简述西方发达国家投融资体系。
3. 什么是投资与融资?
4. 简述文化产业投资的对象。
5. 简述文化产业企业的投资。
6. 简述投融资渠道及成本分析。
7. 什么是文化产业投资基金?

第五章 文化产业投资决策

文化产业投资案例:为文化企业注入"血液"[①]

在大多数文化产业投资基金为选择哪些项目进行投资犹豫之时,已有不少投资基金进行了有益尝试。它们并未将眼光局限在即将上市的成熟企业中,而是紧跟文化产业的发展脉络,找到了合适的投资项目。这些文化产业投资基金的介入,为处于小而散发展态势的文化企业解决了资金短缺问题,为它们的发展注入了新鲜"血液"。

华人文化产业投资基金投资《中国好声音》

2009年4月,华人文化产业投资基金成为第一个在国家发改委获得备案通过的文化产业私募股权基金,基金规模为50亿元。这支来自海内外传媒领域具有丰富实践经验和资源的团队与新闻集团合资成立了星空华文传媒公司,下辖灿星制作。灿星制作先后成功引进和制作了全球最大选秀节目《中国达人秀》以及火爆荧屏的音乐选秀节目《中国好声音》。

华人文化产业投资基金关注市场需求,不仅严谨地评估《荷兰之声》、《英国之声》在本土市场的表现,而且将节目在中国各大视频网站上的视频播放次数和网友留言收集起来,作为项目决策和实施的重要依据。

华人文化产业投资基金重视"国际模式、中国表达"的内容创新机制,从西方引进电视选秀品牌和模式再注入中国价值观,用国际一流的传播手段去传播当下社会的"中国梦"。《中国好声音》源于荷兰节目《荷兰之声》,导师选择、节目环节设置都源自荷兰,但是导师与学员分享音乐道路的艰辛、家人朋友的支持等情节又融入了浓厚的中国文化和中国人的情感。

华澳文化产业投资基金投资《画皮》

华澳文化产业投资基金(以下简称华澳)对电视剧《画皮》的投资是国内首家私募基金投资单个影视剧项目。该剧总投资2 400万元,华澳投资了300万元。

此前内地基金行业进行文化产业方面的投资,主要是进行股权投资,而针对具体项目进行投资,华澳开了先河。在华澳投资《画皮》的过程中,深圳文交所协助华澳对影视剧剧组创作团队做了较为深入的调查。此外,深圳文交所还针对影视剧项目,在投资风险控制和交易制度设计方面做出创新,采用以版权质押为核心的创新型融资手段,并对投资资金进行第三方监管,将投资风险尽量降到了最低,这些做法增强了投资商的信心。

[①] http://www.ce.cn/culture/gd/201303/07/t20130307_24174798.shtml.[2013-03-07].来源:光明日报.

广东文化产业投资基金投资闪购

2012年6月,广东文化产业投资基金宣布向闪购注入10亿元资金,这是近年来中国移动互联网行业全额最大的首轮融资。此外,广东文化产业投资基金还力促南都全媒体集群与闪购签订了战略合作协议。

闪购是中国第一家专注于手机物联网技术开发与应用的公司,是中国第一家涉足移动电子商务的先锋企业,拥有全国最大的手机物联网购物应用平台。南都全媒体集群形成了报纸、杂志、网络、移动终端等多种媒介形式综合发展的全媒体经营格局,在内容、形态、渠道等方面达到全覆盖。

南都与闪购的强强联合,使平面媒体搭上移动互联网的高速列车。南都从平面媒体演变为可实时播报的流媒体,信息表现方式更加丰富。南都和闪购将共同打造广东电子商务诚信体系,成为中国电子商务行业健康发展的范例。

建银国际文化产业基金投资小马奔腾

2011年4月,建银国际文化产业基金在启动仪式上宣布,北京小马奔腾传媒股份有限公司成为该基金正式投资的首家文化企业,投资金额是3亿~4亿元。

对小马奔腾而言,此次融资完全是买方市场,公司方面提供的投资额度已经足够大,完全有容量引入多家投资者,而在其引入的投资者中几乎都具有文化产业投资背景或拥有相关资源。建银文化基金之所以能最终成为领投方,是因为其背后有庞大的资金平台,以及其在院线建设方面的优势资源。

文化产业投资决策属于文化产业投资活动的前期阶段,涉及投资的必要性、投资目标、投资规模、投资方向、投资结构、筹资方式、投资成本与收益、投资风险控制等的抉择。它决定着投资决策的执行,并与投资决策的执行一道决定着投资目标的实现。投资决策的失误将造成无法弥补的损失。文化产业投资决策是由诸多要素构成的一个动态系统,主要要素有决策者、决策对象、信息、决策的理论和方法、决策结果。科学决策程序一般可分为八个阶段:发现问题、确定目标、价值准则、拟定方案、分析评估、方案选优、试验验证、普遍实施。

第一节 资金的时间价值

货币的时间价值是指经历一定时间的投资和再投资后所增加的价值,也称为资金的时间价值。它与投资的风险价值是投资学中两个基本的概念。它表现为同一数量的资金在不同的时点上具有不同的价值。

资金投入文化产业后,其数额随着时间增长而持续不断增长,这是客观经济现象。现在的一元钱与将来的一元钱的经济价值不相等,现在的一元钱大于将来的一元钱。如果现在的一元钱存到银行,一年后还会获得一定的利息,因此现在的一元钱应当和未来的一元钱加上利息等值。

时间本身不会产生价值,时间价值的本质是资金投入生产经营过程后,经过不断的周转和循环所产生的增值额。按照增值的形式不同,可分为:只就本金计算利息的单利法;本金、利息都能生利的复利法。在计算资金时间价值量时,现值和终值是两个重要的概念，它们表示不同时期的资金时间价值。具体而言，现值又称本金，是指资金现在的或当期的价值；终值又称本利和，是指资金经过若干时期后包括本金和时间价值在内的未来价值。通常有单利终值与现值、复利终值与现值、年金终值与现值。

（一）单利

单利是指所生利息不加入本金重复计算的利息。我国商业银行一般按照单利计算存贷款利息。

1. 单利利息的计算

按照单利的计算法则，单利利息的计算公式为

$$I = P \cdot i \cdot n$$

式中：I 为利息；P 为现值；i 为每一利息期的利息（折现率）；n 为计算利息的期数。

2. 单利终值的计算

单利终值是本金与未来利息之和。其计算公式为

$$F = P + P \cdot i \cdot n = P(1 + i \cdot n)$$

式中：F 为终值。

例：某影视公司于 2012 年 3 月 30 日发行的 3 年期公司债券，面值 100 元，票面利率为 4.87%，单利计息，到期一次还本付息，则到期时支付的本息额为

$$100 \times (1 + 4.87\% \times 3) = 114.61(元)$$

3. 单利现值的计算

单利现值是资金现在的价值。单利现值的计算就是确定未来终值的现在价值。单利现值的计算同单利终值的计算是互逆的，由终值计算现值的过程称为折现。单利现值的计算公式为

$$P = \frac{F}{1 + i \cdot n}$$

（二）复利终值和现值

复利是计算利息的一种方法。即每经过一个计息期，要将所生利息加入本金再计算利息，逐期滚算，俗称"利滚利"。计息期是指相邻两次计息的时间间隔，如年、月、日等。除非特别指明，计息期为 1 年。

1. 复利终值

复利终值是指一定数量的本金在一定利率下按照复利的方法计算出的若干时期以后的本金和利息。例如，某动漫公司将一笔资金 P 存入银行，年利率为 i，如果每年计息一次，则 n 年后的本利和就是复利终值。

一年后的终值为

$$F_1 = P + P \cdot i = P \cdot (1 + i)$$

两年后的终值为

$$F_2 = F_1 + F_1 \cdot i = F_1 \cdot (1 + i) = P \cdot (1 + i) \cdot (1 + i) = P \cdot (1 + i)^2$$

由此可以推出 n 年后复利终值的计算公式为

$$F = P \cdot (1 + i)^n$$

例：某影视公司于 2012 年 3 月 30 日发行的 3 年期公司债券，面值 100 元，票面利率为 4.87%，复利计息，到期一次还本付息，则到期时支付的本息额为

$$100 \times (1 + 4.87\%)^3 = 115.33(元)$$

2. 复利现值

复利现值是复利终值的对称概念，是指未来一定时间的特定资金按复利计算的当前的价值，或者说是为了取得一定本利和需要在当前投入的本金。例如，某电影公司将 n 年后的一笔资金 F，按年利率 i 折算为现在的价值，这就是复利现值。

由终值求现值，称为折现，折算时使用的利率为折现率。复利现值的计算，是指已知 F、i、n 时求 P。

$$P = \frac{F}{(1+i)^n} = F \cdot (1+i)^{-n}$$

3. 名义利率与实际利率

复利的计息期不一定总是一年，有可能是季度、月或日。当利息在一年内要复利几次时，给出的年利率叫做名义利率。

实际利率和名义利率之间的关系为

$$1 + i = (1 + r/n)^m$$

式中：i 为实际利率；r 为名义利率；m 为每年复利次数。

（三）年金终值与现值

年金是指一定时期内一系列相等金额的收付款项。如分期付款赊购商品、发放养老金、支付租金等都属于年金收付形式。按照收付的次数和支付的时间划分，年金可以分为普通年金、先付年金、递延年金和永续年金。

在年金的计算中，设定：A——每年收付的金额；i——利率；F——年金终值；P——年金现值；n——期数。

1. 普通年金

普通年金是指每期期末有等额的收付款项的年金，又称后付年金。

（1）普通年金的终值。普通年金终值是指一定时期内每期期末等额收付款项的复利终值之和。年金终值公式为

$$F = A \cdot \frac{(1+i)^n - 1}{i} = A \cdot (F/A, i, n)$$

式中：$(F/A, i, n)$ 为年金终值系数。

（2）普通年金的现值。普通年金现值是指一定时期内每期期末收付款项的复利现值之和。年金现值公式为

$$P = A \cdot \frac{1 - (1+i)^{-n}}{i} = A \cdot (P/A, i, n)$$

式中：$(P/A, i, n)$ 为年金现值系数。

2. 先付年金

先付年金是指每期期初有等额的收付款项的年金，又称预付年金。

（1）先付年金的终值。先付年金终值是指一定时期内每期期初等额收付款项的复利

终值之和。

先付年金与普通年金的付款期数相同,但由于其付款时间的不同,先付年金终值比普通年金终值多计算一期利息。因此,可以在普通年金终值的基础上乘以$(1+i)$,即为先付年金的终值。

$$F = A \cdot \left[\frac{(1+i)^{n+1}-1}{i} - 1\right] = A[(F/A, i, n+1) - 1]$$

(2) 先付年金的现值。先付年金现值是指一定时期内每期期初收付款项的复利现值之和。

先付年金与普通年金的付款期数相同,但由于其付款时间的不同,先付年金现值比普通年金现值少折算一期利息。因此,可在普通年金现值的基础上乘以$(1+i)$,即为先付年金的现值。

$$P = A \cdot \left[\frac{1-(1+i)^{-(n-1)}}{i} + 1\right] = A \cdot [(P/A, i, n-1) + 1]$$

3. 递延年金

递延年金是指第一次付款发生时间是在第二期或者第二期以后的年金。

(1) 递延年金终值。递延年金终值的计算方法与普通年金终值的计算方法相似,其终值的大小与递延期限无关。

(2) 递延年金现值。递延年金现值是自若干时期后开始每期款项的现值之和。其现值计算方法有两种。

方法一:第一步把递延年金看作n期普通年金,计算出递延期末的现值;第二步将已计算出的现值折现到第一期期初。

$$P = A \times (P/A, i, n) \times (P/F, i, m)$$

式中:m为递延期;n为连续收支期数。

方法二:第一步计算出$(m+n)$期的年金现值;第二步计算m期年金现值;第三步将$(m+n)$期的年金现值扣除实际并未支付的递延期(m)的年金现值,即可得出最终结果。

$$P = A \times [(P/A, i, m+n) - (P/A, i, m)]$$

4. 永续年金

永续年金是指无限期支付的年金,如优先股股利。由于永续年金持续期无限,没有终止时间,因此没有终值,只有现值。永续年金可视为普通年金的特殊形式,即期限趋于无穷大的普通年金。

$$P = \frac{A}{i}$$

例:某传媒学院拟建立一项永久性奖学金,每年计划颁发100万元奖学金,用于奖励在动漫设计方面有所创新的人才。若利率为10%,现在应该存入多少钱?

$$P = 100/10\% = 1\,000(万元)$$

第二节 投资项目评价方法

一、理性和效用

要理解决策的概念,首先要了解什么是理性和效用。决策"理性"是西蒙在《现代决策的理论基石》中指出的,理性指的是一种行为方式,是指在给定条件和约束的限度内适合达到给定目标的行为方式。即决策者根据自己的评价标准制定一定的评价原则进行选择,该原则就是选择原则。最大效用期望支付一般来说与最大货币期望支付并不必然相同,因为效用值不一定要用货币单位去度量。显然,效用、评价标准、评价原则等不仅与客体的客观价值有关,而且与决策者的主观评价有关。作为理性人,决策者往往要最大化自己的偏好。

西蒙的有限性理论认为决策者的理性同其认知能力一样是有限的,因此决策目标不是达到最优解,而是达到满意解。一般来说,一个决策的成功与三个因素有关:一是决策正确与否;二是是否恰当地对决策环境中的可控因素实施了有效的控制;三是运气和不可抗力等因素。

冯·诺依曼和摩根斯坦1994年创立了预期效用理论。预期效用是指未来各种状态出现的概率和相应的概率下获得的收益或效用的期望值,市场参与人在概率分布或在"期望"中进行选择。利用效用可以定义人们对风险的态度;若收益增加,边际效用递减,则其是风险厌恶者;如收益增加,边际效用递增,则其是风险爱好者;如收益增加,边际效用不随收益的增加而改变,则其是风险中性。风险厌恶者一般会通过风险转移的方式来减少或规避风险,如保险、投资的多元化组合等都是减少或规避风险的主要手段。从对待风险的态度上来说,风险中性或风险厌恶者倾向对文化产业的战略性投资,而风险爱好者则倾向文化产业的投机性投资。

二、投资决策

在文化产业的经营管理过程中,需要对各种各样的问题进行判断和选择,这些问题就是决策问题。决策可分为战略决策、管理决策(行政决策)和业务决策(日常事务决策)。战略决策具有总体性、重大性和长远性,通常由企业的最高管理层负责,例如,对要并购的目标企业进行选择就是主并企业的一项战略决策。其特点为:决策权集中、所需信息不全、问题结构不良、涉及的风险大、决策的组织工作复杂、决策程序复杂、目标数量多、时间长等。决策又可按决策时所掌握信息的完备程度分为确定型决策、风险型决策和不确定型决策。确定型决策相对比较简单,但文化企业高层管理面临的是大量的不确定型决策和风险型决策。

1. 投资决策的分类

决策还可以分为程序化决策和非程序化决策;长期决策和短期决策;个人决策和群体决策。对文化产业投资来说,除了经济因素,还要考虑艺术性、社会性、安全性等非经济因素。目前,人们尚未能把经济目标和非经济目标统一于一个价值标准中。

2. 投资决策的程序

（1）估算出投资方案的预期现金流量；

（2）估计预期现金流量的风险；

（3）确定资本成本的一般水平（贴现率）；

（4）确定投资方案的收入现值；

（5）通过收入现值与所需资本支出的比较，决定拒绝或承认投资方案。

3. 投资决策过程

投资决策过程分为情报活动、设计活动、抉择活动和审查活动。一个决策系统由5个要素组成：决策者、决策对象、决策信息、决策的理论和方法、决策结果。近代决策理论认为：由于决策者在认知能力、时间、成本、信息等方面的限制，常常进行"满意"决策，其标准可以有最低的标准、满意的标准和理想的标准三种，通过所谓的下、中、上三策来实现。

三、文化产业投资项目评价基本方法

现金流量指在投资决策中一个项目引起的企业现金支出和现金收入增加的数量，它涉及现金流入量、现金流出量和净现金流量等具体概念。净现金流量是指一定时间内现金流入量和现金流出量的差额，其数值可正可负。为了计算文化产业投资项目的现金流量，还要区分相关成本和非相关成本的概念。例如，实际成本、潜在成本、重置成本、机会成本等属于相关成本；而沉淀成本、过去成本、账面成本等则属于非相关成本。投资考虑的是机会成本，而不是会计成本，同时还要考虑投资方案对其他项目或企业其他经营业务的影响及对营运成本的影响。

利润与现金流量的关系是：利润是按照权责发生制确定的，而现金流量是根据收付实现制确定的，两者既有联系又有区别。文化产业投资决策中，研究重点是现金流量，而把对利润的研究放在次要地位，其原因是：在整个投资有效年限内，利润总计与现金流量总计是相等的，故现金流量可以取代利润成为评价净收益的指标；利润在各年的分布受折旧方法等人为因素的影响，而现金流量不受此影响，可保证评价的客观性。在文化产业投资分析中，现金流动状况比盈亏状况更为重要，有利润的年份不一定能产生多余的现金用来进行其他项目的再投资。

文化产业评价指标分两类：一类是贴现指标，即考虑了时间价值因素，主要有净现值（NPV）、现值指数（PVI）、内含收益率（IRR）、动态投资回收期等，是判断项目是否可行的主要指标；另一类是非贴现指标，即没有考虑时间价值因素，主要有回收期、会计收益率等，是判断项目是否可行的次要指标或辅助指标。依投资评价指标的类别，评价分析方法也分为两类：贴现的分析评价方法和非贴现的分析评价方法。

（一）贴现的分析评价方法

1. 净现值法

净现值（net present value，NPV）是指从投资开始直至项目寿命终结时现金流入量与现金流出量按预定贴现率折现的现值之差。贴现率可以是文化企业的资本成本，也可以是文化企业要求的最低收益率水平。净现值的计算公式为

$$NPV = NCF_0 + NCF_{1-n} \cdot (P_A/A, i, n)$$

式中：n 为项目经济寿命期，i 为预定贴现率；NCF_t 为第 t 年的净现金流量。

净现值指标是反映项目投资获利能力的指标。净现值的决策标准：净现值≥0，方案可行；净现值<0，方案不可行；净现值均>0，则净现值最大的方案为最优方案。多个互斥项目进行选择时，选取净现值最大的项目。

NPV 体现了文化投资项目的投资收益，从货币增值量绝对额的角度来考察项目，符合文化企业价值最大化的目标。净现值法具有广泛的适用性，理论上也比其他方法更完善，但贴现率的确定（可以根据资金成本或文化产业要求的最低资金利润率来定）、净现金流量的预测、项目计算期的确定有较多主观的东西。此外，对于投资期限不同的互斥方案，NPV 比较的效益期限不同，因此，这类方案不适合用 NPV 比较。这时，可使用年均净现值指标（ANPV），它等于净现值除以对应的年金现值系数，用以表示每年所获得的净现值，从而可以对不同期限的项目进行比较。

$$ANPV = NPV/(P/A, i, n)$$

2. 内含报酬率法

内含报酬率（internal return rate, IRR），是使项目的未来现金流入量的折现值等于未来现金流出量的折现值的贴现率，即净现值为零时的贴现率。内含报酬率法是根据方案本身的内含报酬率来评价方案优劣的一种方法。内含报酬率大于资金成本率则方案可行，且内含报酬率越高方案越优。

内含报酬率反映了一个文化投资项目自身的投资报酬率，在计算时可采用"逐步测试法"，可使用"内插法"来改善计算精度。实际运用中可查表或采用软件进行计算。内含报酬率的特点是不必事先选择贴现率，可根据 IRR 的大小排定独立投资的优先顺序，但它需要一个切合实际的资金成本或最低报酬率来判断方案是否可行。

（二）非贴现的评价方法

1. 投资回收期法

投资回收期（payback period, PP）是指投资引起的现金流入累计到与投资额相等所需要的时间，它代表收回投资所需要的年限，可以衡量初始投资额的回收速度的快慢。回收期越短，则文化产业投资方案越有利。其缺点是忽视时间价值，而且没有考虑回收期后的收益，可能导致投资决策者放弃长期成功的方案。目前，投资回收期主要用来测定文化产业投资方案的流动性而非营利性，其优点是计算简单方便，计算出的静态回收期是动态回收期较好的近似。

2. 会计收益率法

会计收益率（accounting return rate, ARR）是指投资项目经济寿命期内的平均税后利润与净增量投资额之比。

该法计算简便、应用范围广，计算时使用会计报表上的数据，以及普通会计的收益和成本概念。计算公式为

$$会计收益率 = \frac{年平均净收益}{原始投资额} \times 100\%$$

$$年平均净收益 = 年均营业净现金流量 - 年均折旧额$$

在采用会计收益率法进行投资方案评价时,应事先确定一个文化企业要求达到的会计收益率,在进行采纳与否的决策时,高于要求达到的收益率则可行,否则放弃。在多个方案的互斥选择决策中,选用会计收益率最高的方案。

第三节 文化产业投资的风险控制

货币时间价值是在不考虑风险和通货膨胀情况下的投资收益率,它不涉及风险问题。事实上市场经济是有风险的。文化产业也不例外,文化企业的经济活动大多是在风险和不确定的情况下进行的。但风险总是与收益紧密相连的,离开了风险因素就无法正确评价文化企业的收益情况。因此,揭示风险以及风险与收益之间的关系,如同货币时间价值观念一样,是财务决策的基本依据。

风险指的是一种遭受损失的可能性。由于投资主体预期的不完善性和市场经济的多变性,风险在市场中几乎无处不在。风险按其性质可分为自然风险、人文风险和经济风险,文化产业的投资者必须对风险进行管理以达到控制风险的目的。文化产业投资中的风险主要有政策风险、市场风险、经营风险、人员风险、不可抗力风险等。

一、文化产业投资风险的类型

(一)政策风险

文化产业由于涉及意识形态领域和社会控制,又是新的经济增长点,各个国家均有不同程度的政府管制,其中蕴含着政策风险。从我国近年来文化产业投资的实践来看,由于政策约束而导致失败的案例不在少数。

《中国经营报》和《精品购物指南》是中国社会科学院工业经济研究所主管、主办的两份报刊,创办初期的资金由创办者自筹解决。运作10多年以后,这两份报刊逐渐拥有了巨额资产,但围绕产权问题争议不断。1999年,国家有关行政部门对两份报纸的产权作出界定,明确传媒使用业外资金不能作为投资的原则。报刊的主办单位即是报刊的投资人,报刊创办时若有个人、集体自筹启动资金的,按债权债务关系处理,由主办单位参照银行同期贷款利率予以退还。由于不能认定为对该报刊的投资,投资者也就无法得到应有的"红利"回报。[①]

文化差异既有经济属性又有政治属性,尤其是其中的大众传播产业,作为党和国家的重要媒体,其一直占有突出的地位。随着体制改革和市场经济的逐步深化,文化产业开始注重市场经济效益,进行产业化、市场化经营的探索,国家的相关政策对此影响至关重要。

(二)市场风险

市场风险是最基本的风险,是文化产品是否符合市场的需求,能否得到市场的青睐的问题。

文化产业投资周期长,文化产品无论生产还是销售都具有很大的不确定性。因此,投

---

① 吴为民,陈德棉. 媒介产业投资:风险分布与控制[J]. 同济大学学报(自然科学版),2008(4).

资为文化产业要承担巨大的市场风险。一般来说,文化产品经济功能是通过其社会功能实现的,这些和消费者紧密相关。而消费者花销在文化产品上往往不可预测,这就注定文化产业是一个高风险产业。文化产品在起初是依赖艺术创造者的个人因素,这一切也是不可预测和控制的,这无形中也增加了文化产品的不确定性和风险性。文化产品生产的消费不确定性程度如此之高,注定了文化产业投资的不确定性也较高。

(三) 经营风险

文化产业和高科技产业一样,属于高风险、高智力、高投入、高回报的产业。做文化产业投资,恐怕需要一颗格外坚强的心脏——就比如这厢欣喜地看到文化专项资金的庞大数额,那厢依然无法忘怀在IPO财务审查的"风暴"下文化产业上市大军"损兵折将"的事实——5家终止审查企业,7家中止审查企业,撤材料和中止审查的比例达到35%。这样的结果,令很多投行保荐人都颇感诧异和惋惜。[①] 这与文化产业中的道德风险有着直接的关系。

中投顾问文化行业研究员沈哲彦告诉《证券日报》记者,"这些文化公司IPO受阻的主要原因是,一方面,难以形成较强的可持续盈利能力,虽然已上市的文化公司不管在资本市场还是在实体经济领域都有较好发展,但整体而言,文化类企业的经营风险较大;另一方面,此次IPO排队的企业众多,文化类企业在其中竞争力稍弱。"[②]

(四) 道德风险

市场经济不完善,市场行为不规范,存在道德风险,比如投机、艺术品市场的欺诈,以及一些文化企业的合作者将资金卷走等。[③]

二、文化产业投资风险规避策略

产生风险的因素很多,从风险本身的属性上来看,可分为政治上的、经济上的和心理上的。未来是不确定的,人们之所以冒险进行投资,是因为存在比无风险投资项目高得多的预期回报。投资收益和风险之间往往存在一种同向递增关系,一般较高的收益多伴随着较高的风险(因承受较高风险所获得的额外收益称为风险收益)。投资风险分析,是指依据以往时期的经验数据和现期资料,估计未来时期风险因素对投资方案的影响,考虑不同风险条件下投资收益的变异性,从而作出有关风险和收益组合的正确选择。

对于文化企业而言,降低投资风险的策略主要有如下两种。

(1) 构建风险管理体系。将风险管理的理念、技术、方法和手段应用于文化企业战略制定、投融资决策、财务报告管理、内部审计体系建设等。涵盖了从公司法人治理、结构安排到各项工作流程和操作等各个层面,形成系统化、制度化、规范化的全面风险管理体系。

(2) 建立和完善项目投融资决策评价体系,重视对投资项目的融资方案的评价。

---

① 岩泉.文化产业投资有风险 投资之前需"把好脉"[N].经济日报,2013-05-02.
② 陈妍妍.创业板四家文化公司终止IPO 未来将"两极分化"[N/OL].中国经济网,2013-05-28.
③ 如何规避文化产业投资风险[N].中国文化报,2012-02-11.

复习与思考

1. 什么是资金的时间价值？
2. 什么是净现值法？
3. 什么是内含报酬率法？
4. 什么是投资回收期？
5. 会计收益率法应注意的事项有哪些？

第六章 文化产业上市公司财务信息解读

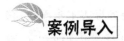 案例导入

中国文化产业投资基金负责人解读基金投向[①]

2013年5月18日,中国文化产业投资基金新闻发布会暨投资项目签约仪式在深圳文博会上举行。会上,中国文化产业投资基金与视讯中国、浙江华数、厦门游家、骏梦游戏以及开心麻花五家优秀文化企业签署协议。文化产业投资基金作为文化产业与资本结合的助推器,它们将钟情于哪些企业呢?文化产业投资基金的相关负责人对此进行了详细的解读。

中国银行副行长兼基金副理事长、基金管理公司董事长陈四清表示,中国文化产业投资基金的投资范围主要包括传统媒体、新媒体、文化衍生产业三大领域。结合我国文化传媒的未来机遇和基金自身特点,传统媒体领域仍然是基金投资的重点方向。近年来,新媒体、新技术为文化传媒业注入了新的活力,新媒体是基金重点关注的另一大方向。此外,中国经济转型将促进民生消费领域大发展,旅游、教育、体育、艺术品经营、文化设备等与文化产业结合密切的行业也是中国文化产业投资基金的关注重点。陈四清同时透露,在投资比例上基本上是传统媒体、新媒体、文化衍生产业各为4:3:3。

中央文资办常务副主任王家新指出,2012年,财政部将大力支持文化产业和文化事业的发展,扩大对文化建设的投入,要高于财政经常性收入,对中央经营性的文化企业将全力支持,推动文化产业的发展。支持文化企业走出去,支持文化产品走出去,支持文化服务走出去,财政部将发挥以小见大、四两拨千斤的撬动作用。

中国文化产业投资基金管理有限公司副总经理陈杭表示,作为股权投资基金,中国文化产业投资基金将主要投资处于成长期和成熟期的项目,以细分行业龙头为主要考虑目的。在判断项目时,基金没有利润指标、资产规模等硬性限制,主要考虑项目的盈利能力,并兼顾推动我国文化产业发展振兴的使命。关于具体投资标的,基金将选择文化内容和传播渠道中市场条件好、具备良好盈利记录和稳定现金流、预估资产具有盈利潜力的传统文化企业、文化创意企业和新媒体企业作为投资重点。

中国银行副行长兼基金副理事长、基金管理公司董事长陈四清指出,基金同时也兼顾一些比较早期的项目,还会拿出一部分钱做已经上市的公司的定向增发。陈四清透露,他们关注到国内有几十家上市的龙头企业,里面不乏优秀的公司。这些公司要进一步做大做强,会以定向增发的方式来募集资金,这时候基金会参与其中。

---

① http://www.ce.cn/culture/gd/201205/21/t20120521_23339136.shtml. [2013-05-21].

第一节　文化企业财务信息解读的概述

一、文化企业财务报表的基本概念

（一）文化企业财务报表的含义

财务报表是企业经营活动的缩影，是传递会计信息的工具。就财务报表本身而言，它并不能成为会计信息使用者决策的依据，尤其是在社会经济现象复杂多变的情况下。因此，要使财务报表与其他工具一样，能对那些有能力并且愿意用心去研究的使用者有直接的助益，成为其制定决策的有用工具，就需要对财务报表加以整理分析，找出其中所包含的信息。

文化企业财务报表是以文化企业的财务报表和其他资料为基本依据，采用专门的分析工具和方法，对文化企业的财务状况、经营成果和现金流量情况进行全面分析，进而分析文化企业财务状况与经营成果的质量和变动情况、现金流量的构成及未来产生现金流量的能力，并在此基础上对文化企业偿债能力、盈利能力和发展能力进行分析，为相关决策提供信息支持。[1]

（二）文化企业财务报表分析的作用

对于财务报表分析来说，基本的功能是将大量的报表数据转化为对特定决策有用的信息，减少原始信息的单一性和专业性。[2] 一般来说，可以通过三张报表来了解以下信息。

（1）通过分析文化企业资产负债表，可以了解文化企业的财务状况，对文化企业的偿债能力、资本结构是否合理、流动资金充足性等做出判断。

（2）通过分析文化企业利润表，可以了解分析文化企业的盈利能力、盈利状况、经营效率，对文化企业在行业中的竞争地位、持续发展能力做出判断。

（3）通过分析文化企业现金流量表，可以判断文化企业的支付能力和偿债能力，以及对外部资金的需求情况，了解文化企业当前的财务状况，并据此预测未来的发展前景。

（三）文化企业财务报表分析的目的

文化企业财务报表分析的目的是为有关各方提供企业的财务信息，反映企业财务状况，同时也可作为有关决策的依据。使用财务报表的主体通常有下面三类。

（1）文化企业的现有投资者及潜在投资者。投资者十分关心企业的财务状况、盈利能力，通过对财务报表所传递的信息进行分析、研究和汇总，了解文化企业的发展趋势、竞争能力，计算投资收益率，评价风险，比较该企业同其他企业的风险差异和收益差异，决定自己的投资策略。

（2）文化企业的债权人。债权人关心企业的债权能否收回，通过密切观察企业财务情况，分析财务报表，得出对企业短期偿债能力和长期偿债能力的判断，以决定是否需要

---

[1] 改编自袁淳.财务报表分析[M].大连：东北财经大学出版社，2008.
[2] 刘平.财务报表分析方法与应用[J].商场现代化，2007(20)：348-349.

追加抵押和担保、是否提前收回债权等。

（3）文化企业经营管理人员。他们通过分析财务报表判断公司的财务状况、可能存在的问题，以便进一步改善经营管理。

（4）文化企业的员工。员工通常与文化企业存在长久、持续的关系，是最直接的利益相关者。文化企业的稳定性、职业的保障程度、工作环境的优劣和争取高薪水平的前景以及未来的职业发展，直接影响着员工的切实利益。因此，文化企业是否具有稳定的获利能力是其关心的重点。

（5）审计人员。审计人员作为财务报表的鉴定者，要对财务报表的质量做出专业的判断和评价。为了规避审计风险，审计人员最关心文化企业编制的财务报表是否遵守《会计准则》和《公司法》的相关规定，财务报表是否具有可靠性和公允性等。

（6）政府部门。政府部门既是财务报表编制规范的制定者，又是财务报表的使用者。税务管理部门需要确定企业的纳税所得额，对文化企业的销售和盈利水平感兴趣；证监会可能对文化企业的盈利能力和关联方交易感兴趣。

（7）竞争对手。竞争对手渴望获取关于文化企业财务状况的会计信息及其他信息，借以判断公司间的相对效率。同时，还可为未来可能出现的企业兼并提供信息。因此，他们对企业财务状况的各个方面均感兴趣，如毛利率、销售增长的速度等。

综上所述，财务报表分析的主要目的是说明、评价和预测文化企业的财务状况、经营成果、现金流量等，为报表使用者提供决策依据。

（四）文化企业财务报表分析所依据的资料

一般来说，财务报表分析的资料包括财务会计报表和报表以外的其他资料。具体内容有：

（1）财务报表，包括资产负债表及附表，利润表及附表，现金流量表和所有者权益（股东权益）变动表。

（2）会计报表附注资料，包括会计政策及变更、或有事项、资产负债表日后事项及处理、关联方关系及交易、会计供给、重要事项及非常项目等。

（3）其他相关信息（资料），如企业背景、企业发展战略、临时性公告、市场占有率、资本市场变化、产业政策及审计报告等。[①]

二、文化企业财务报表的分类

企业财务报表可按如下标准进行分类。

（一）按会计报表反映的经济内容分类

按会计报表反映内容的不同，可以分为静态报表和动态报表。静态报表是指综合反映企业某一特定日期资产、负债和所有者权益状况的报表，如资产负债表；动态报表是指综合反映企业一定期间经营成果或现金流量情况的报表，如利润表、现金流量表。

---

① 崔也光.财务报表分析[M].天津：南开大学出版社，2003：43-45.

（二）按会计报表的报送对象分类

按照会计报表报送对象的不同，可以分为内部报表和外部报表。内部报表是指为满足文化企业内部经营管理需要而编制的会计报表，由于无须对外公开，所以没有规定统一的格式和编制要求；外部报表则是指文化企业对外部提供的会计报表，主要供投资者、债权人、政府部门和社会公众等有关方面使用，《企业会计准则》对其规定了统一的格式和编制要求。

（三）按会计报表的编报主体分类

按会计报表主体的不同，可以分为个别报表和合并报表。个别报表是指由文化企业在自身会计核算基础上，对账簿记录进行汇总编制的会计报表；合并报表是以母公司和子公司组成的文化企业集团为会计主体，根据某公司和所属子公司的会计报表，由母公司编制的综合反映文化企业集团财务状况、经营成果及现金流量的会计报表。

（四）按会计报表的编制时间分类

按会计报表编制时间的不同，可以分为月报、季报、半年报和年报。其中，月报要求简明扼要、及时反映；年报要求揭示完整、反映全面；而季报和半年报在会计信息的详细程度方面，则介于二者之间。半年报、季报和月度财务会计报告统称为中期财务会计报告。季度和月度财务会计报告仅指会计报表，但国家另有要求的，则应按国家要求增加相关资料。

（五）按会计报表的依存关系分类

按会计报表的依存关系，可将报表分为主表和附表。主表是指对外报送的主要会计报表，如资产负债表、利润表、现金流量表和所有者（股东）权益变动表；附注是财务报表不可或缺的组成部分，报表使用者要了解企业的财务状况、经营成果和现金流量，应当全面阅读附注。附注相对于报表而言，同样具有重要性。附注的主要作用是对主表补充说明。

三、文化企业财务报表分析的重点

分析文化企业会计报表是企业经营管理者的一项重要工作，但因文化企业规模、经营管理水平和生产经营特点不同，分析会计报表的侧重点也不尽相同。文化企业经营管理者分析会计报表的重点应当如下。

（1）通过会计报表中的各个项目，了解文化企业的财务状况，分析文化企业的资产分布状况是否合理、资金来源结构比例是否合适，及时发现资金管理中存在的问题，形成文化企业的财务预警系统，改变事后算账、被动管理的局面。

（2）通过会计报表中计算的各项指标，了解文化企业形象，分析文化企业的偿债能力、盈利能力、营运能力，及时发现其背后隐藏的文化企业经营管理中的薄弱环节，以避免就事论事，能够做到有针对性地进行管理。

（3）通过对会计报表中的计划完成情况、与前期相比的发展趋势、与国内外同行同类企业的差距的分析，正确地进行文化企业定位，进行科学的预测和决策，提高文化企业整体经营管理水平。

四、文化企业财务信息解读的方法

(一)比较分析法

比较分析法(comparative analysis approach)是指通过经济指标在数量上的比较,来揭示经济指标的数量关系和数量差异的一种方法,是财务报表分析中最常用的一种方法。

财务报表比较分析法是将企业财务报表中的主要项目或财务指标与选定的基准相比较,确定其差异,并据以判断、衡量企业财务状况和经营成果等的一种比较分析方法。

这种分析方法主要说明三个重要问题:财务信息、数量关系和数量差异。通过不同数据之间的对比,发现规律性的东西并找出其与不同标准之间的差异,可以发现所分析数据或指标的问题所在,揭示企业经营活动中的优势和劣势,进而为相关决策服务。

比较的标准有经验标准、行业标准、历史标准和目标标准;比较的形式可以是绝对数比较,也可以是相对数比较;比较分析法可采用横向比较法,也可采用纵向比较法。例如资产总额指标与历史标准进行比较,通过差异说明文化企业经营规模的变化,从整体上评价文化企业的发展。

比较分析法按比较的内容分为三类。

(1)比较会计要素的总量,即比较报表项目的总金额,如总资产、净资产、净利润等。总量比较主要用于时间序列的分析,有时也可用于同业对比,评价企业的相对规模和竞争地位。

华谊兄弟2011年和2012年固定资产数据见表6-1。

表6-1 华谊兄弟2011年和2012年固定资产数据 元

	2011年12月31日	2012年12月31日	增减变动
固定资产	117 378 103.42	272 795 803.85	155 417 700.43

可见2012年华谊兄弟增加了固定资产的投入,可以指导人们分析固定资产增加对华谊未来发展模式和核心竞争力的构建的影响。

(2)比较结构百分比,即把资产负债表、损益表、现金流量表转换成百分比报表,用以发现有显著问题的项目,揭示进一步前进的方向。

(3)比较财务比率。财务比率是各会计要素的相互关系,反映其内在联系。比率的比较是最重要的分析,它排除了规模的影响,使不同比较对象建立起可比性。

(二)比率分析法

比率分析法(ratio analysis approach)是指在同一财务报表的不同项目之间,或在不同财务报表的有关项目之间进行对比,以计算出的比率反映各个项目之间的相互关系,据此评价文化企业的财务状况和经营成果。比率是相对数,用比率所得出的信息比较准确,且能够把某些条件下的不可比指标变成可以比较的指标。所以这种方法是最受欢迎的、运用广泛的财务分析工具。

文化企业财务比率分析,是指对文化企业一个财务年度内的财务报表各项目进行比较,计算比率,判断年度内偿债能力、资本结构、经营效率、盈利能力等。

与同行业其他企业进行比较分析,可以了解文化企业各种指标的优劣,在群体中判断个体。通常选用行业平均水平或行业标准水平进行比较,判断企业在行业中的地位,认识优势与不足,得出对该企业的正确的财务评价。

(三)趋势分析法

1. 趋势分析法的含义

趋势分析法(trend analysis approach)是根据企业连续数月的会计报表,比较各个有关项目的金额、增减方向和幅度,从而揭示当前财务状况和经营成果的增减变化及其发展趋势的一种方法。采用这种方法,可以分析识别引起变化的主要原因、变动的性质,并预测文化企业未来的发展前景。趋势分析可以绘成统计图表,可以采用移动算术平均法、指数滑动平均法等,但通常采用比较法,即将连续几期的同一类型报表加以比较。

2. 趋势分析法的种类

(1) 水平分析法。水平分析法是比较企业连续几个会计年度的财务报表上的相同项目,观察这些项目的变化情况,用以揭露这些项目在各个会计期间增减变化的原因和趋势。

(2) 垂直分析法。垂直分析法是计算财务报表中的各项目占总体的比重,反映财务报表中每一项目与其相关总量之间的百分比及其变动情况,准确地分析企业财务活动的发展趋势。在这一方法下,每项数据都与一个相关的总量对应,并被表示为占这一总量的百分比形式。

对不同时期的财务报表进行比较分析,可以对企业持续经营能力、财务状况变动趋势、盈利能力做出判断,动态地了解文化企业较长时期内的状况。

华谊兄弟2013年3月31日资产情况垂直分析见表6-2。

表6-2 华谊兄弟2013年3月31日资产情况垂直分析

指标	金额/元	占比/%
总资产	49.1亿	100
流动资产	31.8亿	64.77
货币资金	7.19亿	14.63
应收账款	12.9亿	26.28
存货	7.79亿	15.86
预付账款	3.61亿	7.36
非流动资产	17.3亿	35.23
固定资产	2.91亿	5.92
无形资产	—	—
长期待摊费用	315万	0.06
金融资产		

(四)因素分析法

1. 因素分析法的含义

因素分析法是指确定影响综合性指标的各个因素,然后按照一定的顺序逐个用实际数替换影响因素的基数,借以计算各项因素影响程度的一种方法,亦称连环替换分析法。

2. 因素分析法的计算步骤

(1) 确定影响综合性指标变动的各项因素。

(2) 排列各项因素的顺序。

(3) 以基期指标为基础,将各个因素的基期数按照一定顺序依次以实际数来替代,尚未替代过的因素仍保持基期水平。如此替代下去,有几项因素就替代几次。

(4) 将每次替换后的计算结果与其前一次替换后的计算结果进行对比,两者的差别就是某一因素的影响程度。

五、文化企业财务报表分析的基本步骤

财务报表分析不是一种固定程序的工作,不存在唯一的通用分析程序,而是一个研究和探索的过程。但财务报表分析的基本步骤一般按照以下程序进行。

1. 明确分析目标,确定分析方案

明确分析目标是财务报表分析的灵魂,财务报表分析过程中始终围绕分析目标而进行。分析目标确定之后,就应当根据分析目标确定分析的内容和范围,明确分析的重点内容,分清主次和难易,并据此制定分析工作方案。

2. 收集数据资料

收集数据资料是保障分析质量和分析工作顺利进行的基础性程序。一般来说,收集资料是根据已经确定的范围收集分析所需要的资料,即在分析的技术性工作开始之前就应占有主要资料。

3. 核实并整理信息资料

核实资料是分析的一个重要环节,其目的是保证资料的真实、可靠和准确无误;整理资料就是分析人员根据分析目的进行选择和修正,使之变得易于理解和使用,以便提高报表分析工作的效率。

4. 选择适宜的分析方法进行分析

分析方法的恰当与否,对分析的结果和分析的质量有重要影响。一般应根据分析的目标、内容选择适宜的分析方法。在分析过程中,对各项数据和原因要做出判断,整个分析过程就是判断过程。分析结束后,要对分析对象做出中肯评价,评价态度要鲜明,切忌模棱两可。

5. 撰写分析报告

分析报告要对分析目的做出明确回答,评价要客观、全面、准确,要作必要的分析,说明评价的依据。分析报告不仅要表达最终的结论,还应包括分析的过程。此外,分析报告中还应该包括分析人员针对分析过程中发现的矛盾和问题,提出改进措施或建议。

六、文化企业财务报表分析的原则

1. 目的明确原则

财务报表分析的过程,就是为信息使用者解决问题的过程。解决什么问题要明确,也就是分析的目的要明确。分析目的决定了分析所需要的资料、步骤、程序和方法。分析目

的不明确,将无法进行分析。

2. 客观真实原则

财务报表分析应该做到从实际出发,坚持实事求是,反对主观臆断和结论先行,不搞数字游戏。因此,在进行财务报表分析时,应对财务报表的相关数据进行必要的核实,确保数据的真实和完整。另外,分析者还不应带有明显的倾向性,否则,永远都不可能得出正确的分析结论,并可能误导报表使用者。

3. 全面分析原则

财务报表分析既要注意财务信息又要关注非财务信息,既要分析主观因素又要分析客观因素,也就是说要全面地看问题。

4. 动态分析原则

财务报表分析要采用发展的观点看待问题,就是将文化企业目前的状况与过去的状况和未来的发展联系起来进行分析,并着眼于目前状况对文化企业未来发展的影响。

5. 系统分析原则

财务报表分析要注意事物之间的联系,应相互联系地去分析问题,不能片面和孤立地分析问题。片面和孤立地进行报表分析,最终会导致财务报表分析失败,向信息使用者提供错误的信息,进而使其对文化企业未来的发展做出错误的判断。

6. 定量分析和定性分析结合原则

财务报表分析应该坚持以定性分析为基础和前提,以定量分析为工具和手段相结合的原则。因为没有定性分析就弄不清楚事物的本质、趋势和与其他事物的联系;而没有定量分析就弄不清数量界限、阶段性和特殊性。财务报表分析要透过数字看本质,对于能够定量分析的事项应坚持以定量分析为主,对于无法直接进行量化分析的事项应通过定性分析做出必要的解释,两者缺一不可。

第二节 文化企业基本报表信息解读

一、文化企业资产负债表

(一) 文化企业资产负债表的概念

文化企业资产负债表是反映文化企业在某一特定时点财务状况的静态报告,反映文化企业资产、负债和所有者权益之间的平衡关系。

(二) 文化企业资产负债表的作用

文化企业资产负债表是文化企业对外提供的一张基本报表,是报表使用者借以了解文化企业情况、作出相应决策的重要工具。资产负债表的作用主要体现在 4 个方面。

1. 提供文化企业拥有或控制的经济资源及其分布情况的信息

文化企业资产负债表可以提供某一时点的资产总额及其结构,表明文化企业拥有或控制的经济资源及其分布情况,即有多少资源是流动资产、有多少资源是长期投资、有多少资源是固定资产等,这是分析文化企业生产经营能力的重要途径。

2. 反映文化企业资金来源和构成情况的信息

资产负债表可以提供某一时点负债和所有者权益总额及其结构,表明文化企业未来需要用多少资产或劳务清偿的时间,即流动负债、长期负债有多少,长期负债中有多少需要用当期流动资金进行偿还,以及所有者权益对负债的保障程度,资本保值、增值的情况等。

3. 提供财务报表分析的基本资料

资产负债表还可以提供财务报表分析所需的基本资料,如将流动资产与流动负债进行比较,计算出流动比率;将速动资产与流动负债进行比较,计算出速度比率等。可以表明文化企业的变现能力、偿债能力和资金周转能力,从而有助于会计报表使用者作出经济决策。

4. 预测文化企业财务状况的发展趋势

文化企业管理者和有关的各部门及其他报表使用者,可以通过对资产负债表的分析,对具体项目的计算和比较,特别是前后两期资产负债表的对比分析,预测文化企业未来的财务状况发展变化,从而做出投资或借贷决策。

(三) 华谊兄弟 2012 年资产负债表分析

1. 资产结构分析

表 6-3 反映了华谊兄弟 2012 年的资产结构。

表 6-3　华谊兄弟 2012 年的资产结构

项目	金额/元	比重/%
流动资产	2 793 869 519.36	68
长期股权投资	385 995 099.07	9
固定资产	272 795 803.85	7
无形资产	0	0
⋮	⋮	⋮
资产合计	4 137 944 745.29	100

分析:该公司的流动资产比重较高,资产整体的流动性和变现能力较强。长期股权投资次之,显示了该公司较强的对外扩张能力和欲望。由于行业的特性,所以固定资产比重较低(但与历史相比,固定资产增长较快)。

2. 资产规模分析

表 6-4 对比了华谊兄弟 2012 年与 2011 年的资产规模。

表 6-4　华谊兄弟 2012 年与 2011 年的资产规模

年度 项目	2011 年度		2012 年度		差异	
	金额/元	比重/%	金额/元	比重/%	金额/元	比重/%
流动资产	1 902 280 894.49	77	2 793 869 519.36	68	891 588 624.87	53
非流动资产	561 476 509.82	23	1 344 075 225.93	32	782 598 716.11	47
资产合计	2 463 757 404.31	100	4 137 944 745.29	100	1 674 187 340.98	100

分析:该公司的流动资产比重高于非流动资产比重,资产的流动性和变现能力较强,对经济形势的应变能力较好。

二、文化企业利润表

（一）文化企业利润表的概念

文化企业的利润表是一定时期内经营业绩的数字反映,是关于收益和损耗情况的财务报表。利润表是一个动态报表,它展示文化企业的损益账目,反映文化企业在一定时期的业务经营状况,揭示了文化企业获取利润能力的大小、获取利润的潜力以及经营趋势。

（二）文化企业利润表的作用

文化企业利润表反映了两个资产负债表编制日期之间文化企业的财务盈利或亏损的变动情况。可见文化企业利润表对于了解、分析文化上市企业的实力和前景具有重要的作用。具体反映在以下几个方面。

1. 利用文化企业利润表提供的财务信息,可以了解和分析文化企业的经营成果和获利能力

利润表通过对收入和成本费用情况的反映,可以提供文化企业在一定期间里的收益情况、成本费用情况以及资金的投入和产出的比例关系,从而可以使报表的使用者了解文化企业的经营业绩和财务成果,了解文化企业的获利能力的大小。另外,还有助于从动态角度了解文化企业的偿债能力。文化企业的偿债能力虽然取决于企业的营运资金,但归根到底来说,也取决于企业获利能力的高低。因此,利润表提供的经营成果信息。对投资者来说,可预测、评价企业的获利能力,据此做出投资、增加投资、投资多少、投资于哪个方向或者是否收回投资的决策。对文化企业的债权人来说,可预测、评价文化企业的偿债能力,据此做出是否维持、增加或收缩对文化企业信贷的决策。

2. 文化企业利润表提供的财务信息,可以为经营者进行未来经营决策提供依据

通过比较、分析利润表中各项构成因素,并与以前各期相比较,可以反映出文化企业各项收入、费用和利润的消长升降趋势及其变化幅度,找出原因所在,发现经营管理中存在的问题。同时,还可以分析文化企业利润的形成结构,对利润进行结构分析,为文化企业的经营决策（包括投资决策、筹资决策）提供依据。

3. 利用文化企业利润表所提供的财务信息,可以预测文化企业未来经营的盈利能力和发展趋势

利润表比较完整地提供了文化企业在一定时期的营业利润、投资净收益和营业外收支等有关损益的情况,是文化企业进行财务分析的主要资料来源,如净资产收益率、成本费用利润、主营业务利润率中的许多数据都与利润表有关。通过分析前后期文化企业营业利润、投资收益和营业外收支的增减变动情况,可以预测文化企业未来的获利趋势,对文化企业利润总额的增减变化分析,可以判断文化企业利润变化的趋势,预测文化企业未来的盈利能力。

此外,根据利润表中的利润项目与现金流量表中的现金净流量数额比较,进一步了解企业获利与收现的真实性。

（三）华谊兄弟 2012 年利润表垂直分析

表 6-5 反映了华谊兄弟 2012 年度和 2011 年度各项财务成果的构成情况。

表 6-5　华谊兄弟利润垂直分析　　　　　　　　　　　%

指标	2012 年	2011 年	指标	2012 年	2011 年
营业收入	100	100	营业外收支净额	4.82	3.20
营业成本	49	42.15	利润总额	23.08	30.61
财务费用	4.40	−0.90	所得税费用	5.77	7.60
管理费用	5.70	8.74	归属于母公司净利润	17.60	22.74
销售费用	20.27	4.48	净利润	17.32	22.68
投资收益	4.04	0.67			

分析：2012 年净利润占比为 17.32%，比 2011 年下降了 5.36%。从利润表的构成情况来看，华谊兄弟的盈利能力明显下降。究其原因，主要是营业成本、销售费用和财务费用上升了。

三、文化企业现金流量表

（一）文化企业现金流量表的定义

现金流量表是我国会计制度与国际接轨改革过程中，要求企业编制和提供的一张报表。它是以现金及现金等价物为基础，反映文化企业一定期间内经营活动、投资活动和筹资活动所引起的现金流入和流出，表明文化企业的获利能力。同时，有了现金流量表，报表使用者正确分析文化企业的财务状况和经营成果也更加容易与直观。

（二）文化企业现金流量的意义

文化企业经营处处离不开现金，现金在满足企业各种需求中有着重要的意义。

（1）交易需要。文化企业的各种应付款项大都需要用现金支付，而各种应收账款一般要以现金的形式收回。

（2）预防需要。文化企业外部环境的变化不定，使得文化企业无法确知未来可能发生的各种资金需求，因此应有较充足的现金收入，以备不时之需。此外，为保障文化企业的偿债能力及支付能力，要求文化企业有能力产生足够的现金，或从外部筹措到现金，否则会濒临破产。

（3）筹资需要。文化企业向银行等金融机构筹措资金时，往往被要求在银行保持一定的存款余额，文化企业的资产负债率较低时，易于得到贷款；反之，文化企业账面存款过少时，银行为降低贷款风险，是不会提供贷款的。

（4）营运需要。在文化企业营运过程中，若现金较充裕，一方面可以及时支付购货款，从而得到相应的价格折扣，降低进货成本；另一方面，拥有一定量的剩余现金有助于文化企业及时把握某种稍纵即逝的投资机会，在激烈的市场竞争中逐步发展壮大。

（三）文化企业现金流量表的作用

文化企业现金流量表编制的目的，是为会计报表使用者提供文化企业在一定会计期间内现金和现金等价物流入和流出的信息，以便报表使用者了解和评价企业获取现金和现金等价物的能力，并据以预测文化企业未来的现金流量。因此，现金流量表在评价企业经营业绩、衡量文化企业财务资源和财务风险，以及预测文化企业未来前景方面，有着十分重要的作用。

1. 有助于评价文化企业支付能力、偿债能力和周转能力

通过现金流量表,并配合资产负债表和利润表,将现金与流动负债进行比较,计算出现金比率;将现金流量净额与发行在外的普通股加权平均股数进行比较,计算出每股现金流量;将经营活动现金流量净额与净利润进行比较,计算出盈利现金比率,可以了解文化企业的现金能否偿还到期债务、支付股利和进行必要的固定资产投资,了解文化企业现金流转效率和效果,等等,从而便于投资者做出投资决策、债权人做出信贷决策。

2. 有助于预测文化企业未来的现金流量

通过现金流量表所反映的文化企业过去一定期间的现金流量及其他生产经营指标,可以了解文化企业现金的来源和用途是否合理,了解经营活动产生的现金流量有多少,了解企业在多大程度上依赖外部资金,就可以据以预测企业未来现金流量,从而为企业编制现金流量计划、组织现金调度、合理节约地使用现金创造条件,为投资者和债权人评价文化企业未来现金流量、作出投资和信贷决策提供必要的信息。

3. 有助于分析文化企业收益质量及影响现金净流量的因素

利润表中列式的净利润指标,反映了一个文化企业的经营成果,这是体现文化企业经营业绩的最重要的一个指标。但是,利润表是按照权责发生制原则编制的,它不能反映文化企业经济活动产生了多少现金,并且没有反映投资活动和筹资活动对文化企业财务状况的影响。通过现金流量表,可以掌握文化企业经营活动、投资活动和筹资的现金流量;将经营活动产生的现金流量与净利润相比较,就可以从现金流量的角度了解净利润的质量,并进一步判断,是哪些因素影响现金流入,从而为分析和判断文化企业的财务前景提供信息。

(四) 华谊兄弟 2012 年现金流量结构分析表

表 6-6 为华谊兄弟 2012 年现金流量结构分析表。

表 6-6　华谊兄弟 2012 年现金流量结构分析

项　目	金额/元		结构/%		
	现金流入	现金流出	流入结构	流出结构	内部结构
一、经营活动产生的现金流量					
销售商品、提供劳务收到的现金	988 319 881.45		43		92.60
收到的税费返还	130 051.31		—		—
收到的其他与经营活动有关的现金	79 371 830.15		3		7.4
经营活动现金流入小计	1 067 821 762.91		46.72		100
购买商品、接受劳务支付的现金		854 166 353.31		39.28	64.89
支付给职工以及为职工支付的现金		107 124 222.46		4.92	8.13
支付的各项税费		121 186 501.76		5.57	9.19

续表

项 目	金额/元		结构/%		
	现金流入	现金流出	流入结构	流出结构	内部结构
支付其他与经营活动有关的现金		234 309 376.01		10.76	17.79
经营活动现金流出小计		1 316 786 453.54		60.53	100
二、投资活动产生的现金流量					
收回投资收到的现金	—		—		
取得投资收益收到的现金	3 861 000		0.17		16.85
处置固定资产、无形资产和其他长期资产收回的现金净额	8 800		—		0.04
处置子公司及其他营业单位收到的现金净额	19 044 201.74		0.83		83.11
收到其他与投资活动有关的现金	—				
投资活动现金流入小计	22 914 001.74		0.96		100
购置固定资产、无形资产和其他长期资产支付的现金		141 226 675.01		6.49	33.61
投资支付的现金		277 796 944.24		12.74	66.11
取得子公司及其他营业单位收到的现金净额		1 102 826.00		0.05	0.22
支付的其他与投资活动有关的现金		—			
投资活动现金流出小计		420 216 445.25		19.32	100
三、筹资活动产生的现金流量					
吸收投资收到的现金	490 000		—		0.04
其中:子公司吸收少数股东投资收到的现金	490 000		—		0.04
取得借款收到的现金	893 159 983.95		39.10		74.83
发行债券收到的现金	300 000 000		13.13		25.13
收到其他与筹资活动有关的现金	—				
筹资活动现金流入小计	1 193 649 983.95		52.23		100
偿还债务支付的现金		300 000 000		13.80	68.65
分配股利、利润或偿付利息支付的现金		135 648 565.27		6.21	31.03
其中:子公司支付给少数股东的股利的现金		—		0.05	0.32
支付其他与筹资活动有关的现金		1 450 000			
筹资活动现金流出小计		437 098 565.27		20.10	100
现金流量总额	2 284 385 748.60	2 174 101 464.06	100	100	
四、汇率变动对现金及现金等价物的影响	—				
五、现金及现金等价物净增加额	110 284 284.54				

分析:(1)经营活动的现金流量较高,投资活动产生的现金净流量为负值;

(2)从现金流入结构分析,筹资活动现金流入最高,经营活动现金流入次之,最低的是投资活动产生的现金流入;

(3)从现金流出结构分析,经营活动现金流出最高,筹资活动现金流出次之,排在最后的是投资活动产生的现金流出。

第三节　文化企业财务指标分析

一、偿债能力分析

偿债能力是指企业清偿到期债务的现金保障程度。在企业的资本利润率高于借入款项的利率时,举债经营就能够通过财务杠杆作用获得杠杆收益。举债需要偿还,否则债权人有权对到期不能偿还债务的企业申请破产。因此,企业偿债能力的大小,对企业管理者、投资者、债权人等至关重要,也是企业生存和健康发展的基本前提。

偿债能力分析,可以了解企业的财务状况,了解企业所承担的财务风险程度。分为短期偿债能力和长期偿债能力分析。短期偿债能力是指企业用其流动资产偿付流动负债的能力,它反映企业偿付即将到期债务的实力。通过流动比率、速动比率和现金比率加以反映。长期偿债能力是指企业偿还长期债务的能力,用于衡量企业偿还债务本金与支付债务利息的现金保证程度,是评价企业财务状况的重点。反映企业长期偿债能力的财务指标主要有资产负债率和产权比率。

(一) 流动比率

流动比率是流动资产与流动负债的比率。用公式表示为

$$流动比率 = 流动资产/流动负债$$

此指标表示每一元流动负债有多少元流动资产作为偿付担保,反映了企业偿付短期负债的能力。

(1) 对企业来说,过高的流动比率表明企业资产利用率低下,管理松懈,资金浪费,同时也表明企业过于保守,没有充分使用目前的借款能力。

(2) 流动比率过低,则表明企业短期负债偿付能力较弱,财务风险较大。

(3) 西方财务管理界人士认为,流动比率为2,对于大部分企业来说是比较合适的。因为流动资产中变现能力最差的存货约占流动资产的一半,剩下的流动性较大的流动资产至少要等于流动负债,企业的短期负债能力才有保证。

(4) 这一比率是一种静态的衡量方法,它假定企业已濒临清算,而没有从持续经营的角度给企业一个动态的估价。

需要注意的是,在全部流动资产中,各项目在偿还债务时的"可用性"并不相同。例如,对于以赊销为主的企业,其存货首先应转化为债权,在回收债权后才能用于偿债。因此,流动比率仅是一个较为粗略的评价企业短期偿债能力的比率。

$$华谊兄弟2012年的流动比率 = 2\,793\,869\,519.36/1\,620\,686\,942.83$$
$$= 1.72$$

（二）速动比率

$$速动比率＝(流动资产－存货)/流动负债$$

速动比率在流动比率的基础上,将存货从流动资产中剔除,使此财务比率更准确地反映短期偿债能力。

1. 存货用于偿付短期负债,存在以下不确定因素

(1) 在流动资产中存货的变现速度最慢;

(2) 由于某种原因,部分存货可能已损失报废还未作处理;

(3) 部分存货已抵押给债权人;

(4) 存货估价成本与合理市价相差悬殊。

2. 影响速动比率的可信性的重要因素是应收账款的变现能力

账面上的应收账款不一定都能变成现金,实际坏账可能比预计的坏账准备金要多；季节性的变化,可能使报表的应收账款数额不能反映平均水平。

华谊兄弟2012年的速动比率 ＝(2 793 869 519.36 － 700 506 566.74)/1 620 686 942.83
$$＝1.29$$

（三）现金比率

$$现金比率＝货币资金/流动负债×100\%$$

它排除了应收款项与存货的影响,能反映企业直接偿付流动负债的能力。

(1) 现金比率一般认为20%以上为好。如果现金比率过低,企业就面临较高的风险,不能按期支付借款利息、不能偿还到期债务,或者不能满足正常生产经营及紧急情况下现金的需要。

(2) 如果现金比率过高,就意味着企业流动资产未能得到合理运用,因为现金获利能力低,这类资产金额太高会导致企业机会成本增加。

(3) 现金比率的高低受下列因素的影响：

① 日常经营的现金支付需要;

② 应收账款、应收票据的收现周期;

③ 短期有价证券变现的顺利程度;

④ 企业筹集短期资金的能力。

华谊兄弟2012年现金比率＝641 530 918.62/1 620 686 942.83×100%＝39.58%

（四）资产负债率

$$资产负债率＝负债总额/资产总额×100\%$$

负债比率是企业负债总额与资产总额的比率,它主要反映企业的负债占总资产的比重。

(1) 从企业投资人的角度看,此比率在可承受风险范围内应尽可能高,因为投资人投入的资金最终要以投资收益相回报。

(2) 企业究竟应该确定什么样的负债比率,取决于对本企业资产报酬率的预测状况,以及未来财务风险的承受能力,将二者作权衡后,才能做出正确的决策。

华谊兄弟2012年资产负债率 ＝2 013 214 528.49/4 137 944 745.29×100%

$$=48.65\%$$

（五）产权比率

$$产权比率=负债总额/所有者权益\times100\%$$

可反映股东所持股权是否过多，或者是否不够充分。产权比率从另一个侧面反映企业借款经营的程度，是企业财务结构稳健与否的重要标志。

（1）该指标越低，表明企业自有资本占总资本的比重越大，从而其资产结构越合理，长期偿债能力越强。

（2）该指标越高，说明企业越是高风险、高报酬的财务结构。

需要说明的是，企业有没有继续举借债务的潜力，不仅仅取决于企业资产的总额的绝对值，而更加取决于其负债与股东权益间的比例关系。一般而言，企业负债对股东权益的比率越大，企业进一步举借债务的潜力就越小。

$$华谊兄弟2012年产权比率=2\,013\,214\,528.49/2\,124\,730\,216.80\times100\%$$
$$=94.75\%$$

二、营运能力分析

营运能力是指企业充分利用现有资源创造社会财富的能力，它可用来评价企业对拥有资源的利用程度和能力。营运能力分析，主要是通过销售收入与企业各项资产的比例关系，分析各项资产的周转速度，了解各项资产对收入的贡献程度，借以揭示企业管理人员的资产管理效率和运用资金的能力。

反映企业营运能力的财务指标主要有存货周转率、应收账款周转率、流动资产周转率、固定资产周转率和总资产周转率。

（一）存货周转率

存货周转率是一定时期营业成本与存货平均余额的比率，或称存货的周转次数。用时间表示的存货周转率就是存货周转天数，用于衡量企业的销售能力和存货周转速度。其计算公式为

$$存货周转率(次数)=营业成本/存货平均余额$$

这一比率表明了企业的销售状况及存货资金占用状况。

（1）在正常情况下，存货周转率越高，相应的周转天数越少，说明存货资金周转快，相应的利润率也就越高。因为企业存货会占用企业大量的流动资金，加快其周转，可以将这部分资金解放出来投入下一个循环的生产，或投入其他领域。

（2）存货周转慢，不仅与生产有关，而且与采购、销售有一定联系。所以它综合反映了企业供、产、销的管理水平。

需要注意的是：

（1）该指标是衡量企业存货管理能力高低的一个重要指标，它不仅影响企业的短期偿债能力，而且是整个企业管理的重要内容。

（2）企业管理者和有条件的外部报表使用者，除了分析进货批量因素、生产销售的季节性变化等情况外，还应对存货的内部结构及影响存货周转速度的重要项目进行分析。

(3) 存货计价方法对存货周转率具有较大的影响。因此,在分析文化企业不同时期或不同企业的存货周转率时候,应注意存货计价方法是否一致。

华谊兄弟 2012 年的存货周转率(次)
= 684 617 607.25/[(543 295 126.52 + 700 506 566.74)/2] = 1.10

(二) 应收账款周转率

应收账款周转率是一定时期商品赊销收入与应收账款平均余额的比率,或称应收账款周转次数。应收账款周转率反映应收账款的变现速度,用于衡量企业管理应收账款的效率。其计算公式为

应收账款周转率(次数) = 营业收入/应收账款平均余额

这一比率反映了年度内应收账款转为现金的平均次数。

(1) 一般来说,应收账款周转率越高,说明在外的每一元应收账款能更快地收回企业资金,可以更快更好地利用资金,提高资金的使用效率。

(2) 过低,势必是企业大量的资金被客户占用。长期下去,可能会造成自身资金周转困难,甚至还要从银行融资来维持生产经营。

需要注意的是:

(1) 应收账款周转次数并非越高越好,如果应收账款周转次数过多,可能是企业的信用政策、付款条件过于苛刻所致。其结果会限制企业销售量的扩大,从而影响企业的盈利水平。

(2) 评级企业的应收账款周转率是好是坏,要结合企业的经营特点,并将计算出的指标与该企业前期指标、与行业平均水平或其他类似企业的指标相比较,以得出比较准确的分析结论。

(3) 通过对应收账款回收速度的分析,可以考核企业销售收入的质量、现金的流量及潜在的亏损,促使企业尽快收回账款,加速资金周转,使得坏账损失降低到最低点。

华谊兄弟 2012 年应收账款周转率(次)
= 1 386 401 582.40/[(1 000 731 038.19 + 409 681 179.50)/2] = 1.97

(三) 流动资产周转率

流动资产周转率是指企业一定时期的营业收入与流动资产平均余额的比率,或称流动资产周转次数。用时间表示的流动资产周转率就是流动资产周转天数。反映流动资产的周转速度,用于衡量流动资产的利用效率。其计算公式为

流动资产周转率(次数) = 营业收入/平均流动资产

这一指标表明,以相同的流动资产完成的销售额越多,企业流动资产利用效果就越好。

在收入既定的情况下,不能单独地以大幅度降低流动资产为代价去追求高周转率,因为流动资产的多少直接反映了企业短期偿债能力。企业应保持一个较为稳定的流动资产水平,以保证其短期偿债能力,在此基础上,提高其使用效率。

华谊兄弟 2012 年流动资产周转率(次)
= 1 386 401 582.40/[(2 793 869 519.36 + 1 902 280 894.49)/2] = 0.59

第六章　文化产业上市公司财务信息解读

(四)固定资产周转率

固定资产周转率是指企业一定时期的营业收入与固定资产平均净值的比率,或称固定资产周转次数。反映固定资产的运用状况,用于衡量固定资产的利用效率。其计算公式为

$$固定资产周转率(次数)=营业收入/固定资产平均净值$$

该指标越高,表明企业固定资产周转速度越快,利用效率越高,即固定资产投资得当,结构分布合理,营运能力较强;反之,说明固定资产周转速度慢,利用效率低,即拥有固定资产数量过多,设备闲置尚未充分利用。

华谊兄弟2012年的固定资产周转率(次)
$= 1\,386\,401\,582.40/[(272\,795\,803.85 + 117\,378\,103.42)/2] = 7.10$

(五)总资产周转率

总资产周转率是指企业一定时期的营业收入与总资产平均余额的比率,或称总资产周转次数。总资产周转率反映全部资产的周转速度,用于衡量全部资产的管理质量和利用效率。其计算公式为

$$总资产周转率=营业收入/总资产平均余额$$

这项指标周转越快,反映销售能力越强。企业可以通过薄利多销的办法,加速资产的周转,带来利润绝对额的增加。

华谊兄弟2012年总资产周转率(次)
$= 1\,386\,401\,582.40/[(4\,137\,944\,745.29 + 2\,463\,757\,404.31)/2] = 0.42$

三、盈利能力分析

盈利能力是指企业在一定时期内获取利润的能力。盈利能力体现了企业运用其所支配的经济资源,开展某种经营活动,从中赚取利润的能力。企业具有较强的盈利能力对其生存和发展来说是至关重要的。

盈利能力分析就是通过一定的方法,判断企业获取利润的能力。反映企业盈利能力的指标主要有销售净利率、总资产报酬率、成本费用利润率、净资产收益率、每股收益、市盈率。

(一)销售净利率

销售净利率是净利润与营业收入的比率,反映企业一定时期每一元销售收入带来的净利润的多少,表示销售收入的收益水平,是盈利能力的代表性财务指标。其计算公式为

$$销售净利率=净利/营业收入\times 100\%$$

(1)企业在增加销售收入额的同时,必须相应地获得更多的净利润,才能使销售净利率保持不变或有所提高。

(2)通过分析销售净利率的升降变动,可以在扩大销售的同时,注意改进经营管理,提高盈利水平。

华谊兄弟2012年的销售净利率 $=240\,708\,228.39/1\,386\,401\,582.40\times 100\%$
$=17.36\%$

（二）总资产报酬率

总资产报酬率又称总资产收益率,是利润与总资产平均占用额的比率。总资产报酬率反映企业资产利用的综合效果,用于衡量企业运用全部资产盈利的能力。其计算公式为

$$总资产报酬率 = 净利润/平均资产总额 \times 100\%$$

（1）指标越高,表明资产的利用效率越高,说明企业在增加收入和节约资金使用等方面取得了良好的效果,否则相反。

（2）用该指标与本企业前期、与计划、与本行业平均水平和本行业内先进企业进行对比,分析形成差异的原因。

华谊兄弟 2012 年总资产报酬率
$$= 240\ 708\ 228.39/[(4\ 137\ 944\ 745.29 + 2\ 463\ 757\ 404.31)/2] \times 100\% = 7.29\%$$

（三）成本费用利润率

成本费用利润率是指企业在营业环节上发生的全部成本费用与营业利润的比率,表示企业每百元营业成本费用能够取得多少营业利润,用于衡量企业对费用的控制能力和管理水平。其计算公式为

$$成本费用利润率 = 利润总额/企业成本费用总额 \times 100\%$$

对投资者而言,该指标越大越好,因为它说明同样的成本费用能取得更多的利润,表明企业获利能力越强;反之,则相反。

华谊兄弟 2012 年成本费用利润率
$$= 320\ 984\ 628.76/(1\ 188\ 446\ 413.39 - 42\ 586\ 924.69) \times 100\% = 28.01\%$$

（四）净资产收益率

净资产收益率是企业实现的净利润与所有者权益的比率,也称股东权益报酬率,反映股东享有权益所获得的报酬。其计算公式为

$$净资产收益率 = 净利润/平均净资产 \times 100\%$$

（1）一般来说,净资产收益率越高,说明资本带来的利润越高,利用效果越好。

（2）若该指标高于利率,则适当举债对投资者是有利的;反之,则不利。

需要注意的是,在相同的总资产报酬率水平下,由于企业采用不同的资本结构形式,会造成不同的净资产收益率。该指标是确定上市公司新股发行资格的唯一核心指标,也是上市公司年度报告中最重要的指标。

华谊兄弟 2012 年净资产收益率
$$= 240\ 708\ 228.39/[(2\ 124\ 730\ 216.80 + 1\ 707\ 947\ 864.41)/2] \times 100\% = 12.56\%$$

（五）每股收益

每股收益是指普通股股东每持有一股所能享有的企业利润或需承担的企业亏损,反映上市公司的经营成果,是衡量普通股的获利水平及投资风险的重要依据,是投资者、债权人等信息使用者据以评价企业盈利能力、预测企业成长潜力,进而做出相关经济决策的一项重要的财务指标。其计算公式为

$$每股收益 = 归属于普通股股东的当期净利润/发行在外普通股加权平均股数$$

该指标比值越大，表明上市公司的盈利能力越强，股东的投资效益就越好，每一股份所得的利润也越多；反之，则越差。但并非每股收益越高，公司的股票市价必然就高；相反，当企业以很高的负债比率和较大的财务风险换取较高的每股收益，在股利发放后，不但公司股价不会上扬，甚至会有下降的可能。因此，只有当公司每股收益上升，而其财务风险并无增长时，该股票价格才会有良好的市场表现。

需要注意的是：

（1）由于非经常性损益的偶发性和一次性，按剔除非经常性损益后的净利润计算每股收益，更有利于投资者对公司业绩进行评价。

（2）由于该指标不能完全反映上市公司的财务状况、经营成果及现金流量，因此，投资者在使用该指标时一定要结合其他财务信息、非财务信息等相关要素，如公司的净利润增长率、净资产收益率、销售利润率、资产周转率等指标的变化，以及公司所处行业的周期、行业地位、宏观环境变化等因素的变化，进行综合分析后理性投资。

（六）市盈率

市盈率是指普通股每股市价与普通股每股收益的比值，反映了投资者对每元收益所愿意支付的价格，用于衡量投资者和市场对公司的评价和对公司长远发展的信心，是上市公司市场表现指标中最重要的指标之一。其计算公式为

$$市盈率＝普通股每股市价/普通股每股收益$$

该指标比值越大，说明市场对公司的未来越看好，表明公司具有良好的发展前景，投资者预期能获得很好的回报。在每股收益确定的情况下，市盈率越高，风险越大；反之，则相反。

在全球成熟的资本市场中，股市的市盈率一般为20倍，我国上市公司的市盈率普遍较高，但也不能基于此认为我国上市公司没有投资价值。发展中国家的市盈率普遍高于成熟发达国家的市盈率，这是一个全球规律性的现象。

需要注意如下事项。

（1）股票市价是影响市盈率变动的因素之一，但股票市价的变动除了公司本身的经营状况外，还受到宏观形势和经济环境等多种因素的影响。因此，要对股票市场作全面的了解和分析，才能对市盈率波动的原因作出正确的评价。

（2）市盈率不能用于不同行业公司之间的比较，充满扩展机会的新兴行业的市盈率普遍较高，而成熟工业的市盈率普遍较低，这并不说明后者的股票就没有投资价值。另外，市盈率高低受净利润的影响，净利润受可选择的会计政策的影响，从而使得公司间的比较受到限制。

四、企业发展能力

企业发展能力是指其未来的发展趋势和发展速度。反映企业成长能力的指标主要有销售增长率、资产增长率和净利润增长率等。

（一）销售增长率

销售增长率是反映企业销售额的增长情况的财务指标，它是将本期的销售收入与上

一期的销售收入相比较,以说明企业销售收入的增长情况。其计算公式为

销售增长率=(本期销售额-上期销售额)/上期销售额×100%

该指标反映企业未来的销售能力。如果企业销售增长率持续增加,说明企业的市场状况良好,该企业产品的市场占有率在不断上升。

在反映企业发展能力的指标中,销售增长率是最关键的,因为只有实现销售额的不断增长,企业的净利润才有可能增长,股东权益才能得到保护,企业才有可能实现扩张。

华谊兄弟2012年的销售增长率
= (1 386 401 582.40 - 892 383 406.70)/892 383 406.70 × 100% = 55.35%

(二) 资产增长率

资产增长率是用来考核企业全部资产增长幅度的财务指标,是将企业的期末资产总额与期初资产总额相比较,以计算出企业资产的增长幅度的一项指标。其计算公式为

资产增长率=(期末资产总额-期初资产总额)/期初资产总额×100%

该指标反映一个企业总规模的增长情况。如果企业的资产增长率大于100%,说明企业在本期的规模有所扩大;反之,则说明企业的规模有所缩小。

需要注意的是:企业规模不是衡量企业实力的唯一标准。企业规模扩大的方式是多种多样的,有投资者投入的,有企业盈利的增长而实现资产的增值,有依靠举借债务而扩大生产规模,不同的扩大规模方式,对企业未来的财务情况的影响是不相同的,要结合企业的具体问题具体分析。

华谊兄弟2012年资产增长率
= (4 137 944 745.29 - 2 463 757 404.31)/2 463 757 404.31 × 100% = 67.95%

(三) 净利润增长率

净利润增长率指标是反映企业税收利润增长情况的。净利润增长了,企业所有者权益才有保障,企业的扩张才有基础。净利润增长率是本期实现的净利润与前期实现的净利润的比率。其计算公式为

净利润增长率 = (本期净利润 - 上期净利润)/上期净利润 × 100%

华谊兄弟2012年的净利润增长率
= (240 708 228.39 - 205 420 248.07)/205 420 248.07 × 100% = 17.19%

第四节 文化企业财务分析中应注意的问题

一、财务报表数据的准确性、真实性与可靠性

文化企业财务报表是按会计准则编制的,它们合乎规范,但不一定反映该企业的客观实际。例如:

(1) 报表数据未按通货膨胀或物价水平调整;

(2) 企业非流动资产余额是按历史成本减折旧或摊销计算的,不代表现行成本或变现后的价值;

(3) 文化企业科研开发支出、广告支出等费用通常是一次性支出而分摊到日后的产

品成本的;

(4) 文化企业有些数据基本上是估计的,如无形资产摊销、开办费摊销等,但这种估计未必正确;

(5) 文化企业发生了偶然事项,如财产盘盈或坏账损失等,这些情况都有可能影响本期净收益的准确性。

二、文化企业财务状况的调整

在经济环境和经营条件发生变化的情况下,企业的原有财务数据与新情况下的财务数据不具有直接可比性。比如某文化公司产品由原先以批发销售为主转为以零售为主,其应收账款数额会大幅度下降,应收账款周转率加快。但这并不意味着企业应收账款的管理发生了突破性改变。因此,在对企业财务指标进行比率分析时,必须考虑企业的经营情况是否发生过变化,根据实际情况对财务分析结果作相应调整。

三、文化企业增资对财务结构的影响

(一) 文化企业发行股票增资对财务结构的影响

1. 配股增资对财务结构的影响

文化企业通过配股融资后,由于净资产增加而负债总额和负债结构不变,因此公司的资产负债率和资本化比率将降低。资本固定化比率和固定资产净值率的变化由股东的配股方式决定。如果股东以现金参与配股,那么企业资本固定化比率降低,而固定资产净值率不变。如果股东以固定资产(实物资产)参与配股,那么企业的固定资产和所有者权益会同时发生变化。

2. 增发新股对财务结构的影响

增发新股后,文化企业净资产增加,负债总额以及负债结构都不变,因此资产负债率和资本化比率降低。与配股的情况一样,如果新增股票的认购者以实物资产购买股票,那么企业的固定资产和所有者权益会同时发生变化。如果企业进行股权融资后用现金资本购置了新的固定资产,那么固定资产净值率将增加。

3. 文化企业分析债券增资对财务结构的影响

发行债券后,文化企业负债总额将增加,同时总资产也增加,资产负债率将提高。此外,企业发行不同期限的债券,也将影响企业的负债结构。如果企业发行长期债券,那么资本化比率将提高;如果发行短期债券,那么资本化比率不受影响。发行债券不会影响固定资产净值率和资本固定化比率。同样,如果企业将发行债券筹得的资金用于购置固定资产,那么企业的固定资产净值率将增加。

4. 文化企业其他增资行为对财务结构的影响

除了股权融资和发行债券外,文化企业的增资方式还有向其他单位借款等。如果企业向银行等金融机构以及其他单位借款,而借款期限又在一年以上,那么这种借款就形成了企业的长期借款。长期借款将增加企业的长期负债,资本化比率和资产负债率都将提高,资本固定化比率和固定资产净值率不变。如果企业借入的是一年以内的短期借款,那么除了企业的资产负债率会提高外,其他财务结构比率均不受影响。

四、表外项目的分析

(一)核心人才的变动导致公司股价的变动

冯导"撒娇"价值 3.2 亿元

2012年2月8日,冯小刚导演发微博称"对电影的爱越来越淡,对这样的生活也开始感到厌恶,也许真的到了要和它说分手的时候了"。这一消息瞬间被转发到华谊兄弟的股吧内,一时间议论纷纷,投资者担心继葛优"跳槽"后,华谊兄弟再失一根台柱。

其后,市场对冯导的去留展开联想,2月9日华谊兄弟股价下挫1.19%。当日晚间,冯导似乎意识到了事态的严重,再度更新微博,就连累华谊兄弟股票受创表态,称此前有关言论为"撒娇"。"我会尊重与华谊的合约,并力所能及高质履行,"冯导写道,"各位就当我在微博上'撒了一回娇'吧。"不过,2月10日华谊兄弟股价再度下跌0.49%,直到2月11日才止跌回升。

尽管冯导及时补救,但此番"撒娇"仍让华谊兄弟损失惨重。相关市场机构根据近期市场表现估算,在冯导发出与电影"分手"的言论后,华谊兄弟连续三个交易日跑输大盘,股东因此少赚约3.2亿元。更有好事者称,持股576万股的冯导自己也在此事件中损失惨重,至少损失了304万元。

对此,有投资者认为市场反应过度。但事实上,作为华谊兄弟的台柱以及重要股东,冯导的一举一动都会引起公司股价的大起大落。①

(二)文化产业的销售风险

下面以华谊兄弟为例予以介绍。

华谊兄弟公司以及下属控股子公司主要从事电影的制作、发行及衍生业务,电视剧的制作、发行及衍生业务,艺人经纪服务及相关服务业务以及音乐的创作、发行及衍生业务,影院投资管理运营业务。

公司电影业务形成的主要产品为电影产品,公司电视剧业务形成的产品主要是电视剧作品。这两类业务的产品主要是丰富和满足大众对文化生活的需要。

艺人经纪及相关服务主要是依托于自身丰富的影视资源和专业管理经验,为影视演艺人才提供专业化的经纪代理服务或者为企业客户提供包含活动策划、艺人聘请、活动组织运作等企业客户所需的以艺人为主体的各类商业活动服务,同时进行音乐艺术创作、音像制品批发、数字音乐技术开发、组织文化技术交流(不含演出、棋牌娱乐)、企业形象策划、展示展览等。

影院业务主要是进行影院的投资开发、影院的运营和管理等。

---

① 侯云龙.华谊兄弟离不了冯小刚?[N].经济参考报,2012-02-17.

（三）案例分析资料——华谊兄弟 2012 年度报告

本节主要介绍华谊兄弟 2012 年年报的主要内容。① 详见表 6-7 至表 6-10。

表 6-7　华谊兄弟 2010—2012 年主要会计数据及财务指标

项目	2012 年/元	2011 年/元	2012 年年末比 2011 年年末增(减)/%	2010 年/元
营业总收入	1 386 401 582.40	892 383 406.70	55.36	1 071 714 030.96
营业利润	254 130 366.56	244 781 628.53	3.82	182 535 271.50
利润总额	320 984 628.76	273 306 930.70	17.44	190 340 079.76
归属于上市公司股东的净利润	244 426 523.70	202 898 504.85	20.47	149 205 362.61
归属于上市公司股东的扣除非经常性损益的净利润	154 066 060.87	181 105 241.16	−14.93	132 826 763.80
经营活动产生的现金流量净额	−248 964 690.63	−231 262 044.00	7.65	91 355 403.89
资产总额	4 137 944 745.29	2 463 757 404.31	67.95	2 021 824 715.10

表 6-8　华谊兄弟 2012 年合并资产负债表

2012 年 12 月 31 日

编制单位：华谊兄弟传媒股份有限公司　　　　　　　　　　　　　　金额单位：人民币元

项目	注释	年末数	年初数
流动资产：			
货币资金	七、1	641 530 918.62	531 246 634.08
交易性金融资产		—	—
应收票据			
应收账款	七、2	1 000 731 038.19	409 681 179.50
预付款项	七、3	386 344 838.64	398 922 421.64
应收利息	七、4	—	220 485.13
应收股利			
其他应收款	七、5	53 164 456.56	6 712 428.52
存货	七、6	700 506 566.74	543 295 126.52
一年内到期的非流动资产			
其他流动资产	七、7	11 591 700.61	12 202 619.10
流动资产合计		2 793 869 519.36	1 902 280 894.49
非流动资产：			
可供出售金融资产	七、8	588 416 400.00	—
持有至到期投资		—	—
长期应收款	七、9	32 190 530.53	14 021 730.53
长期股权投资	七、10	385 995 099.07	318 846 218.57
投资性房地产		—	—

---

① 整理自华谊兄弟官网。

续表

项　　目	注释	年　末　数	年　初　数
固定资产	七、11	272 795 803.85	117 378 103.42
在建工程		—	
无形资产	七、12	—	20 000 000.00
开发支出			
商誉	七、13	32 694 922.45	77 194 922.45
长期待摊费用	七、14	3 716 311.89	3 679 500.41
递延所得税资产	七、15	28 266 158.14	10 356 034.44
其他非流动资产		—	
非流动资产合计		1 344 075 225.93	561 476 509.82
资产总计		4 137 944 745.29	2 463 757 404.31
流动负债：			
短期借款	七、17	593 159 983.95	
应付账款	七、18	496 102 331.76	194 537 763.84
预收款项	七、19	87 660 631.36	137 734 859.97
应付职工薪酬	七、20	4 229 088.61	3 008 798.49
应交税费	七、21	93 175 747.93	69 891 490.66
应付利息	七、22	22 922 355.67	2 688 524.58
应付股利		—	
其他应付款	七、23	23 436 803.55	47 948 102.36
一年内到期的非流动负债			
其他流动负债	七、24	300 000 000.00	300 000 000.00
流动负债合计		1 620 686 942.83	755 809 539.90
非流动负债：			
长期借款	七、25	300 000 000.00	—
应付债券		—	
长期应付款		—	
递延所得税负债	七、15	92 527 585.66	
其他非流动负债			
非流动负债合计		392 527 585.66	
负债合计		2 013 214 528.49	755 809 539.90
所有者权益(或股东权益)：			
股本	七、26	604 800 000.00	604 800 000.00
资本公积	七、27	988 550 613.88	709 822 056.90
减:库存股		—	—
专项储备			
盈余公积	七、28	67 946 535.18	39 544 584.51
一般风险准备			
未分配利润	七、39	458 428 881.87	333 124 308.84
外币报表折算差额			
归属于母公司股东的所有者权益合计		2 119 726 030.93	1 687 290 950.25

续表

项　　目	注释	年　末　数	年　初　数
少数股东权益		5 004 185.87	20 656 914.16
所有者权益合计		2 124 730 216.80	1 707 947 864.41
负债和所有者权益总计		4 137 944 745.29	2 463 757 404.31

法定代表人：王忠军　　　主管会计工作负责人：丁琪　　　会计机构负责人：丁琪

表 6-9　华谊兄弟 2012 年合并利润表

2012 年度

编制单位：华谊兄弟传媒股份有限公司　　　金额单位：人民币元

项　　目	注释	本　年　数	上　年　数
一、营业总收入		1 386 401 582.40	892 383 406.70
其中：营业收入	七、30	1 386 401 582.40	892 383 406.70
二、营业总成本		1 188 446 413.39	653 546 488.04
其中：营业成本	七、30	684 617 607.25	376 721 297.62
营业税金及附加	七、31	39 672 318.91	40 701 966.72
销售费用	七、32	281 046 798.38	153 513 547.72
管理费用	七、33	79 394 374.57	78 449 617.01
财务费用	七、34	61 128 389.59	−8 005 462.64
资产减值损失	七、36	42 586 924.69	12 165 521.61
加：公允价值变动收益（损失以"−"号填列）		—	—
投资收益（损失以"−"号填列）	七、35	56 175 197.55	5 944 709.87
其中：对联营企业和合营企业的投资收益		−662 152.63	6 119 709.87
三、营业利润（亏损以"−"号填列）		254 130 366.56	244 781 628.53
加：营业外收入	七、37	68 102 421.02	32 578 645.01
减：营业外支出	七、38	1 248 158.82	4 053 342.84
其中：非流动资产处置损失		331 769.15	255 262.70
四、利润总额（亏损总额以"−"号填列）		320 984 628.76	273 306 930.70
减：所得税费用	七、39	80 276 400.37	67 886 682.63
五、净利润（净亏损以"−"号填列）		240 708 228.39	205 420 248.07
归属于母公司所有者的净利润		244 426 523.70	202 898 504.85
少数股东损益		−3 718 295.31	2 521 743.22
六、每股收益			
（一）基本每股收益	七、40	0.40	0.34
（二）稀释每股收益	七、40	0.40	0.34
七、其他综合收益		—	—
八、综合收益总额		240 708 228.39	205 420 248.07
归属于母公司所有者的综合收益总额		244 426 523.70	202 898 504.85
归属于少数股东的综合收益总额		−3 718 295.31	2 521 743.22

法定代表人：王忠军　　　主管会计工作负责人：丁琪　　　会计机构负责人：丁琪

表 6-10 华谊兄弟 2012 年合并现金流量表

编制单位：华谊兄弟传媒股份有限公司　　　　　　　　2012 年度　　　　金额单位：人民币元

项　　目	注释	本　年　数	上　年　数
一、经营活动产生的现金流量			
销售商品、提供劳务收到的现金		988 319 881.45	999 781 173.37
收到的税费返还		130 051.31	251 241.98
收到其他与经营活动有关的现金	七、41(1)	79 371 830.15	65 507 059.29
经营活动现金流入小计		1 067 821 762.91	1 065 539 474.64
购买商品、接受劳务支付的现金		854 166 353.31	948 117 948.81
支付给职工以及为职工支付的现金		107 124 222.46	82 418 692.74
支付的各项税费		121 186 501.76	86 610 040.70
支付其他与经营活动有关的现金	七、41(2)	234 309 376.01	179 654 836.39
经营活动现金流出小计		1 316 786 453.54	1 296 801 518.64
经营活动产生的现金流量净额		－248 964 690.63	－231 262 044.00
二、投资活动产生的现金流量			
收回投资收到的现金		－	－
取得投资收益收到的现金		3 861 000.00	－
处置固定资产、无形资产和其他长期资产收回的现金净额		8 800.00	3 200.00
处置子公司及其他营业单位收到的现金净额		19 044 201.74	－
收到其他与投资活动有关的现金		－	－
投资活动现金流入小计		22 914 001.74	3 200.00
购建固定资产、无形资产和其他长期资产支付的现金		141 226 675.01	156 791 214.05
投资支付的现金		277 796 944.24	159 390 049.45
取得子公司及其他营业单位支付的现金净额		1 192 826.00	－
支付其他与投资活动有关的现金		－	－
投资活动现金流出小计		420 216 445.25	316 181 263.50
投资活动产生的现金流量净额		－397 302 443.51	－316 178 063.50
三、筹资活动产生的现金流量			
吸收投资收到的现金		490 000.00	500 000.00
其中：子公司吸收少数股东投资收到的现金		490 000.00	500 000.00
取得借款收到的现金		893 159 983.95	298 800 000.00
发行债券收到的现金		300 000 000.00	－
收到其他与筹资活动有关的现金		－	－
筹资活动现金流入小计		1 193 649 983.95	299 300 000.00
偿还债务支付的现金		300 000 000.00	－
分配股利、利润或偿付利息支付的现金		135 648 565.27	67 200 000.00
其中：子公司支付给少数股东的股利、利润		－	－
支付其他与筹资活动有关的现金	七、41(3)	1 450 000.00	－
筹资活动现金流出小计		437 098 565.27	67 200 000.00
筹资活动产生的现金流量净额		756 551 418.68	232 100 000.00

第六章　文化产业上市公司财务信息解读

续表

项　　目	注释	本　年　数	上　年　数
四、汇率变动对现金及现金等价物的影响		—	—
五、现金及现金等价物净增加额		110 284 284.54	－315 340 107.50
加:期初现金及现金等价物余额		531 246 634.08	846 586 741.58
六、期末现金及现金等价物余额		641 530 918.62	531 246 634.08

法定代表人：王忠军　　　　主管会计工作负责人：丁琪　　　　会计机构负责人：丁琪

复习与思考

1. 文化企业财务报表分析的目的是什么？

2. 简述文化企业财务报表分析的基本步骤。

3. 文化企业财务报表分析的基本原则有哪些？

4. 什么是企业的偿债能力？短期偿债能力分析常用的指标有哪些？长期偿债能力分析的指标又包括哪些？在分析文化企业上市当年的偿债能力时，需注意哪些问题？

5. 企业营运能力是通过什么指标加以反映的？

6. 反映企业获利能力的指标有哪些？在分析文化企业获利能力时，应注意哪些问题？请举例加以说明。

7. 反映企业发展能力的指标有哪些？在分析文化企业发展能力时，应注意哪些问题？

8. 文化企业财务分析中应注意哪些问题？

文化产业振兴规划

附录

2009年7月22日,国务院常务会议审议通过党的十七大明确提出,要积极发展公益性文化事业,大力发展文化产业,激发全民族文化创造活力,更加自觉、更加主动地推动文化大发展大繁荣。为贯彻落实中央精神,在重视发展公益性文化事业的同时,加快振兴文化产业,充分发挥文化产业在调整结构、扩大内需、增加就业、推动发展中的重要作用,结合当前应对国际金融危机的新形势和文化领域改革发展的迫切需要,特制定本规划。

一、加快文化产业振兴的重要性紧迫性

文化产业是市场经济条件下繁荣发展社会主义文化的重要载体,是满足人民群众多样化、多层次、多方面精神文化需求的重要途径,也是推动经济结构调整、转变经济发展方式的重要着力点。党的十六大以来,党中央、国务院高度重视发展文化产业,采取了一系列政策措施,深入推进文化体制改革,加快推动文化产业发展。国有经营性文化单位转企改制取得重要进展,涌现出一批具有较强实力和竞争力的文化企业和企业集团,文化产业规模逐步壮大,以公有制为主体、多种所有制共同发展的文化产业格局初步形成。文化"走出去"步伐加快,文化进出口贸易逆差逐步缩小,我国文化产业的国际竞争力不断增强。总的看,我国文化产业呈现出健康向上、蓬勃发展的良好态势,正在成为推动社会主义文化大发展大繁荣的重要引擎和经济发展新的增长点。

同时要看到,我国文化产业的发展水平还不高、活力还不强,与人民群众日益增长的精神文化需求还不相适应,与日趋完善的社会主义市场经济体制还不相适应,与现代科学技术迅猛发展及广泛应用还不相适应,与我国对外开放不断扩大的新形势还不相适应。当前,国际金融危机仍未见底,并对文化产业发展产生诸多影响,但困难和挑战中蕴含着新的机遇和有利条件,文化具有反向调节功能,面对经济下滑,文化产业有逆势而上的特点,这为创新文化体制机制、做大做强文化产业带来了契机。要抓住机遇,大力振兴文化产业,为"保增长、扩内需、调结构、促改革、惠民生"作出贡献。

二、指导思想、基本原则和规划目标

(一)指导思想。全面贯彻党的十七大精神,坚持以邓小平理论和"三个代表"重要思想为指导,深入贯彻落实科学发展观,紧紧围绕《国家"十一五"时期文化发展规划纲要》确定的文化产业发展的各项目标任务和当前文化体制改革的重点,大力培育市场主体,加快转变文化产业发展方式,进一步解放和发展文化生产力,切实维护我国文化安全,推动文化产业又好又快发展,将文化产业培育成国民经济新的增长点。

(二)基本原则。坚持把社会效益放在首位,努力实现社会效益和经济效益的统一;坚持以体制改革和科技进步为动力,增强文化产业发展活力,提升文化创新能力;坚持走

中国特色文化产业发展道路,学习借鉴世界优秀文化,积极推动中华民族文化繁荣发展;坚持以结构调整为主线,加快推进重大工程项目,扩大产业规模,增强文化产业整体实力和竞争力;坚持内外并举,积极开拓国内国际文化市场,增强中华文化在国际上的影响力。

(三)规划目标。完成经营性文化单位转企改制,文化市场主体进一步完善,活力进一步增强,文化产业规模不断扩大,推动经济社会发展的功能和作用得到较好发挥。

1. 文化市场主体进一步完善。按照创新体制、转换机制、面向市场、增强活力的原则,基本完成经营性文化单位转企改制,文化市场主体进一步完善,活力进一步增强。

2. 文化产业结构进一步优化。重点行业和项目对文化的拉动作用明显增强,文化创意、影视制作、出版发行、印刷复制、广告、演艺娱乐、文化会展、数字内容和动漫等产业得到较快发展,以资本为纽带推进文化企业兼并重组取得重要进展,力争形成一批跨地区跨行业经营、有较强市场竞争力、产值超百亿的骨干文化企业和企业集团。

3. 文化创新能力进一步提升。文化体制机制创新取得实质性进展,文化产业发展活力明显增强,以企业为主体、市场为导向、产学研相结合的文化创新体系初步形成,文化原创能力进一步提高,数字化、网络化技术广泛运用,文化企业装备水平和科技含量显著提高。

4. 现代文化市场体系进一步完善。市场在文化资源配置中的基础性作用得到更好的发挥,文化产品和生产要素合理流动,城乡文化市场进一步发展,现代流通组织和流通形式逐步成为文化流通领域的主要力量,文化消费领域不断拓展,在城乡居民消费结构中的比重明显增加。

5. 文化产品和服务出口进一步扩大。一批外向型骨干文化企业和国际知名品牌初步形成,对外文化贸易渠道和网络进一步拓展,文化产品和服务出口大幅增长,文化贸易逆差明显缩小,成为我国服务贸易出口的重要增长点。

三、重点任务

当前和今后一个时期,要着力做好以下八个方面工作:

(一)发展重点文化产业。以文化创意、影视制作、出版发行、印刷复制、广告、演艺娱乐、文化会展、数字内容和动漫等产业为重点,加大扶持力度,完善产业政策体系,实现跨越式发展。文化创意产业要着重发展文化科技、音乐制作、艺术创作、动漫游戏等企业,增强影响力和带动力,拉动相关服务业和制造业的发展。影视制作业要提升影片、电视剧和电视节目的生产能力,扩大影视制作、发行、播映和后产品开发,满足多种媒体、多种终端对影视数字内容的需求。出版业要推动产业结构调整和升级,加快从主要依赖传统纸介质出版物向多种介质形态出版物的数字出版产业转型。出版物发行业要积极开展跨地区、跨行业、跨所有制经营,形成若干大型发行集团,提高整体实力和竞争力。印刷复制业要发展高新技术印刷、特色印刷,建成若干各具特色、技术先进的印刷复制基地。演艺业要加快形成一批大型演艺集团,加强演出网络建设。动漫产业要着力打造深受观众喜爱的国际化动漫形象和品牌,成为文化产业的重要增长点。

(二)实施重大项目带动战略。以文化企业为主体,加大政策扶持力度,充分调动社会各方面的力量,加快建设一批具有重大示范效应和产业拉动作用的重大文化产业项目。

继续推进国产动漫振兴工程、国家数字电影制作基地建设工程、多媒体数据库和经济信息平台、"中华字库"工程、国家"知识资源数据库"出版工程等重大文化建设项目。选择一批具备实施条件的重点项目给予支持。

（三）培育骨干文化企业。着力培育一批有实力、有竞争力的骨干文化企业，增强我国文化产业的整体实力和国际竞争力。坚持政府引导、市场运作，科学规划、合理布局，在重点文化产业中选择一批成长性好、竞争力强的文化企业或企业集团，加大政策扶持力度，推动跨地区、跨行业联合或重组，尽快壮大企业规模，提高集约化经营水平，促进文化领域资源整合和结构调整。鼓励和引导有条件的文化企业面向资本市场融资，培育一批文化领域战略投资者，实现低成本扩张，进一步做大做强。

（四）加快文化产业园区和基地建设。加强对文化产业园区和基地布局的统筹规划，坚持标准、突出特色、提高水平，促进各种资源合理配置和产业分工。对符合规划的产业园区和基地，在基础设施建设、土地使用、税收政策等方面给予支持。建设若干辐射全国的区域文化产品物流中心，建设一批文化创意、影视制作、出版发行、印刷复制、演艺娱乐和动漫等产业示范基地，支持和加快发展具有地域和民族特色的文化产业群。

（五）扩大文化消费。不断适应当前城乡居民消费结构的新变化和审美的新需求，创新文化产品和服务，提高文化消费意识，培育新的消费热点。加强原创性作品的创作，打造一批具有核心竞争力的知名文化品牌。努力降低成本，提供价格合理、丰富多样的精神文化产品和服务。加快建设具有自主知识产权、科技含量高、富有中国文化特色的主题公园。开发与文化结合的教育培训、健身、旅游、休闲等服务性消费，带动相关产业发展。

（六）建设现代文化市场体系。建立健全门类齐全的文化产品市场和文化要素市场，促进文化产品和生产要素的合理流动。重点建设传输快捷、覆盖广泛的文化传播渠道。发展文艺演出院线，推动主要城市演出场所连锁经营。支持全国文化票务网络建设。推进有线电视网络整合，鼓励通过并购、重组等方式，进行广电网络的区域整合和跨地区经营。推进电影院线、数字电影院线的跨地区整合以及数字影院的建设和改造。支持国有出版发行企业以资本为纽带实行跨地区兼并重组。鼓励非公有资本进入文化创意、影视制作、演艺娱乐、动漫等领域。支持优先选用拥有自主知识产权、产品质量水平高的文化设备及产品。

（七）发展新兴文化业态。采用数字、网络等高新技术，大力推动文化产业升级。支持发展移动多媒体广播电视、网络广播影视、数字多媒体广播、手机广播电视，开发移动文化信息服务、数字娱乐产品等增值业务，为各种便携显示终端提供内容服务。加快广播电视传播和电影放映数字化进程。积极推进下一代广播电视网建设，发挥第三代移动通信网络、宽带光纤接入网络等网络基础设施的作用，制定和完善网络标准，促进互联互通和资源共享，推进三网融合。积极发展纸质有声读物、电子书、手机报和网络出版物等新兴出版发行业态。发展高新技术印刷。运用高新技术改造传统娱乐设施和舞台技术，鼓励文化设备提供商研发新型电影院、数字电影娱乐设备、便携式音响系统、流动演出系统及多功能集成化音响产品。加强数字技术、数字内容、网络技术等核心技术的研发，加快关键技术设备改造更新。

（八）扩大对外文化贸易。落实国家鼓励和支持文化产品和服务出口的优惠政策，在市场开拓、技术创新、海关通关等方面给予支持。制定《2009—2010年度国家文化出口重点企业和项目目录》,形成鼓励、支持文化产品和服务出口的长效机制。重点扶持具有民族特色的文化艺术、展览、电影、电视剧、动画片、网络游戏、出版物、民族音乐舞蹈和杂技等产品和服务的出口,抓好国际营销网络建设。支持动漫、网络游戏、电子出版物等文化产品进入国际市场。鼓励文化企业通过独资、合资、控股、参股等多种形式,在国外兴办文化实体,建立文化产品营销网点,实现落地经营。办好国家重点支持的文化会展,通过中国(深圳)国际文化产业博览会、中国国际广播影视博览会、北京国际图书博览会等推动文化产品和服务出口。支持文化企业参加境外图书展、影视展、艺术节等国际大型展会和文化活动。

四、政策措施

(一)降低准入门槛。落实国家关于非公有资本、外资进入文化产业的有关规定,根据文化产业不同类别,通过独资、合资、合作等多种途径,积极吸收社会资本和外资进入政策允许的文化产业领域,参与国有文化企业的股份制改造,形成以公有制为主体、多种所有制共同发展的文化产业格局。

(二)加大政府投入。中央和地方各级人民政府要加大对文化产业的投入,通过贷款贴息、项目补贴、补充资本金等方式,支持国家级文化产业基地建设,支持文化产业重点项目及跨区域整合,支持国有控股文化企业股份制改造,支持文化领域新产品、新技术的研发。支持大宗文化产品和服务的出口。大幅增加中央财政"扶持文化产业发展专项资金"和文化体制改革专项资金规模,不断加大对文化产业发展和文化体制改革的支持力度。

(三)落实税收政策。贯彻落实《国务院办公厅关于印发文化体制改革中经营性文化事业单位转制为企业和支持文化企业发展两个规定的通知》中的相关税收优惠政策,研究确定文化产业支撑技术的具体范围,加大税收扶持力度,支持文化产业发展。

(四)加大金融支持。鼓励银行业金融机构加大对文化企业的金融支持力度。积极倡导鼓励担保和再担保机构大力开发支持文化产业发展、文化企业"走出去"的贷款担保业务品种。支持有条件的文化企业进入主板、创业板上市融资,鼓励已上市文化企业通过公开增发、定向增发等再融资方式进行并购和重组,迅速做大做强。支持符合条件的文化企业发行企业债券。

(五)设立中国文化产业投资基金。按照有关管理办法,由中央财政注资引导,吸收国有骨干文化企业、大型国有企业和金融机构认购。基金由专门机构进行管理,实行市场化运作,通过股权投资等方式,推动资源重组和结构调整,促进国家文化发展战略目标的实现。

五、保障条件

(一)加强组织领导。地方各级人民政府要按照科学发展观的要求,切实将《规划》的实施列入重要议事日程,把《规划》提出的目标任务纳入经济社会发展总体规划,建立相关的考核、评价和责任制度,作为评价地区发展水平、衡量发展质量和领导干部工作实绩的重要内容。文化行政主管部门在党委宣传部门协调指导下,具体组织实施,相关部门密切配合,确保《规划》提出的各项任务落到实处。

（二）深化文化体制改革。通过深化文化体制改革,进一步解放和发展文化生产力,激发全社会的文化创造活力。要紧紧抓住转企改制、重塑市场主体这个中心环节,加快推进出版发行单位转企改制和兼并重组,加快电影制片、发行、放映单位和文艺院团转企改制,抓好党报党刊发行体制和广播电视节目制播分离改革。大力推动行政管理体制改革和政府职能转变,建立统一高效的文化市场综合执法机构。

（三）培养文化产业人才。继续抓好全国宣传文化系统"四个一批"人才培养工程,着力加强领军人物和各类专门人才的培养。继续办好经营管理人才培训班,培养一批熟悉市场经济规律,懂经营、善管理的人才。吸引财经、金融、科技等领域的优秀人才进入文化产业领域。注重海外文化创意、研发、管理等高端人才的引进,为我国文化产业发展提供强有力的人才保障。

（四）加强立法工作。进一步完善法律体系,依法加强对文化产业发展的规范管理。完善国家知识产权保护体系,严厉打击各类盗版侵权行为,促进国家文化创新能力建设。

参考文献

[1] 吴存东,吴琼.文化创意产业概论[M].北京:中国经济出版社,2010.
[2] 李焕林.投资学概论[M].大连:东北财经大学出版社,2009.
[3] 杨德勇,石英剑.投资银行学[M].北京:中国人民大学出版社,2009.
[4] 汤莉萍,殷俊.世界文化产业案例选析[M].成都:四川大学出版社,2006.
[5] 高宗仁.文化投资学[M].上海:上海文艺出版社,2005.
[6] 刘吉发.文化产业学[M].北京:经济管理出版社,2005.
[7] 胡惠林.文化产业概论[M].昆明:云南大学出版社,2005.
[8] 金青梅.文化产业项目管理[M].西安:西安交通大学出版社,2011.
[9] 邱蔻华.现代文化产业项目管理[M].北京:机械工业出版社,2004.
[10] 李向民,王晨民.文化产业管理概论[M].上海:书海出版社,2006.
[11] 蔡尚伟.文化产业政策与法规[M].上海:复旦大学出版社,2006.
[12] 唐晓华,王伟光.现代产业经济学导论[M].北京:经济管理出版社,2010.
[13] 胡惠林,李康化.文化经济学[M].太原:山西人民出版社,2006.
[14] 戴维·思罗斯比.经济学与文化[M].北京:中国人民大学出版社,2011.
[15] 顾江.文化产业经济学[M].南京:南京大学出版社,2007.
[16] 张胜冰,徐向昱,马树华.世界文化产业概要[M].昆明:云南大学出版社,2006.
[17] 张中华.投资学[M].北京:高等教育出版社,2009.
[18] 兹维·博迪.投资学精要[M].陈雨露,译.北京:中国人民大学出版社,2003.
[19] 赵辰光.公共财政学[M].哈尔滨:东北林业大学出版社,2010.
[20] 周建华.国际投资学概论[M].北京:清华大学出版社,2007.
[21] 中共山东省委宣传部.文化体制改革与文化产业发展实务[M].济南:山东人民出版社,2009.
[22] 科尔伯特.文化产业营销与管理[M].高福进,译.上海:上海人民出版社,2002.
[23] 张清华.中国文化产业投资机制创新研究[D].南京:南京航空航天大学,2009.
[24] 欧培彬.产业投资基金支持文化产业发展研究[D].武汉:武汉理工大学,2009.